MICHEL BRÛLÉ

C.P. 60149, succ. Saint-Denis,
Montréal (Québec) H2J 4E1
Téléphone : 514 680-8905
Télécopieur : 514 680-8906
www.michelbrule.com

Maquette de la couverture : Jimmy Gagné, Studio C1C4
Mise en pages : Marie Leviel
Révision : François Mireault, Nicolas Therrien
Correction : Aimée Verret
Photographie de la couverture : La Presse canadienne, Robert Wagenhoffer

Distribution : Prologue
1650, boul. Lionel-Bertrand
Boisbriand (Québec) J7H 1N7
Téléphone : 450 434-0306 / 1 800 363-2864
Télécopieur : 450 434-2627 / 1 800 361-8088

Distribution en Europe : D.N.M. (Distribution du Nouveau Monde)
30, rue Gay-Lussac
75005 Paris, France
Téléphone : 01 43 54 50 24
Télécopieur : 01 43 54 39 15
www.librairieduquebec.fr

Les éditions Michel Brûlé bénéficient du soutien financier du gouvernement du Québec — Programme de crédit d'impôt pour l'édition de livres — Gestion SODEC et sont inscrites au Programme de subvention globale du Conseil des Arts du Canada. Nous reconnaissons l'aide financière du gouvernement du Canada par l'entremise du Fonds du livre du Canada (FLC) pour des activités de développement de notre entreprise.

Société de développement des entreprises culturelles
Québec

Conseil des Arts du Canada
Canada Council for the Arts

Dépôt légal — 2011
Bibliothèque et Archives nationales du Québec
Bibliothèque nationale du Canada
ISBN : 978-2-89485-491-4

LABEAUME
LA DICTATURE AMICALE

David Lemelin

Labeaume

La dictature amicale

MICHEL BRÛLÉ

À Arnaud.
Puisse cela t'aider à toujours favoriser la liberté...

Table des matières

Introduction

Ai-je hésité avant de me lancer dans cette aventure ? Il faut admettre que oui, car le sujet est controversé et l'accueil hostile que réserve le maire Labeaume à toute critique est connu. Je suis un observateur, passionné de politique, journaliste, animateur…, mais je crois sincèrement que c'est le citoyen qui s'est senti interpellé par la question de l'état de la démocratie de la Ville de Québec.

Le maire Labeaume est un personnage intrigant et captivant. Le simple fait d'employer le terme *personnage* pour le décrire donne déjà une bonne idée de l'ampleur du phénomène. Par contre, soyons clairs : il n'y a aucun rapport entre le maire de Québec, si puissant soit-il, et les dictateurs qui définissent réellement ce mot qui écorche tant les oreilles du démocrate. Alors pourquoi parler de dictature ?

Parce que, lorsqu'un dirigeant politique semble un peu trop confortablement assis sur le trône du pouvoir, perdant inexorablement ses facultés de tolérance envers les discours divergents, ce mot, *dictateur*, vient habituellement à l'esprit. On y pense. Il sort, de temps à autre, dans les chroniques, dans les journaux…

Oui, il est énorme, ce mot. Il résonne puissamment. Il fait peur. Mais il servira de point de départ à notre analyse. Si la dictature est le stade suprême du totalitarisme auquel l'homme moyen n'aspire pas, la dictature amicale en est-elle une version plus appropriée aux fins d'analyse ?

Permettez-moi un clin d'œil, ici. J'emprunte volontairement au chroniqueur du *Globe and Mail*, Jeffrey Simpson, l'expression dont il s'est servi pour titrer son bouquin : *The Friendly Dictatorship*. L'idée n'est pas originale en soi. Mais elle inspire. Régis Labeaume serait-il le type de dictateur amical en question ?

Le présent ouvrage n'est ni un pamphlet ni un brûlot. Il n'est pas davantage une biographie de Régis Labeaume ou un document révélant d'innombrables secrets. Il s'agit plutôt d'une espèce de « photographie » du moment, qui cherche à illustrer l'état de notre démocratie municipale. Pour tracer ce portrait, de nombreuses personnes livrent leurs impressions, leur appréciation du personnage. Des universitaires, des experts, des conseillers municipaux (adversaires ou non), tout comme des journalistes de différents horizons et des citoyens font ici état de leurs réflexions. Je tiens d'ailleurs à remercier sincèrement chacun d'entre eux d'avoir accepté de se prêter au jeu de l'entrevue, sachant que cela pourrait entraîner des répercussions pour certains.

On me permettra, à quelques rares occasions, de parler au *je* afin de rappeler notamment ces quelques années où j'ai eu l'occasion, à titre d'animateur et de journaliste, de mener de nombreuses entrevues avec Régis Labeaume. À cela se limite ma contribution puisque ce livre présente essentiellement les points de vue des acteurs précédemment mentionnés. Au fil de ces réflexions, vous trouverez de nombreux extraits d'articles tirés de journaux et de sites Internet qui fournissent un cadre permettant de bien comprendre le contexte des événements auxquels les commentaires font référence.

Le maire lui-même n'a pas été approché pour un droit de réplique. J'estime qu'il ne manque pas de tribunes pour faire entendre sa voix. Mon objectif a donc été de ramener un juste équilibre des voix, des forces en présence. Des membres de l'Équipe Labeaume ont par ailleurs été sollicités. J'ai rencontré des refus de leur part, sauf de celle du conseiller Marc Simoneau, qui prouve, encore ici, sa singularité.

Je préciserai que j'ai également cherché à obtenir les commentaires de nombreux acteurs de la région (des gens dont l'importance variait). Lorsque ce n'était pas au silence radio, je me butais au refus pur et simple.

Mais revenons à notre thème principal, à savoir le maire Labeaume et l'état de la démocratie à Québec.

En amassant les informations, les nouvelles, les faits qui ont jalonné le parcours de Régis Labeaume à la mairie de Québec, nous obtenons une vue d'ensemble sur l'effet de cet homme sur sa ville.

Il reste ensuite au lecteur à juger de la chose, librement. Après tout, nous vivons bel et bien en démocratie. Et ne pas pouvoir s'interroger ouvertement sur le comportement d'un élu équivaudrait à dire que notre démocratie est morte.

Notre droit de parole et notre démocratie sont-ils morts ?

Chapitre un

Le maire cowboy

Il tire plus vite que son ombre

« Je l'aime bin, mais, des fois, j'la battrais... »
La bombe est larguée, comme ça, sur les ondes de Télé-Québec, pendant l'émission *Bazzo.tv*. Lorsque l'animatrice cherche à savoir ce que pense Régis Labeaume du travail de la ministre fédérale Josée Verner, le maire de Québec répond, spontanément : « Je l'aime bin, mais, des fois, j'la battrais. »

Inutile d'organiser des manifestations féministes ni de parler de violence verbale, le maire s'est rapidement expliqué : « Chez nous, on dit ça. » En clair, c'est une boutade. Mais le mal était fait, quand même. La taquinerie, si insignifiante soit-elle à son avis, a trouvé un écho dans les médias. Instantanément. Voilà de quoi contribuer à l'image plutôt particulière de maire « coloré » qui lui colle à la peau.

Ou qu'il cherche à se coller à la peau ?

« Ce n'est pas de l'incitation à la haine. C'est de la rhétorique excessive, répond Diane Vincent, sociolinguiste, professeure titulaire à l'Université Laval. Il faut faire attention aux amalgames. Dire que ça, c'est de la violence verbale, ça banalise la vraie violence, la vraie menace. Ici, c'est de la rhétorique. »

Soit. Le maire est un peu cowboy. C'est son style. Ce dynamisme qui le propulse, qui lui donne de l'énergie à revendre et qui est sa marque de commerce, provoque également son lot de phrases malheureuses.

« Journalisme de colonisé »

Voici l'un des épisodes les plus marquants dans la série des dérapages *made in* Labeaume. La scène se déroule lors de la conférence de presse annonçant la fin de l'association entre la Ville de Québec et l'« expert » en marketing Clotaire Rapaille. Le maire ne digère pas la fin abrupte de cette histoire, déjà passablement controversée.

En réaction à un article très critique publié par Isabelle Porter, du quotidien *Le Devoir*, le maire Labeaume, irrité, lance avec mépris, devant toute la presse et les caméras, que celle-ci pratique du « journalisme de colonisé ».

Les commentaires n'ont pas tardé. Yves Chartrand, de *Rue Frontenac*, écrit : « Du haut de son arrogance, le maire de Québec a complètement disjoncté et s'en est pris aux journalistes. Il a même avoué avoir le goût d'en découdre avec eux[1] ! » François Bourque, du journal *Le Soleil*, écrit, pour sa part : « Je ne me souviens pas avoir vu un élu répondre à des collègues avec autant de mépris et d'irritation. Il avait, je dirais, le même ton que lorsqu'il répond aux questions de l'opposition le lundi soir à l'hôtel de ville[2]. »

La Fédération professionnelle des journalistes du Québec (FPJQ) a évidemment réagi aux déclarations fracassantes de Régis Labeaume. Dans un communiqué émis le 30 mars 2010, la FPJQ réclame des excuses de la part du maire de Québec auprès des journalistes « dont le seul tort est d'avoir rapporté des informations d'intérêt public sur un contrat de 300 000 $ accordé par Québec à Clotaire Rapaille. De tels propos, outranciers, sont inacceptables de la part d'un élu municipal. C'est l'illustration classique du politicien qui tire sur le messager dans le vain espoir d'échapper à son obligation de rendre des comptes à la population ».

---

1. « Affaire Rapaille – Le maire Labeaume saute une coche ! », Yves Chartrand, *Rue Frontenac*, 29 mars 2010.
2. « Tirer sur le messager », François Bourque, *Le Soleil*, 30 mars 2010.

« Moi, je n'en revenais pas comment il l'attaquait, ajoute Antoine Robitaille, collègue de la journaliste Porter au quotidien *Le Devoir*. C'était complètement puéril et exagéré. C'est un comportement inacceptable de la part d'un politicien à l'égard d'un journaliste. Parce que c'est la fille de son ami John Porter, il s'attendait peut-être à ce que ce soit une *cheerleader*. Il n'accepte pas la contradiction. »

Détail intéressant : le maire Labeaume a précisé, un peu plus tard, la source de sa colère à l'endroit de la journaliste. C'était en fait un article publié par celle-ci le 22 octobre 2009 dans lequel on apprenait que « des dirigeants des firmes d'ingénieurs Dessau et BPR, qui sont associées au scandale des compteurs d'eau à Montréal, ont contribué de façon importante au financement de l'Équipe Labeaume l'an dernier[3]. » Le maire n'a pas apprécié : « Tous les jours, depuis l'élection, j'y pense et je l'ai sur le cœur[4] », a-t-il confié.

Pourtant, jamais n'a-t-il pris soin de faire savoir la véritable raison de la colère exprimée lors de cette conférence de presse à propos de la fin de l'aventure Rapaille, en mars 2010. La rédactrice en chef du *Devoir*, Josée Boileau, a réitéré sa confiance en Isabelle Porter. Le 2 avril 2010, elle écrit :

« En ce qui nous concerne, nous considérons que nos journalistes sont des professionnels et qu'ils n'ont pas à souffrir des relations d'amitié ou d'inimitié de leurs père, mère, frères ou sœurs. Cette mise au point étant faite, nous nous étonnons toutefois que la frustration de M. Labeaume éclate cinq mois plus tard. Scepticisme journalistique oblige, n'y a-t-il pas lieu de trouver que c'est une belle façon de faire diversion à la désastreuse affaire Rapaille[5] ? »

Et, pour la petite histoire, il faut savoir que Régis Labeaume s'est excusé... comme lui seul sait le faire. Il a déclaré, sur les ondes d'une

---

3. « Dessau et BPR ont financé le parti de Labeaume en 2008 », Isabelle Porter, *Le Devoir*, 22 octobre 2009.
4. « Labeaume en guerre contre *Le Devoir* », *TVA Nouvelles*, 1er avril 2010.
5. « Que nous reproche le maire Labeaume ? », Josée Boileau, *Le Devoir*, 2 avril 2010.

station de radio : « Je ne veux pas en [Isabelle Porter] faire une victime non plus, [mais] je n'aurais pas dû faire ça publiquement, hier. J'aurais dû le faire en privé, et c'est ce que je vais faire[6]. »

« Elle est stupide ta question »

Lundi soir, 1er novembre 2010, au conseil municipal, les esprits s'échauffent une fois de plus. Puisque la Ville met de l'avant un projet de 400 millions de dollars avec la construction d'un nouveau Colisée, la conseillère indépendante Anne Guérette se demande s'il ne serait pas à propos d'inclure le projet de salle de spectacles de Robert Lepage à même celui de l'amphithéâtre.

« Je pourrais poser n'importe quelle question stupide. Les gens disent que c'est juste une question, mais elle est stupide ta question. C'est-tu possible qu'elle soit moins stupide ? On a du respect, mais on dit juste que ça manque de rigueur », a dit Régis Labeaume à l'endroit de la conseillère du Vieux-Québec–Montcalm. Il a également ajouté que sa question était « folichon (sic) et farfelue[7] ».

Que la question soit appropriée ou non, c'est le peu de considération pour l'« opposition » qui retient l'attention. La conseillère, bien entendu, s'est indignée du traitement qui lui a été réservé : « Il n'a pas le droit de faire ça. Je suis une élue qui pose des questions, je mérite simplement une réponse », lit-on dans le même article.

La conseillère n'a pas été plus chanceuse avec celui qui préside les débats, Jean-Marie Laliberté. Elle a tenté, en vain, d'obtenir des excuses de la part du maire. Le président, aux méthodes peu orthodoxes, lui a coupé le sifflet, comme l'explique le journaliste Pierre-André Normandin : « "Vos privilèges ne sont pas lésés", a-t-il

---

6. « Régis Labeaume présente ses excuses à une journaliste », Catherine Handfield, *La Presse*, 30 mars 2010.

7. « Régis Labeaume à Anne Guérette : "Elle est stupide ta question" », Pierre-André Normandin, *Le Soleil*, 2 novembre 2010.

statué. Il a averti l'indépendante qu'elle serait désormais limitée à une seule intervention de trois minutes, sans droit de réplique.»

«J'ai d'la misère avec vous...»

Régis Labeaume peut s'attirer les foudres non seulement de ses collègues du gouvernement fédéral, mais également du domaine municipal. La journaliste Isabelle Mathieu entame ainsi un article consacré à l'étonnante réaction du maire de Québec, en pleine séance de la Communauté métropolitaine de Québec: «Du jamais-vu à la Communauté métropolitaine de Québec (CMQ): le maire Régis Labeaume a invectivé en public la mairesse de Lévis, Danielle Roy-Marinelli, l'accusant de "petites trahisons", "de se faire du capital politique" et de mettre en péril la relation entre leurs deux villes[8].»

Le maire Labeaume a été piqué au vif, relate la journaliste. Il sert donc à la mairesse de Lévis un florilège de petites perles.

«Madame la Mairesse, elle est de trop, celle-là! C'est pour ça que j'ai de la misère avec vous, c'est ces petites phrases inutiles. Il faut être fiable dans la vie [...] Eh que j'ai de la misère avec cette mairesse-là des fois! [...] Je trouve ça détestable, ce que la mairesse vient de faire! C'est tellement inutile de saisir ce petit capital politique-là. Quand on s'entend, ce qu'il ne faut pas faire, c'est de l'*overkilling* comme vous venez de faire. À chaque fois que vous faites ça, vous mettez en danger la collaboration entre Lévis et Québec. Je trouve ça extrêmement déplaisant et ça fait partie des petites trahisons.»

Le maire a pété les plombs. *Le Soleil* rapporte même que «la conseillère Anne Ladouceur, responsable des finances à la Ville de Lévis, s'est portée à la défense de sa mairesse devant la CMQ. «Monsieur le Maire, ce que vous venez de faire n'est pas bien, a commencé la conseillère. J'espère, Madame la Mairesse, que vous

---

8. «Labeaume et Roy-Marinelli à couteaux tirés», Isabelle Mathieu, *Le Soleil*, 9 juin 2010.

allez prendre le temps de dire aux journalistes comment le maire vous traite à l'extérieur des réunions. Monsieur le maire n'a aucun respect pour les élus à part ceux de son équipe! »

Nul ne sera surpris d'apprendre que la mairesse de Lévis n'a pas apprécié la charge du maire de Québec. Rouge de colère, elle a confirmé que « le maire Labeaume la traitait en privé comme il la traitait en public, soit de manière "irrespectueuse" ».

Régis Labeaume n'a pas cherché à corriger sa sortie fracassante. Il a plutôt refusé de répondre aux questions des journalistes... tout en y allant d'une dernière pointe bien sentie à l'endroit de la mairesse de Lévis: « J'apprends à découvrir les individus et j'ai appris quelque chose de neuf ce soir. »

Résumons: la journaliste du *Devoir*, la ministre Verner, la mairesse de Lévis, la conseillère indépendante Guérette... Le maire de Québec serait-il misogyne? Le chroniqueur François Bourque s'est lui-même posé cette délicate question: « La réalité est que M. Labeaume pète les plombs contre ceux qui l'affrontent, le défient ou lui tiennent tête sur la place publique. Peu importe leur sexe, leur âge ou leur rang. M. Labeaume pète les plombs équitablement[9]. »

Que les hommes se rassurent...

« Analyse simpliste d'un idiot »

Le 19 avril 2011, cette phrase est à la une du *Journal de Québec*. On y aperçoit le maire Labeaume, les bras croisés, avec ce petit air qui dégage un mélange de fierté et de condescendance ainsi qu'un léger soupçon de mépris. Un choix sans doute volontaire de la part de l'équipe éditoriale du quotidien. Le choix de la photo principale n'a rien d'innocent.

Ce n'est pourtant pas la photo qui frappe, mais le titre, en caractères gras, un titre *punché* comme on dit dans le métier: « Analyse

---

9. « Bienvenue dans le club! », François Bourque, *Le Soleil*, 10 juin 2010.

simpliste d'un idiot.» De quel idiot parle-t-on? Voilà qui donne sans doute l'envie de plonger à l'intérieur du journal pour le lire.

Ici, encore, il s'agit d'une réponse catapultée en réaction à une opinion que le maire de Québec n'a pas appréciée. En l'occurrence, c'est le ministre fédéral Christian Paradis qui s'est vu affublé de l'indélicat substantif. À l'aube de la campagne électorale fédérale de 2011, Régis Labeaume y est allé de son habituelle « liste d'épicerie », réunissant les demandes qu'il formule à l'endroit du prochain gouvernement. Le ministre Paradis a alors estimé que le projet de train à grande vitesse, figurant sur la liste, était trop dispendieux pour les moyens du Canada.

Régis Labeaume a donc entrepris de défendre sa vision de la chose. Le maire de Québec a fait valoir qu'il fallait repenser le pays, pour les 10, 20, 25 prochaines années, lit-on dans l'article de la journaliste Karine Gagnon. Rappelant les visionnaires pour Québec qu'ont été Gilles Lamontagne, Jean Pelletier et Jean-Paul L'Allier, le maire Labeaume a insisté sur l'importance de penser à l'avenir.

Une idée qui se défend, on en conviendra.

L'ennui, c'est que cette tirade est ponctuée de l'habituel venin. Dans la bouche de Régis Labeaume, le manque de vision devient ceci: « Quand on est assez idiot pour ramener ces projets-là à un projet de petite caisse, on a un problème[10]. »

« Le grand talent »

Le maire de Québec semble avoir un certain talent pour s'attirer les foudres de « collègues » politiciens.

En septembre 2010, il donne la réplique à ceux qui estiment que le privé doit participer à la construction du nouvel amphithéâtre. Régis Labeaume croit plutôt que les investisseurs n'ont rien à gagner puisque le projet n'est pas rentable. Vient

---

10. « Une analyse de "petite caisse" », Karine Gagnon, *Le Journal de Québec*, 19 avril 2011.

alors la réplique à celui qui oserait songer au privé, un peu cinglante : « "Comment tu ferais ça ? Comment tu donnes 15 % de rendement à un investisseur ?" lance le maire. S'il ne le sait pas, dites-lui : "T'es un grand talent[11] !" »

Il faut savoir que l'expression « grand talent » est bien connue au Saguenay–Lac-Saint-Jean. Elle désigne celui qui ne sait pas de quoi il parle. Si le maire la voulait pittoresque, l'expression a davantage pris la forme d'un boulet rouge projeté à l'endroit de tous ceux qui réclament la participation du privé, dont le gouvernement fédéral. Il va sans dire que la ministre conservatrice Josée Verner n'a pas apprécié les propos du maire Labeaume.

Madame Verner se dit choquée. Elle estime que cette déclaration est malhabile et irrespectueuse envers le premier ministre du Canada, Stephen Harper. « Si vous recevez chez vous quelqu'un qui vient vous demander une grosse somme d'argent, vous lui ouvrez tout grand la porte pour écouter ce qu'il a à dire et que, dans ses premières cinq minutes d'introduction, il vous insulte, vous allez réagir comment ?... Dans une salle de réunion, ça fait l'effet d'un grand courant d'air froid[12]. »

Le maire Labeaume a bien tenté de corriger le tir, après coup, en indiquant qu'il visait en fait le député de la Beauce, Maxime Bernier : « Je veux bien préciser que jamais on n'a pensé que le premier ministre, c'était un "grand talent[13]" », a déclaré le maire.

Mais le mal était fait...

« Minable ! »

Régis Labeaume aime que l'on fasse preuve de respect. Voilà pourquoi, le 14 juin 2008, il lance un « Minable ! » retentissant à

11. « Nouvel amphithéâtre. Le maire Labeaume s'en prend aux détracteurs du projet », Radio-Canada, 21 septembre 2010.
12. « Labeaume et les "grands talents". La ministre Verner est choquée », *TVA Nouvelles*, 24 septembre 2010.
13. « Amphithéâtre. Régis Labeaume change de ton envers les conservateurs », Radio-Canada, 5 octobre 2010.

l'endroit d'un manifestant opposé à la présence militaire canadienne en Afghanistan. L'homme, présent devant l'hôtel de ville, s'est fait apostropher par le maire alors en pleine cérémonie de remise de médailles aux familles des 11 soldats de Valcartier décédés lors de l'Opération ATHÉNA en Afghanistan.

Le maire, dérangé par le manifestant, ne s'est pas gêné pour souligner ce qu'il a qualifié de manque de respect: « Ce ne sont pas ses idées qui sont minables, mais le gars lui-même. On est tous contre la guerre. Je ne connais personne qui soit pour la guerre, mais il y a des lieux pour l'exprimer et ici, ce n'était pas la place pour ça[14]. »

L'incident a surtout permis de faire connaître au public le manifestant en question, Francis Dupuis-Déri, professeur de sciences politiques à l'UQAM, antimilitariste connu à Montréal. Il avait d'abord attiré l'attention avec la publication d'une lettre à sa sœur, Catherine, qui s'apprêtait à partir pour le front, en Afghanistan.

À la suite de cet incident, le professeur-manifestant a profité de l'occasion pour répliquer, par écrit, dans les journaux: « Ce que je trouve minable, moi, c'est l'attitude des politiciens comme vous (qui n'irez jamais à la guerre) qui moussent leur capital de sympathie politique à même le sang des victimes, nos concitoyens ou des étrangers[15]... »

La guerre des mots s'est étendue jusqu'aux lecteurs, qui ont réagi. Comment s'étonner puisque l'on aborde ici la liberté d'expression, fondamentale en démocratie, qu'elle plaise ou non? Un lecteur du *Soleil* écrit: « Toutefois, cher Monsieur Labeaume, porter publiquement un jugement de minable à l'égard d'un concitoyen parce qu'il s'affiche contre la guerre en Afghanistan est sans contredit démontrer un respect minable face à la différence. Si vous songiez un jour à faire des accommodements, osons espérer qu'ils seront raisonnables[16]. »

14. « Labeaume passe par toute la gamme des émotions », Ian Bussières, *Le Soleil*, 15 juin 2008.
15. « Le « minable » répond au maire Labeaume », Claude Vaillancourt, *Le Soleil*, 17 juin 2008.
16. « La minable différence », *Le Soleil*, 18 juin 2008.

« Mon ostie, m'a t'en câlisser une dans l'front ! »

Le maire sort de ses gonds de façon plutôt inusitée, le 1er décembre 2008, au conseil municipal. La scène à l'origine de la déclaration l'est tout autant.

Le conseiller municipal Michel Fecteau aurait, avec son doigt sur la tête, signifié que le maire était fou. Puis, il l'aurait invité à « prendre ses médicaments ». C'en est trop. Le maire explose et lance au conseiller Fecteau : « Mon ostie, m'a t'en câlisser une dans l'front[17]. »

Régis Labeaume n'a pas haussé le ton pour proférer la menace. Il l'a chuchotée, au milieu de la cacophonie régnante du conseil municipal. En théorie, ni vu ni connu. Or, les micros de la télé Vox qui diffuse les débats l'ont captée...

La déclaration, on s'en doute, a fait beaucoup de bruit : « C'est grossier et vulgaire », a déclaré le conseiller Fecteau, visé par l'invective.

Fort heureusement, le maire de Québec s'est ressaisi, le lendemain. « Le maire Régis Labeaume a dû s'excuser hier d'avoir menacé lundi soir au conseil municipal de s'en prendre physiquement à un conseiller de l'opposition. Admettant être sorti de ses gonds, il a reconnu que rien ne justifiait ses paroles. »

Nous n'en sommes plus aux expressions typiques du folklore régional. La phrase a toutes les allures des invectives que se lancent les écoliers rebelles, chargés d'hormones, dans la cour d'école.

La fin de la récréation va-t-elle sonner ?

« Fourreurs de système »

« Je ne suis pas capable d'accepter que les syndiqués fourrent le système », lance Régis Labeaume sur les ondes de CHOI-FM, le 17 avril 2008. Une autre bombe, une vraie, qui éclate sur la scène municipale de Québec et qui fait des ravages.

---

17. « Le maire s'excuse d'être "sorti de ses gonds" », Pierre-André Normandin, *Le Soleil*, 3 décembre 2008.

S'appuyant sur des chiffres à propos des congés de maladie, supposément pris sans justification médicale, le maire Labeaume accuse ainsi à plusieurs reprises les cols bleus de « fourrer le système ».

Une déclaration qui l'a suivi jusqu'à la Commission des relations du travail, qui l'a convoqué afin de lui poser des questions sur l'état des négociations avec ses employés manuels. L'administration Labeaume est, en effet, accusée de négocier de mauvaise foi. Selon la presse, le maire ne semble pas apprécier de comparaître devant un tribunal administratif. Il se considère comme important, ce qui l'amène à poser une curieuse question.

« Monsieur le président, a demandé le maire Labeaume au commissaire Jacques Daigle, je peux-tu vous poser une question ? Je suis important, je suis le maire de Québec. Je veux juste savoir si je suis ici pour donner un spectacle. Il y a des journalistes derrière moi. Si vous me dites que c'est pas une place pour faire de la politique, je veux en être sûr. C'est pesant, quand on gère une ville, cela a des conséquences. »

« Ici, c'est pas de la politique qu'on fait, lui a répliqué le commissaire Daigle. La justice se rend en public et tout le monde est admis, principalement la presse. Pas pour voir la qualité de vos réponses, mais pour vérifier la qualité de mon travail[18]. »

Le pire est peut-être que toute cette histoire aurait pu être évitée si le maire s'était donné la peine de vérifier ses chiffres. Dans *Le Journal de Québec*, on lit que « le syndicat des cols bleus de la ville de Québec a obtenu la preuve, hier, que le maire Régis Labeaume s'est fourvoyé à maintes reprises à propos des congés de maladie que prennent les employés[19]. »

---

18. « Commission des relations de travail : Labeaume dans ses petits souliers », Claude Vaillancourt, *Le Soleil*, 4 décembre 2008.
19. « Congés de maladie. Labeaume s'est trompé », Régys Caron, *Le Journal de Québec*, 11 décembre 2008.

« Fonctionnaires incompétents »

On a parlé de « crise sans précédent » à l'hôtel de ville. En novembre 2010, après un an à profiter de sa confortable majorité au conseil municipal, Régis Labeaume se met à dos les fonctionnaires municipaux. Une fois de plus.

Lorsqu'il entend parler du projet d'implantation de voies réservées pour autobus sur l'autoroute Robert-Bourassa, le maire Labeaume voit rouge. On cafouille autour du projet, particulièrement au chapitre des communications. Les citoyens auraient besoin d'un minimum d'explications. Le maire parle alors « d'incompétence crasse ».

Des gestionnaires du Réseau de transport de la Capitale et du Service des transports de la Ville auraient irrité le maire.

Pas tous. Quelques-uns, qui « n'écoutent pas et se foutent des élus » ; qui nous « regardent en bâillant » et sont « tellement intelligents qu'ils savent ce qu'il faut faire et que ce n'est pas des élus de passage qui vont leur montrer comment gérer la Ville ». Lorsque le maire a plaidé qu'il fallait informer plus rapidement les citoyens, « il y en avait un qui avait un petit sourire moqueur, exactement le genre qui se fout de ce qu'on est là ».

Dans les journaux, on apprend par la suite que le maire Labeaume entend calmer le jeu : « Question de faire amende honorable, le maire écrira vendredi à tous les fonctionnaires pour s'excuser. « Ce n'est pas de votre faute, je m'excuse, je parlais pas de vous autres. Mais au-dessus de vous autres, il y a des incompétents et je m'en occupe[20]. »

Comment s'étonner des vagues qu'a provoquées la sortie de Régis Labeaume ? Quelques jours après avoir mis en doute la compétence de certains de ses fonctionnaires et gestionnaires, le maire voit l'un des cinq plus hauts cadres de la Ville, le directeur général adjoint Guy Renaud, remettre sa démission.

---

20. « "Fonctionnaires incompétents" : crise à l'hôtel de ville de Québec », Pierre-André Normandin, *Le Soleil*, 5 novembre 2010.

Sur le site de Radio-Canada, on lit que « les récents propos du maire Régis Labeaume auraient précipité la décision de M. Renaud, qui était déjà en réflexion. Le haut fonctionnaire n'était pas visé par les propos du maire. Il dit quitter ses fonctions par principe[21] ».

L'homme était pourtant apprécié et estimé. Mais les sautes d'humeur du maire auraient pesé dans la balance, car elles minent le climat de travail. « Un départ lourd de sens », lisait-on dans *Le Soleil*, le 11 novembre 2010. Toujours sur le site de Radio-Canada, le président de l'Alliance des professionnels et professionnelles de la Ville de Québec, Denis Lavallée, commente le départ de Monsieur Renaud.

Il décrit ce dernier comme un gentleman qui avait le respect des employés. Monsieur Lavallée qualifie par ailleurs le départ de Guy Renaud de courageux. Il juge ce geste révélateur du climat qui règne à l'hôtel de ville. « C'est du mépris. On cible, on menace et évidemment, vous me direz qu'aujourd'hui, ça se passe à la direction générale. Demain, ce sera chez les professionnels. Ça a déjà été chez les fonctionnaires. Ce que je constate, c'est que c'est généralisé », commente Monsieur Lavallée.

« Faut être complètement dingue »

Les juristes du ministère des Affaires municipales ne se sont pas fait un nouvel ami en la personne du maire de Québec. Et c'est la saga du nouvel amphithéâtre qui donne lieu à une autre réplique cinglante de la part de Régis Labeaume.

La question de la légalité de l'entente intervenue entre la Ville de Québec et le géant des médias Quebecor est débattue sur la place publique. Des juristes du ministère des Affaires municipales émettent l'avis qu'il aurait été préférable de fractionner le contrat de gestion du futur amphithéâtre et d'y aller

21. « Ville de Québec. Un départ qui crée des vagues », Radio-Canada, 10 novembre 2010.

avec un appel d'offres pour que tout soit légal. En entrevue à la radio, le maire Labeaume ne met pas de gants blancs et il passe à l'attaque. Il soutient qu'un appel d'offres « l'aurait empêché d'en arriver à une entente aussi généreuse que celle conclue en mars avec le conglomérat Quebecor. [...] Même si tu vas en appel d'offres, t'auras pas 20 % de ce qu'on a eu, a-t-il dit dans l'entrevue. Et les grandes compagnies, ça ne marche pas, les grandes compagnies n'iront pas en appel d'offres, c'est ridicule. [...] Tu ne peux pas négocier ça séparément, faut être complètement dingue, faut pas connaître les affaires deux secondes pour penser qu'on peut aller en appel d'offres pour faire ça[22]. »

Le genre de propos qui suscitent, bien sûr, des commentaires. Le 24 mai 2011, Martin Leclerc, de *Rue Frontenac*, termine son billet intitulé « Le maire Labeaume et ses dingues » par cette remarque inspirée : « Wow ! C'est vachement distrayant la politique municipale ! Dommage que le maire Labeaume soit entouré de tous ces dingues. Lâché *lousse* dans la nature, il nous en donnerait vraiment pour notre argent. »

***

Ce ne sont là que quelques exemples, peut-être les plus spectaculaires, parmi les déclarations controversées du maire de Québec. Il y en a tant d'autres. « Québec n'est plus un trou[23] », a-t-il notamment déjà déclaré. Une façon de faire qui a valu à Régis Labeaume bien des critiques, mais qui a surtout contribué à faire de lui un politicien à part. « Des fois, M. le maire ferait mieux de prendre le problème à l'envers, comme le compositeur Johannes Brahms : "S'il y a une personne dans la salle que je n'ai

22. « Amphithéâtre : Labeaume traite des juristes de "dingues", *La Presse canadienne*, 20 mai 2011.
23. « Québec n'est plus un « trou » », Pierre Pelchat, *Le Soleil*, 2 octobre 2009.

pas insultée, je lui demande pardon" », écrivait le chroniqueur Jean-Simon Gagné, le 7 novembre 2010[24].

Régis Labeaume n'est pas le premier à manier ce type d'art oratoire consistant à tirer à boulets rouges sur l'ennemi. Il n'est pas le premier à faire usage d'invectives. Mais un tel concentré d'énergie et de propos imprévisibles marque l'imaginaire collectif. Il se distingue de ceux qui choisissent la diplomatie. Il fonce. Il dérange. Il bouscule. Il attire l'attention, nul ne peut le nier.

Il fait forte impression en ces temps où l'on espère entendre un politicien ranger la « langue de bois ». Et il ne fait aucun doute que nous sommes en présence d'une « bête » politique.

Labeaume sur nos plaies

En politique, Régis Labeaume n'est pas une apparition spontanée. La chose a été répétée dans les journaux. On peut aisément affirmer que quiconque a eu l'occasion d'échanger un peu avec lui ou de s'y intéresser a pu facilement dépister chez lui les gènes du politicien en puissance. Il a sans doute toujours souhaité faire le saut en politique.

Régis Labeaume a beau diriger la Ville de Québec, il n'est pas originaire de la région de la Capitale-Nationale. Il est né le 2 mai 1956 à Roberval, au Lac-Saint-Jean. Peut-être tire-t-il de ses études une certaine faculté à tâter le pouls de la population, car, en 1980, il est diplômé en sociologie de l'Université Laval. Rien qui ne prédestinait à la politique. Et, pourtant, il y arrive bien assez tôt.

En 1980, il devient conseiller politique du ministre responsable de la région de Québec et député de la circonscription de Vanier, Jean-François Bertrand. Il occupe cette fonction jusqu'en 1985, époque où le Parti québécois perd le pouvoir aux mains des libéraux de Robert Bourassa. L'ex-ministre Bertrand,

24. « Le franc-parler de tonton Labeaume », Jean-Simon Gagné, *Le Soleil*, 7 novembre 2010.

quant à lui, tentera sa chance sur la scène municipale en 1989, mais sera battu... par Jean-Paul L'Allier. Régis Labeaume quitte la politique et décide de mettre le nez dans les affaires.

En 1985, il fonde Mazarin, une société minière qui lui permettra de réaliser un grand coup sur le plan financier. Cherchant à se départir d'un secteur peu rentable sur le plan politique, le gouvernement Bourassa décide de privatiser la Société nationale de l'amiante, dont la petite société Mazarin acquiert l'actif en 1992 pour 34 millions de dollars. Un geste qui changera la vie de ses dirigeants.

« Avant de mettre la main sur les mines d'amiante en 1992, Mazarin générait un chiffre d'affaires annuel de 79 000 $ et avait subi une perte de 622 937 $. Après la privatisation, son chiffre d'affaires est passé à 12,8 millions $ et son bénéfice net de la première année a été de 8,7 millions $. Cet argent a servi en grande partie à payer des salaires faramineux aux dirigeants de Mazarin. Son président Régis Labeaume, par exemple, a encaissé 2,8 millions $ pendant son bref passage à la direction de la compagnie, selon le calcul des journalistes de *Vie ouvrière*, qui comprend son salaire et l'exercice d'options d'achat d'actions[25]. »

L'ex-conseiller politique et homme d'affaires est à présent millionnaire. Ce qui fait dire au journaliste économique Pierre Couture, du *Soleil* :

« Au niveau des affaires, je pense que c'est quelqu'un qui est capable de voir venir. Parce que ça lui a bien servi. Investir dans l'amiante, dans le graphite... ce n'était pas évident à l'époque. Il a eu du flair. Il a quand même géré une entreprise qui valait plusieurs millions, il a fait fortune avec des gisements dont personne ne voulait. Remarquez, s'il n'avait pas investi dans l'amiante, on en aurait jamais entendu parler. Ça se serait écrasé. »

---

25. « Privatisation dans l'amiante : un autre cadeau », Hélène Baril, *Le Soleil*, 2 septembre 1994.

Indépendant de fortune, Régis Labeaume a donc tout le loisir de tenter sa chance, la sienne, en politique.

C'est au Parti québécois, allié naturel, qu'il offre ses services. Après tout, non seulement il a été attaché politique d'un ministre péquiste, mais il affirme également avoir voté oui aux référendums de 1980 et 1995. Lucien Bouchard voit, semble-t-il, d'un bon œil l'arrivée de cet homme d'affaires, lui qui vient d'accueillir l'ex-patron d'Air Transat, le millionnaire François Legault, dans ses rangs. On pressent Labeaume pour la circonscription de Montmorency, dans la région de Québec. Mais Régis Labeaume doit vite apprendre à composer avec le style de la maison. Sous la plume du journaliste Denis Lessard, dans *La Presse* du 6 octobre 1998, on lit : « En optant clairement pour Régis Labeaume, les organisateurs péquistes susciteront des frustrations : Jean-François Simard, le président d'association qui poursuit des études de doctorat en sociologie du travail, visait cette circonscription depuis longtemps, avec comme objectif d'y obtenir l'investiture du Parti québécois[26]. »

Règle générale, les exécutifs locaux n'apprécient pas beaucoup les choix imposés par le « national ». Régis Labeaume le constate. Le 4 novembre 1998, il est défait lors de l'investiture au profit du candidat Jean-François Simard, qui deviendra député, puis ministre. Labeaume qui souhaitait pourtant éviter l'investiture parce qu'un siège de ministre l'attendait, aurait-il dit...

L'homme d'affaires devient alors consultant, siège à des conseils d'administration, dont ceux d'Innovatech Québec et d'Hydro-Québec, il passe par la Cité de l'optique... On le constate : Régis Labeaume est déjà un peu partout à cette époque. Il sait également voguer du monde des affaires à celui de la culture. En effet, il préside le Festival international d'été de Québec en 2003

26. « Un autre jeune homme d'affaires sera candidat du PQ à Québec », Denis Lessard, *La Presse*, 6 octobre 1998.

et 2004, et jouera un rôle actif au sein de la Fondation du Musée national des beaux-arts du Québec.

Mais c'est surtout à titre de président-directeur général de la Fondation de l'entrepreneurship, qu'il dirige à partir de 2003, qu'il se fait de plus en plus présent sur la scène médiatique. Il répond volontiers aux demandes d'entrevue. Il parle, bien entendu, du monde des entrepreneurs, il fait intensément la promotion du métier d'« homme d'affaires ». Néanmoins, il ne rechigne pas à l'idée d'émettre son point de vue sur la Ville de Québec, son développement et les différents défis qui devraient éventuellement être relevés.

Comme s'il cherchait à se rapprocher de la politique...

Rien d'étonnant alors à le voir tenter sa chance à la chefferie du Renouveau municipal de Québec (RMQ) au printemps 2005, la position étant devenue vacante à la suite du départ de Jean-Paul L'Allier. Encore ici, Régis Labeaume apprend à la dure à vivre avec la culture interne d'une formation politique. Gagnant au premier tour, il est défait au second quand Ann Bourget se rallie à Claude Larose, qui devient officiellement chef du RMQ. La défaite est amère. Il ne l'oubliera jamais et la fera payer chèrement le moment venu.

Mais la chance politique finit bientôt par lui sourire.

À la suite du décès inattendu d'Andrée Boucher, survenu le 24 août 2007, s'enclenche une frénétique course à la succession de la mairesse de Québec. Régis Labeaume est sur les rangs... seul. Pas question pour lui de tenter à nouveau de séduire l'ancien parti de Jean-Paul L'Allier. Le candidat indépendant Labeaume fait figure de négligé, mais, fort de ses nombreux appuis, il coiffe la chef du RMQ, Ann Bourget, au fil d'arrivée. La victoire est spectaculaire. Le 2 décembre 2007, il est élu maire de Québec avec 59 % des suffrages et 30 points d'avance sur sa rivale. Il a par contre devant lui 24 conseillers élus sous la bannière du RMQ. Qu'à cela ne tienne. Il est le maire. « On ne l'attendait pas comme ça ce soir », dira-t-il, lors de son couronnement. Ainsi, mission accomplie pour celui qui rêvait depuis plusieurs années de faire de la politique active, dans le siège du conducteur.

Marc Simoneau est un des conseillers de l'Équipe Labeaume. Le commentateur sportif, devenu politicien, se souvient des débuts de l'aventure avec Régis, comme il l'appelle lui-même. De parfait inconnu, le futur maire est devenu vedette.

« Avec Régis, j'allais dans les centres d'achat, j'allais partout avec lui. Les gens s'approchaient et ils disaient : "Bonjour monsieur Simoneau !" Là, Régis s'approchait, il disait : "Bonjour, je m'appelle Régis Labeaume. Je veux être maire de Québec." Tout simplement ça. Mais, la dernière semaine, aux Galeries de la Capitale, en bas de l'escalier, tout le monde l'arrêtait. On a passé quatre heures sur place. Les gens avaient viré de bord. Suite au sondage du *Soleil* du vendredi, on était sûrs. Les candidats et candidates se présentaient dans les maisons et, quand on disait qu'on était de l'Équipe Labeaume, les gens disaient qu'ils étaient ouverts. On le savait. C'était le début de l'aventure de Monsieur le Maire, pour qui j'ai le plus grand respect. »

Tranquillement, le maire de Québec pouvait enfin préparer l'heure de la vengeance. Pressentant la défaite lors des élections suivantes, prévues pour novembre 2009, de nombreux conseillers du RMQ décident de changer de camp et de grossir les rangs de l'Équipe Labeaume, nouvellement formée. La terre d'accueil atteint sa limite lorsque le maire Labeaume déclare : « Il n'y a aucun [autre] conseiller du RMQ qui va rentrer dans l'Équipe Labeaume. Ceux qui cherchent des places – les rats qui veulent quitter le bateau – ne viendront pas dans l'Équipe Labeaume. Ils ne nous intéressent pas[27]. »

Marc Roland a été attaché politique auprès des membres du comité exécutif de la Ville de Québec de 1990 à 2005. Il a non seulement bien connu le RMQ, parti de Jean-Paul L'Allier, mais il

27. « Équipe Labeaume : pas question de recruter de "rats qui veulent quitter le bateau" », Pierre-André Normandin, *Le Soleil*, 23 juin 2009.

a aussi contribué à la fondation du Rassemblement populaire, l'ancêtre du RMQ. Il a eu affaire au « style Labeaume ».

« J'étais chef de cabinet, avec Jean-Marie Matte, à l'époque. On voyait que le maire avait un plan pour éliminer le RMQ : il nous discréditait, en disant qu'on lui mettait des bâtons dans les roues, ce qui est faux, et il avait ses taupes qui lui fournissaient les documents. Des Gérald Poirier... des gens qui ont juré jusqu'à la dernière minute qu'ils restaient avec nous, mais ils sont passés de l'autre bord. Il est allé les chercher, les débaucher, un à un. Il a assuré sa majorité comme ça. »

Sans surprise, Labeaume est réélu maire de Québec le 1er novembre 2009. Cette fois, la victoire est totale. Un raz-de-marée anéantit ses opposants. Il récolte 80 % des voix et son parti politique, Équipe Labeaume, fait élire 25 conseillers municipaux sur 27.

Il n'y avait plus de doute : le règne de Régis Labeaume était commencé.

Une bête politique en puissance

J'ai personnellement eu l'occasion de l'interviewer à plusieurs reprises au cours des années où j'ai animé l'émission *Voix publique*, à la chaîne Vox, à Québec. C'était, bien entendu, avant même qu'il ne soit maire. Il faut se souvenir de l'époque : Andrée Boucher, ex-mairesse de l'ex-ville de Sainte-Foy, avait été élue, triomphalement, à la tête de la Ville de Québec avec 46 % des suffrages. La dame de fer de 68 ans avait innové en termes de stratégie électorale : elle avait réussi l'exploit de faire campagne à titre de candidate indépendante, sans apposer une seule affiche électorale, sans parti, sans machine, sans programme et en dépensant, en tout et pour tout, 5 000 $. Une somme dérisoire.

Mais Andrée Boucher n'était pas un candidat comme les autres. C'était LA mairesse. Sa notoriété seule lui avait permis de recueillir 24 000 voix de plus que son plus proche rival, Claude

Larose du RMQ. Nous avions donc pour mairesse celle qui s'était pourtant fait un métier de tirer à boulets rouges sur la Ville de Québec. Fantastique ironie!

La Ville de Québec vivait alors sous un climat très particulier. Si certaines robes de la mairesse étaient hautes en couleur, son style de gestion, lui, était nettement moins flamboyant. *Austérité* est le terme qui décrirait sans doute le mieux l'esprit de l'administration Boucher. Il fallait faire attention à chaque sou qui sortait des coffres publics et la dame, pour résumer, s'opposait à presque tout. Dans l'amusant *Petit Labeaume illustré*, le chroniqueur Jean-Simon Gagné y va d'un résumé fort éloquent:

«"La Reine mère", comme on l'appelait, ne voulait pas mettre un sou dans une candidature de Québec aux Jeux olympiques d'hiver, rebaptisés les Olympiques-assiette. Madame se prononçait contre la construction d'un nouvel amphithéâtre, contre le retour des Nordiques, contre la construction d'un tramway, contre les voyages à l'étranger, contre la construction d'un anneau de glace intérieur, contre l'aménagement trop élaboré des berges du fleuve, et probablement contre les écoquartiers derrière lesquels elle aurait vu une conspiration écolo-bolchévique. Pour la mairesse, il était hors de question que la Ville de Québec assume toute seule les risques du sauvetage du jardin zoologique ou même de la tenue d'un championnat mondial de hockey[28].»

Marc Simoneau, élu pour la première fois à titre d'indépendant en 2005, se souvient de la «méthode Boucher».

«J'avais beaucoup de misère avec elle. Madame Boucher avait les défauts de ses qualités: elle n'écoutait pas. Le sport, pour elle, c'était non. Si Madame Boucher avait survécu, on ne serait pas dans la bataille pour obtenir un club dans la Ligue nationale ou pour une nouvelle bâtisse.»

---

28. Jean-Simon Gagné et André-Philippe Côté, *Le Petit Labeaume illustré*, Montréal, Les Éditions La Presse, 2011, p. 11.

La mairesse de Québec, toute-puissante, recueillait bien quelques critiques. Mais, pour venir en parler à la télévision, c'était un peu moins évident. Or, Régis Labeaume répondait toujours présent. Alors président de la Fondation de l'entrepreneurship, il était ce type d'invité très « payant » à cet égard. Il pouvait dire des choses assez dures, sans pour autant avoir l'air d'un chef de l'opposition officielle.

Non, à cette époque, les crocs du maire n'étaient pas encore apparents !

C'était entre 2004 et 2007. Déjà, à ce moment, Régis Labeaume parlait de « ville innovante », de vision d'avenir, de l'importance de développer la ville, de faire bouger les choses, d'action. On sentait l'impatience, l'insatisfaction chez lui. Mais toujours à doses convenables. Après tout, l'homme était, au fond, en campagne. Il le savait probablement déjà. Nous nous en doutions. La situation était mutuellement profitable : il avait une tribune pour préparer le terrain politique, nous avions un critique intéressant de l'administration Boucher.

Bien sûr, il dessinait des idées aux larges contours, contenant peu de finesse. Pour certains, tout ça pouvait sonner un peu creux. Mais une chose était frappante : l'homme était certainement charismatique, absolument efficace devant les caméras, à l'aise à répondre aux questions en pratiquant, déjà, quelques esquives.

J'ai toujours eu beaucoup de plaisir à mener des entrevues avec lui. Régis Labeaume, de toute évidence, adorait se trouver sous les projecteurs et il parlait — et parle toujours — de Québec, de sa ville, avec passion. C'est sans doute ce qui charmait chez lui : cette impression qu'il avait un intérêt réel pour le développement du potentiel économique de la Ville, pour la voir s'émanciper et s'afficher avec fierté.

Si j'ai une perception généralement positive des politiciens, reconnaissant l'immensité de la tâche et l'abnégation que leur situation commande, il m'est arrivé tout de même souvent, au cours de ces années comme intervieweur, de rencontrer des politiciens fades, sans habileté particulière à transmettre leur message, prisonniers d'un discours convenu, sans doute appris par cœur. Ennuyeux, oui, mais surtout décevants. Or, Régis Labeaume avait cette capacité de répondre du tac au tac, d'y aller d'un petit gag bien senti ou d'une réflexion particulière et cette énergie qui forçaient le respect.

Il était surtout facile d'être contaminé par cet intérêt de voir Québec sortir de son carcan, de voir la capitale se bomber le torse pour enfin assumer fièrement ce qu'elle est. Avec Régis Labeaume, le complexe d'infériorité envers la métropole semblait vouloir disparaître. Ce discours, positif, vantant les mérites et le potentiel de la Ville, ne laissait pas indifférent. Il était, dans une certaine mesure, nécessaire. Il était porteur d'espoir.

Les temps changent...

En revanche, personne ne sera surpris d'apprendre qu'il nous était, soudainement, plus difficile d'obtenir un entretien avec Régis devenu Monsieur le Maire. Les demandes ont été nombreuses pour l'inviter sur notre plateau à Vox. Trop occupé ? Peut-être. Mais j'ai suffisamment obtenu d'entrevues avec Andrée Boucher et Jean-Paul L'Allier pour savoir que le travail est prenant, certes, mais que la gestion de l'agenda médiatique est un peu — beaucoup — une question de bonne volonté.

Difficile de lui en tenir rigueur puisque, de toute évidence, Labeaume était déjà très présent. Le maire a pu apprécier son visage à la une des quotidiens de Québec à de très nombreuses reprises. On a vraiment eu l'impression, pendant un long moment, qu'il était effectivement partout, sur toutes les tribunes, à la radio, à la télé, dans les journaux, le jour, le soir, en même temps. Le don d'ubiquité, à n'en point douter !

Mais les temps changent...

Un don qui, tout doucement, s'est effacé. Le maire est devenu, avec le temps, beaucoup moins présent dans les médias. Il est sans doute plus sélectif. Il se méfie des médias et n'apprécie pas du tout la critique. Il se méfie probablement également de lui-même, lui qui a dérapé à de multiples occasions au cours des dernières années. On sait qu'il surveille son tempérament et, de toute évidence, son équipe travaille très fort pour contenir les humeur de Monsieur et éviter d'avoir à ramasser les pots cassés.

Conjoncture de rêve

Comment un Régis Labeaume fait-il pour accéder au pouvoir ? Comment expliquer l'arrivée de cet homme et son ascension spectaculaire ? Si la « recette » Labeaume consiste à offrir aux électeurs un personnage haut en couleur — personnage que nous aborderons au chapitre suivant —, il est également nécessaire de tenir compte du contexte, du moment de l'érection du monument Labeaume.

François Bourque, chroniqueur au journal *Le Soleil*, est un observateur politique attentif de la région de Québec. Selon lui, Régis Labeaume a profité d'une conjoncture de rêve.

« Il est arrivé au bon endroit au bon moment. Il profite du fait que l'économie de sa ville va bien. Il n'y est pour rien. Il profite de la diversification de l'économie de la région de Québec qui s'est amorcée il y a 10 ou 15 ans, sous différents gouvernements. Et, en même temps que l'économie se diversifie, l'État n'a pas décru, contrairement à ce qu'on avait annoncé. L'État joue encore un rôle important dans l'économie de Québec. Tout ça a mis Québec assez à l'abri de la crise économique. L'économie va bien. Je pense qu'il en profite. Il ne pourrait être où il est et faire ce qu'il fait si l'économie de Québec n'était pas dans l'état où elle se trouve actuellement. »

En effet, Régis Labeaume arrive au moment où l'économie se porte à merveille. À preuve, le 12 mai 2007, on lit :

« Le taux de chômage continue de fondre à Québec. En avril, il a atteint 4,6 %, en baisse de 0,2 %. Selon Statistique Canada, le marché du travail de la région métropolitaine de Québec demeure l'un des plus vigoureux au pays. Le secteur des services demeure évidemment la locomotive de l'emploi dans la région. Ce n'est toutefois pas la première fois que le taux de chômage descend aussi bas dans la capitale. En juin dernier, il avait atteint 4,2 %, du jamais vu depuis que Statistique Canada tient des données sur la population active[29]. »

Le Conference Board le confirme également : « la ville de Québec a tout ce qu'il faut pour attirer les nouveaux travailleurs et investisseurs. Onzième ville la plus attrayante au Canada, elle se classe première dans la province. "Québec tire son épingle du jeu parce qu'il n'y a pas vraiment de domaines où elle performe mal !" commente Mario Lefebvre, directeur du Centre des études municipales du Conference Board, qui a publié hier *Villes aimants : comparer le pouvoir d'attraction des RMR (régions métropolitaines de recensement) canadiennes*[30]. »

Même lorsque l'on compare la croissance économique des villes au Canada, Québec fait bonne figure : « Morose, la région de Québec. Que les oiseaux de malheur changent leur ritournelle. Une étude indépendante du Mouvement Desjardins l'affirme en grosses lettres. Au chapitre de la croissance économique, Québec brille alors que Montréal vacille. Au-delà des sempiternelles "guéguerres" de clochers entre la capitale et la métropole, la performance de Québec n'a rien à envier à celle de Calgary ou de Vancouver[31]. »

Québec, un véritable paradis, quoi ! « Selon une étude menée par l'Université de Colombie-Britannique (UBC), Saint-Jean, au Nouveau-Brunswick, serait la ville la plus heureuse du Canada. La ville de Québec arrive au second rang devant Charlottetown au troisième rang[32]. »

---

29. « Le taux de chômage descend à 4,6% à Québec », Pierre Couture, *Le Soleil*, 12 mai 2007.
30. « Québec, ville la plus attrayante de la province », Patricia Cloutier, *Le Soleil*, 13 décembre 2007.
31. « Montréal vacille Québec brille », Gilbert Leduc, *Le Soleil*, 23 mai 2007.
32. « Saint-Jean (N.-B.), la ville la plus heureuse au Canada », *La Presse*, 28 décembre 2007.

Denis de Belleval est reconnu comme étant un adversaire du maire Labeaume. Celui qui a été ministre, sous René Lévesque, et directeur général de la Ville de Québec pendant 10 ans estime lui aussi que le contexte économique était très favorable à l'arrivée de Régis Labeaume. L'ex-directeur général croit qu'il a profité des efforts de ses prédécesseurs.

« L'économie de la ville ne doit rien à Régis Labeaume. Rien. C'est le maire L'Allier et les gouvernements précédents qui ont tout fait ça, qui ont changé l'image de la ville. Il parle maintenant de changer l'image de la ville, ça donne l'impression qu'il en veut à Jean-Paul L'Allier, qu'il n'aime pas l'image que le maire L'Allier a créée pour la ville. Régis Labeaume veut faire sa marque à lui, comme tous ces dictateurs qui détruisent ce que les autres ont fait pour pouvoir montrer que l'univers a commencé avec eux. »

Outre le contexte économique, la situation politique à Québec est tout à fait idéale pour Régis Labeaume, croit le chroniqueur François Bourque :

« Il profite aussi d'une conjoncture politique qui lui est favorable, à plusieurs égards. Il profite des fusions. Les fusions municipales ont été, à mon avis, l'événement marquant de la dernière décennie à Québec. La Ville ne se perd plus en chicanes de clocher avec ses voisines, comme ce fut le cas à l'époque de Jean-Paul L'Allier. Il a les coudées franches. Labeaume n'a pas eu à gérer les fusions, à subir l'odieux de ceux qui ont été mécontents de celles-ci. Il profite d'une conjoncture politique régionale qui est beaucoup plus favorable. C'est bête à dire, parfois, ça tient à des individus. Avec la Rive-Sud, malgré quelques accrochages avec la mairesse Roy-Marinelli, ce n'est pas l'époque où Jean Garon[33] sévissait sur la Rive-Sud, chez lequel on trouvait une aversion pour tout ce qui venait de la Rive-Nord. Donc, le maire Labeaume profite d'une conjoncture régionale plus facile. »

---

33. Jean Garon a été député du Parti québécois dans Lévis de 1976 à 1998, puis maire de Lévis de 1998 à 2005.

Idéale au point où le chroniqueur évoque même la conjoncture politique au sens large :

« La région de Québec étant ce qu'elle est, elle bascule d'un côté ou de l'autre sur le plan électoral, que ce soit au provincial ou au fédéral. Cette situation donne à la région de Québec un pouvoir et une écoute que d'autres régions n'ont pas. Il faut constamment séduire la région de Québec parce que les votes ne sont pas acquis. Je pense que Québec en a donc profité, notamment avec le 400e. Labeaume a eu cette habileté à profiter de cet état euphorique dans lequel Québec s'est retrouvée cette année-là, pour prolonger le plaisir. Il a eu cette vision de mettre d'autres projets sur la table : les Olympiques, l'amphithéâtre, la LNH, le Moulin à images que l'on prolonge, le Cirque du Soleil que l'on prolonge... Derrière ça, il y a cette idée de continuer d'offrir du pain et des jeux, de prolonger l'effet 2008. Il continue de surfer là-dessus. Labeaume profite donc de cette conjoncture où l'on écoute beaucoup le maire de Québec, à un moment où ça va moins bien à Montréal, où il y a un maire qui a été malmené par les scandales. Tout ça a contribué à faire de Régis Labeaume une espèce de héros. Il y a beaucoup de choses qui tiennent à la conjoncture économique et politique. Ajoutons à ça sa personnalité de fonceur, populiste. »

Ainsi, c'est dans ce contexte idéal que, tranquillement, les pièces du casse-tête se sont assemblées. Le jeune homme d'affaires, ambitieux, qui rêvait de politique, s'est patiemment préparé à faire le saut. Puis, la victoire s'est présentée à lui. Du coup, il allait révéler au grand jour ce style qui le caractérise et qu'il met de l'avant à la tête de la Ville de Québec. Le « style Labeaume ».

Chapitre deux

LE « MAIREKETING »

Le « style Labeaume »

Pour reprendre une expression du milieu de la publicité, y a-t-il un *branding* Labeaume ? Est-ce une « marque de commerce » ? Parle-t-on ici d'un produit finement conçu ou de l'heureux résultat issu d'une débordante spontanéité ? Des questions qui peuvent faire sourire, mais qui sont des plus pertinentes en ces temps où l'image des politiciens, particulièrement celle des chefs, est capitale.

Songez seulement à toute la frénésie qui entoure le débat des chefs, peu importe l'ordre de gouvernement. L'équipe du chef doit penser à tout : quelle chemise, quelle cravate, un nœud simple, double, comment s'appuyer sur le bureau, où regarder, comment sourire, quoi dire, comment le dire, sur quel ton, à quelle fréquence, quelles sont les répliques, les pièges, etc. Un exercice de fou, certes, mais indispensable. La caméra est assassine si elle détecte une quelconque faiblesse. La sueur au front a coûté cher à Richard Nixon face à John F. Kennedy. Une gaffe est si vite arrivée, et les ravages sont imprévisibles. Jacques Parizeau en sait quelque chose...

Voilà pourquoi il vaut la peine de s'intéresser au « produit Labeaume ». Jusqu'à quel point parle-t-on de stratégie, de produit préparé ? Claude Cossette, professeur titulaire de publicité sociale à l'Université Laval, spécialiste reconnu, affirme que « Labeaume, c'est un produit marketing. Mais c'est un bon produit. Parce que, en marketing, la clé, c'est le produit lui-même. Il est impossible de faire du marketing avec un mauvais produit».

Un détail, important, fait une différence, constate le professeur Cossette.

«Autour de lui, contrairement aux hommes politiques qui, habituellement, s'entourent de gens du milieu politique et de relations publiques, Régis Labeaume a une équipe à la fois de relations publiques, de politique et des gens de publicité dure. Et ça transparaît dans la schématisation des messages. Beaucoup plus grande, donc beaucoup plus efficace pour la masse. Plus tu es schématique, plus tu élimines les subtilités, plus tu peux atteindre de monde. Schématique, ça veut dire être concis, presque caricatural. Il a ce parler schématique. Je pense que ça fait partie de sa personnalité, mais que ça fait aussi partie de la stratégie, parce qu'en agissant comme ça, il va chercher une partie de la population beaucoup plus large.»

Le spécialiste de publicité croit qu'avec Régis Labeaume, on a affaire à un populiste. Mais d'un nouveau type.

«Oui, il détonne. Il y en a d'autres qui ont été populistes. Mais, d'habitude, les politiciens, pour ratisser plus large, ils sont plus neutres. Plus le message est polysémique, plus tu es susceptible d'intéresser un nombre plus large d'électeurs. Mais Labeaume, il se positionne, en proposant des projets. C'est une gestion par projets. Et personne ne peut être contre quand tu dis que ça va régler les problèmes et que ça va rien coûter. Avec Labeaume, c'est comme la publicité: achetez maintenant et payez plus tard.»

Son langage coloré, ses déclarations-chocs sont efficaces sur le plan de la communication. La chose est indéniable. Mais la communication de masse ne s'embarrasse pas de subtilité. Claude Cossette croit que l'image de Labeaume, son langage, au fond, contribuent à cette impression qu'il est le miroir de sa société: «Ces écarts de langage... il dit la même chose que ses électeurs quand il dit *fourreur de système*! Et le style mal dégrossi, ça marche. Il donne l'impression qu'il est issu du peuple. C'est ça qui est intéressant. Tu as l'impression d'être au pouvoir, quand tu vois un gars de la *gang* être là.»

L'ancien PDG de la Commission de la capitale nationale, Pierre Boucher, est un des premiers à avoir manifesté publiquement son opposition au maire de Québec. Il a mis sur pied un groupe de réflexion qui doit jeter les bases d'un éventuel parti politique, appelé à lutter, l'espère-t-il, contre Régis Labeaume aux prochaines élections. Pierre Boucher, qui a déjà été conseiller spécial à la Ville de Québec, observe que «Labeaume, quand il a plongé, il se présentait comme le gars des banlieues. En réponse à la question: Quel est votre restaurant préféré à Québec, il n'opte pas pour les grands restaurants cossus de la capitale. Il répond le Normandin à Ville Vanier! C'est la revanche des banlieues. "On va prendre le pouvoir, et les gens du centre, ils vont y goûter." Il y a un peu de ça qui explique le succès de Labeaume».

La plus intéressante des questions est sans doute de savoir s'il s'agit ou non d'un «produit» fabriqué de toutes pièces. Est-ce que Régis Labeaume est une sorte de créature politique sortie d'un moule, savamment préparé? À cela, monsieur Cossette répond: «On ne crée pas un Régis Labeaume. Je ne crois pas que tu puisses le contrôler tant que ça. Mais on a un bon produit à la base, ça marche. Alors, pourquoi on chercherait à le transformer?»

Idem pour Diane Vincent, professeure à l'Université Laval: «D'après moi, il ne prépare pas ses répliques. C'est spontané, d'où les dérapages, qui conduisent aux excuses, le lendemain.» La sociolinguiste a d'ailleurs beaucoup étudié les médias, dont la Radio X, afin de comprendre le phénomène social derrière la radio de Québec, phénomène auquel on associe très souvent le maire Régis Labeaume.

«Moé, chus un X!»

Régis Labeaume est-il une création des radios de Québec? Voilà qui peut paraître présomptueux, mais l'idée a beaucoup circulé.

En effet, il suffit de s'attarder quelques instants aux sondages de la région de Québec pour comprendre à quel point les radios parlées en mènent large. Elles dominent, en pratique, les sondages BBM et leur emprise sur la capitale est manifeste.

Ces radios n'ont pas hésité à faire une place de choix au candidat Labeaume alors qu'il briguait la mairie de Québec. Son ascension s'est notamment réalisée grâce au temps d'antenne qui lui a été accordé et aux propos favorables dont le futur maire a été l'objet. Régis Labeaume est d'ailleurs extrêmement habile à communiquer sur leurs ondes. Il sait comment parler, quoi dire et comment le dire. Il est, derrière leur micro, comme un poisson dans l'eau.

Denis Gravel est l'animateur de l'émission du matin, le *morning man* de Radio X. Labeaume, une création des radios ?

« C'est sûr que Régis Labeaume s'est bâti beaucoup au départ avec la radio de Québec, à l'époque où il était dans la course pour devenir le nouveau chef du RMQ. Il avait commencé à se servir des radios, notamment de la tribune qu'on avait à CHOI dans le temps, avec *Le monde parallèle* de Jeff Fillion. Il avait commencé à se faire connaître et il nous était apparu comme un gars qui voulait parler business, qui voulait gérer la ville comme une entreprise. C'était ce qu'il disait déjà ouvertement à cette époque-là et c'est un discours qui plaisait beaucoup. »

Il y a quelques années, prenant la relève de Jeff Fillion le matin, l'animateur Denis Gravel a même pu compter sur un collaborateur régulier.

« Régis Labeaume est devenu un chroniqueur qui nous parlait de politique municipale parce qu'à l'époque, on savait tous qu'il aspirait à faire quelque chose pour la Ville de Québec, mais il s'est retrouvé dans le vide. Il a démarré un forum où il parlait de politique municipale, et Régis Labeaume venait nous parler, deux fois par semaine, de politique municipale. C'est comme ça qu'on a connu Régis Labeaume et je pense que c'est comme ça qu'il a commencé à bâtir son personnage auprès de la population de

Québec : un maire qui voulait brasser les affaires, qui voulait gérer ça comme une business. Il revenait avec ces phrases-là, qu'il avait de grandes ambitions, mais qu'il fallait que ce soit géré et vu autrement. »

Toutefois, Diane Vincent insiste sur l'importance d'éviter les raccourcis, les amalgames douteux. Coauteure de l'essai *La Radio X, les médias et les citoyens*[34], la sociolinguiste ne croit pas que l'on puisse appliquer à Régis Labeaume la recette développée par Radio X. Pour illustrer son propos, elle parle de Jean-François « Jeff » Fillion, qui a fait la pluie et le beau temps à la radio CHOI FM à Québec, un animateur qui a déployé un arsenal qui pouvait faire des ravages.

« Comme universitaire, je me méfie un peu des amalgames. Jeff Fillion avait un travail à faire, dans le cadre de la Radio X, il le faisait bien. Qu'on l'aime ou pas. Labeaume, son travail, ce n'est pas de parler aux médias, c'est de gérer une ville. Mais, pour gérer la ville, il doit gérer le discours et, donc, parler aux médias. Si on reproche parfois à Labeaume d'être impulsif et de dire n'importe quoi, il le fait sur un laps de temps très court et non pas comme un leitmotiv qu'on répète jour après jour. Fillion avait 15 heures par semaine, pendant 10 ans. C'était un professionnel de la parole publique et de la manipulation de l'opinion publique. Labeaume n'agit pas sur le plan discursif de la même façon. Ça ne veut pas dire qu'il n'a pas de jugements à l'emporte-pièce ou qu'il ne dit pas n'importe quoi à l'occasion. Ça veut dire qu'il ne va pas nécessairement s'entêter dans son n'importe quoi en disant qu'il a raison contre tout autre. Et, la plupart du temps, il parle de lui et de ses politiques. Au passage, il va écorcher des gens, parce qu'ils sont là devant lui, ce jour-là. Mais il ne va pas dénoncer quelqu'un parce qu'il se lève et décide de planter celui-ci sans

---

34. Diane Vincent, Olivier Turbide et Marty Laforest, *La Radio X, les médias et les citoyens. Dénigrement et confrontation sociale*, Québec, Éditions Nota bene, coll. « Interventions », 2008.

raison. Alors que Fillion le faisait sans raison apparente. Le cas de Sophie Chiasson est probant : il s'est levé et a décidé de parler pendant des mois de cette femme[35]. »

Ainsi, même si le maire de Québec décoche des flèches, même s'il blesse à l'occasion en tenant un discours qui présente de nombreuses similitudes avec le style et l'esprit de la Radio X, la sociolinguiste Diane Vincent fait la différence entre l'homme d'action et celui assis dans un studio de radio.

« Labeaume, c'est une tornade, probablement dévastatrice, mais une tornade agissante. Fillion ne faisait rien d'autre que parler. Il n'avait pas à défendre ses politiques, ses actions. Il n'avait pas souvent à défendre ses paroles, c'est arrivé très tard dans sa carrière. Labeaume est un homme d'action, qui défend ses actions, ses choix. Il déborde d'enthousiasme, comme un enfant dans un magasin. Il ne peut pas tout avoir, il fait donc des choix. Et, pour moi, c'est une différence énorme entre les deux. »

Pourtant, l'animateur de Radio X Denis Gravel est lui-même d'avis que le maire Labeaume a fabriqué son discours et son style en s'inspirant de la radio.

« Je pense que oui. Beaucoup. Et je pense qu'il s'est beaucoup inspiré en écoutant la radio de Québec. Parce que son style de réaction, d'émotivité, de franc-parler, je reconnais beaucoup de Jeff Fillion là-dedans, je reconnais beaucoup de Stéphane Dupont, d'André Arthur... C'est une façon de faire qui a toujours plu à Québec. Le fait de parler comme "le vrai monde", de se servir de ce langage très émotif, de traiter les fonctionnaires de fourreurs de système, ce genre de langage, je pense qu'il s'est beaucoup inspiré de la radio. »

De plus, l'animateur Gravel estime que le style Labeaume répond, au fond, à un besoin souvent exprimé à Québec :

---

35. En 2005, l'ex-animateur de CHOI FM, Jeff Fillion, et ses anciens employeurs, Genex Communications, ont été condamnés à payer 340 000 $ à Sophie Chiasson en raison des propos diffamatoires tenus par l'animateur.

« Il s'est bâti, mais on l'a bâti. Pendant des années à Québec, on a critiqué plusieurs choses : on a critiqué les maires qui ne s'occupaient pas de la population, on a critiqué les maires qui utilisaient la langue de bois, qui faisaient avancer leurs projets personnels avant ceux de la population, on a critiqué les maires qui ne se fâchaient pas. Je pense qu'on a demandé un maire comme Régis Labeaume, et ceux qui critiquent ce qui se passe actuellement devraient se regarder dans le miroir : c'est pas ça qu'on voulait, quelque part ? Lui, il semble vouloir gérer la ville comme une business, il est très émotif et réactionnaire quand ça ne fait pas son affaire, mais on a toujours aimé ça à Québec. Ça a toujours été notre couleur, notre façon de nous distinguer avec notre radio, nos médias et avec nos politiciens, dans une certaine mesure. Cette forme d'authenticité, madame Boucher l'avait quand elle est devenue mairesse de Québec. Elle venait souvent en studio, elle venait s'obstiner avec nous autres, elle avait même apporté des carrés aux dattes... C'était ça, on reprend contact avec la population à Québec grâce à des médias qui sont populaires. La mairesse a été la première à faire ça, et je pense que Labeaume a pris des notes. »

L'ancien PDG de la Commission de la capitale nationale, Pierre Boucher, croit pour sa part que l'influence des radios privées de Québec est considérable.

« Les radios-poubelles en ont contre les élites. Et, dans une ville qui est une capitale nationale, elles en ont contre les élites politiques, contre les élites administratives. Elles haïssent les fonctionnaires, elles haïssent les politiciens, elles haïssent les élites. Les chercheurs, les penseurs, ça n'existe pas. La radio-poubelle, ça ne vole pas haut. Ça n'a pas pour but d'instruire les gens et de leur faire comprendre les choses, ça a juste pour but de les animer et de cultiver leurs préjugés. Et Labeaume, il leur ressemble un peu. Il est épiphénoménal, il ne va pas au fond des choses. Il ne lit pas un dossier de 300 pages. Il est en surface, il glane des choses sur lesquelles il va pouvoir faire un peu de kilométrage.

Et ces radios, elles aident Labeaume, elles aident l'Action démocratique du Québec (ADQ), elles jouent un rôle, ça c'est évident. »

Création des radios de Québec ? Pour l'ancien journaliste et professeur de l'Université Laval Florian Sauvageau, il faut aborder l'hypothèse avec prudence : « Mon opinion, c'est qu'on exagère peut-être le poids de ces radios. Aux dernières élections fédérales, ce n'est pas le Nouveau Parti démocratique (NPD) qui était leur choix principal et le NPD a balayé la rive-nord de Québec. Aux États-Unis on voit aussi les limites. Il y a certains excessifs dont les cotes d'écoute ont chuté littéralement à Fox. On voit aussi le résultat de SunTV au Canada anglais, ça ne marche pas. Il n'y a pas 10 000 personnes qui regardent ça. »

Exagéré, le poids de ces radios ? Possible. Mais la question de leur rôle est extrêmement pertinente, compte tenu de leur popularité à Québec et de leurs pratiques. Pour le professeur Sauvageau, c'est, en quelque sorte, le prix de la liberté.

« Il y a deux positions à cet égard : celle qui affirme que le système de radiodiffusion ne doit plus être réglementé, que nos vieilles règles du Conseil de la radiodiffusion et des télécommunications canadiennes (CRTC) sont dépassées et qu'il y a tellement de médias aujourd'hui qu'il faut leur laisser plus de latitude. C'est la position des tenants de la liberté de presse classique, à la nord-américaine. Cette liberté qui ferait qu'un Jeff Fillion, aux États-Unis, agacerait, mais ne détonnerait pas comme chez nous, avec nos règles qui exigent une approche plus rigoureuse. Ici, on a toujours voulu un système plus équitable. Par exemple, le traitement qu'on a réservé à Ann Bourget[36] pendant la campagne électorale n'avait aucun sens, en tenant compte du système que l'on a. De deux choses l'une : ou bien le système n'est pas bon, on doit alors le mettre de côté et favoriser la liberté à

36. Rappelons qu'Ann Bourget était une ancienne conseillère municipale, chef du Renouveau municipal de Québec, battue par Régis Labeaume lors du scrutin du 2 décembre 2007.

l'américaine, ou alors le système est encore bon et on a le courage de ne pas tolérer ça. Mais c'est difficile pour le CRTC d'appliquer rigoureusement ces règles quand on a, par exemple, avec Jeff Fillion, 50 000 personnes dans les rues en faveur de la liberté d'expression, c'est un phénomène en soi. Le CRTC ne veut pas non plus se comporter comme un censeur. Qu'est-ce qu'on fait? Ce n'est pas simple. Moi, j'ai souvent dit qu'André Arthur, même s'il m'injuriait en ondes, à une certaine époque, j'étais prêt à le tolérer parce que c'est ça, la liberté. Moi, je suis pour. Si on est pour, si on ne veut pas se contredire, il faut accepter que, parfois, ça aille loin. »

Le Centre d'études sur les médias a, justement sous la direction du professeur Sauvageau, publié une recherche à propos du traitement médiatique de ces radios parlées en période électorale. Un document fort intéressant. Voici un extrait de la conclusion, qui illustre parfaitement le favoritisme dont le maire Labeaume a été l'objet:

« Les analyses que nous avons menées montrent clairement que les deux stations de Québec n'ont pas respecté les consignes du CRTC ni les normes qu'on retrouve dans le Code de déontologie de l'Association canadienne des radiodiffuseurs.

En effet, les membres du personnel des deux stations qui ont donné leur opinion en ondes, comme il leur était tout à fait loisible de le faire, ont affirmé préférer la candidature de Régis Labeaume. Aucune opinion contraire n'a été exprimée. Ann Bourget a plutôt eu droit à une kyrielle de reproches en tous genres. Ce courant monolithique de pensée a été omniprésent, à tel point qu'il a dominé l'ensemble des propos entendus à ces deux antennes concernant le choix du futur maire de Québec.

Notre analyse démontre que les propos concernant Ann Bourget et qu'on retrouve dans les nouvelles, les nouvelles commentées, les commentaires et les opinions lui étaient défavorables 86 % du temps à l'antenne de CHOI, et 77 % du temps, au 93,3. Au contraire, pour Régis Labeaume, ces propos défavorables ne représentaient que 20 % du temps où l'on a parlé de sa candidature. Pendant 80 % du temps on a parlé du candidat Labeaume de manière neutre, favorable ou très favorable. On retrouve des écarts de même nature pour les six émissions que nous avons analysées. Or, les événements qui ont jalonné ces trois semaines de campagne ne supportent aucunement des traitements diamétralement opposés. La campagne de Mme Bourget n'a pas été marquée par des gaffes à répétition ou par un scandale quelconque, ce qui aurait pu expliquer le caractère négatif des propos la concernant.

Ce mouvement anti-Bourget s'est également manifesté lors des entrevues menées avec les candidats ou avec d'autres personnalités. À CHOI, les deux interviews avec Ann Bourget ont été menées de manière agressive, alors que la complaisance et même la connivence étaient au rendez-vous lors des trois entrevues avec Régis Labeaume. Au 93,3, Ann Bourget n'a eu droit qu'à une entrevue, dont la conduite lui était d'ailleurs défavorable, alors que Régis Labeaume a été interviewé à cinq reprises. Les quatre premières de ces entrevues ont été réalisées selon les règles de l'art, alors que la cinquième, le « faux débat » à deux tenu en l'absence de la candidate, a été l'occasion pour M. Labeaume d'expliquer sa pensée dans un cadre plutôt convivial. Cette parodie de débat a également servi à ridiculiser la candidate du RMQ. De surcroît, les deux stations ont réalisé des entrevues avec des personnalités publiques qui appuyaient le candidat Labeaume (trois à CHOI et quatre au 93,3), mais aucune avec des gens qui soutenaient Ann Bourget.

Il ressort de tout cela que les deux stations privées de format parlé de Québec, CHOI et le 93,3, n'ont pas traité de manière équitable la candidate du RMQ, Ann Bourget. Elles n'ont pas assuré une couverture « complète, juste et appropriée » de la dernière campagne à la mairie de Québec. Au contraire, des animateurs se sont servis abusivement du pouvoir que leur confère l'accès quotidien aux micros de stations très écoutées, et les dirigeants de ces stations ont laissé faire. Nous ne pouvons déterminer jusqu'à quel point ce comportement a influé sur le résultat du scrutin. Ce n'est évidemment pas le seul facteur qui explique le revirement d'opinion qui a marqué cette élection, mais il est possible qu'il ait pesé dans la balance étant donné les fortes audiences que ces stations obtiennent. L'idée de faire barrage à Ann Bourget propagée dès le début de la campagne électorale par plusieurs animateurs puis leur appui à Régis Labeaume, le seul qui soit en mesure, à leur avis, de la défaire, ont pu contribuer à rallier dans le clan Labeaume bon nombre des auditeurs des deux stations qui, au départ, étaient indécis ou appuyaient un autre candidat[37]. »

Avec un tel traitement de faveur, difficile de croire que Régis Labeaume n'a pas profité des radios de Québec, dans une certaine mesure du moins, précise Florian Sauvageau :

« Labeaume a profité de l'antenne, à l'époque de la campagne électorale à la mairie de Québec, c'est sûr. Le comportement que ces radios avaient, c'était plus que de la sympathie, c'était quasiment de la camaraderie. Elles ont déchanté envers le maire par la suite. Mais, avec le recul, je me demande si on n'a pas trop insisté sur le rôle que les radios auraient pu avoir. On a beaucoup dit que ces radios parlaient des conservateurs, de l'ADQ, de Labeaume... Plusieurs ont expliqué le mystère Québec par les radios. Je pense que c'est simpliste. D'abord, est-ce qu'il y en a un, mystère ? Et ça n'a presque pas de sens que ce soient les radios qui aient fait en sorte qu'à Québec on vote conservateur, on vote ADQ et on vote Labeaume. Je ne pense pas que ça se limite à ça. »

On peut penser, en effet, que des médias et des animateurs puissent influencer le vote des gens de Québec. Est-ce suffisant pour expliquer l'éclatante victoire de Régis Labeaume avec un score de 59 % lors de sa première campagne à la mairie en 2007 ?

---

37. Daniel Giroux et Florian Sauvageau (dirs.), *Radio parlée, élections et démocratie*, Québec, Centre d'études sur les médias, septembre 2009, p. 44-45.

Voilà qui est un peu court. Il faut sans doute également tenir compte du leadership dont il a fait preuve.

Néanmoins, il est aisé de croire que Régis Labeaume sait depuis longtemps qu'une partie de son « salut politique » passait par les radios X. En 2004, il confiait au *Soleil*:

« "Il faut que les X aient de l'espoir", plaide M. Labeaume. Au-delà des manifestations liées à la fermeture d'une radio, il croit que le phénomène est "symptomatique" d'un certain désespoir[38]. »

Heureuse coïncidence. Régis Labeaume allait bientôt s'offrir pour « vendre » de l'espoir, du rêve...

Marchand de rêves : prise un

Poursuivons l'exercice consistant à définir le « style Labeaume ». Outre le langage schématique, les formules-chocs et le populisme nouvelle mouture, le spécialiste Claude Cossette voit chez le maire de Québec une démarche qui lui rappelle l'essence même de la publicité, soit de vendre du rêve.

« Sa façon de faire, c'est de la publicité, d'une certaine façon. Et la publicité, elle fait quoi ? Elle fait rêver. Elle dit que tu seras plus heureux, que tu auras le bonheur si tu achètes ça. Et, avec Labeaume, tu as ça. Il fait rêver. Le monde est prêt à le suivre. En plus, il promet du pain et des jeux, comme à Rome ! Voulez-vous un Colisée ? Qui va dire non à ça ? Les gens sont généralement plus émotifs que rationnels. On a besoin de rêver. La publicité gagne sa vie avec ça, les entreprises aussi. Si elles font une argumentation, c'est une pseudo-argumentation, faite de sophismes. »

Pas étonnant de voir la presse jouer le jeu et embarquer dans le « train » Labeaume. Le rêve fait vendre de la copie. *Le Journal de Québec* a poussé l'audace jusqu'à demander à des journalistes de « vanter » les mérites du maire Labeaume. Dans des publicités

38. « Un troisième parti se profile », Éric Moreault, *Le Soleil*, 7 octobre 2004.

télévisées et radiodiffusées en 2010, on pouvait entendre notamment la journaliste Karine Gagnon et le chroniqueur sportif Albert Ladouceur parler en termes plutôt élogieux de Régis Labeaume. Dans cette publicité, on invite les lecteurs à suivre la journaliste Karine Gagnon, qui parle ainsi du maire de Québec: « Comme il n'a pas la langue dans sa poche, il n'a pas peur de dire ce qu'il pense, c'est clair que ses propos sont rapportés un peu partout, donc ça fait parler de Québec sur la scène nationale et ça place Québec à l'avant-plan. C'est un personnage très authentique qui se fiche un peu du *politically correct*, donc il va dire tout ce qu'il pense, pas toujours de façon prévue ou préparée. »

Pour sa part, dans cette publicité, Albert Ladouceur dit apprécier le nouvel esprit qui règne sur Québec.

« Le rôle de *columnist* actuellement est tout simplement fascinant, pour pouvoir prendre position sur des dossiers. Il fut un temps à Québec où le sport occupait un peu moins de place dans l'esprit des autorités municipales. Mais, avec le maire Régis Labeaume, son style coloré, et très controversé, on pourrait croire que de grands projets sportifs verront le jour à Québec dans les prochaines années. »

Pourtant, Florian Sauvageau ne lance pas la pierre aux journalistes. Au contraire. Il préfère la vue d'ensemble qui donne une autre perspective à ces « initiatives publicitaires ».

« Le fait que des journalistes se prêtent à des publicités, indépendamment de ces exemples, ça m'agace. Pourquoi est-ce qu'on a demandé aux journalistes de faire des publicités autour du personnage Labeaume ? Eux, ce sont les exécutants, et j'ai toujours tendance à me demander qui leur a demandé de faire ça. C'est comme pour les radios dites "poubelles": on attaque les animateurs, mais ce n'est pas la bonne cible. Ce sont les patrons, la direction, qui cautionnent ça. Qui a décidé que TVA allait, dans le cadre d'une publicité du *Journal de Québec*, diffuser des propos autour de Labeaume ? Et puis, je pense que les journalistes, maintenant, si on leur dit de faire ça, c'est très difficile de dire non. Ce n'est plus comme ça a déjà été à l'époque où les syndicats avaient davantage un pouvoir d'équilibre avec le patronat. Ce n'est plus ce que c'était.»

Le professeur admet que la situation est particulière: «C'est aller loin que de dire, comme le fait le chroniqueur sportif Ladouceur, qu'avec le maire Régis Labeaume, on pourrait croire que de grands projets sportifs verront le jour à Québec... C'est peut-être là l'ambiguïté entre le maire Labeaume et les journalistes. Il est tellement emballant et les journalistes aiment ça, être emballés. C'est quelqu'un qui fait de la nouvelle.»

Chose certaine, le personnage Labeaume impressionne, marque l'imaginaire et ne laisse personne indifférent. Aussi, les médias se précipitent aux points de presse du maire de Québec, au cas où il sortirait un lapin de son chapeau. La journaliste Julie Dufresne, de la télévision de Radio-Canada à Québec, est affectée aux affaires municipales.

«Au début, après son élection, on pouvait lui poser une question sur à peu près n'importe quel sujet et il avait une réponse. Avec le temps, il a appris qu'il fallait peut-être qu'il se limite lui-même. Mais c'est certain qu'il est conscient des médias, et pour les médias ça fait, oui, des déclarations, parce qu'il n'a pas peur de s'exprimer clairement, de dire ce qu'il pense, il n'a pas la langue de bois, il en fait même une marque de commerce. Les gens aiment ça et il le sait. Ça fait en sorte qu'il y a toujours beaucoup de journalistes après lui, il est pratiquement tous les jours dans les médias.»

Il faut discuter avec le personnel qui œuvre dans les cabinets ministériels pour mesurer l'ampleur de l'«effet Labeaume». Ils en lèvent les yeux au ciel. Pas un seul n'ose d'ailleurs dire officiellement qu'ils peinent à sortir de l'ombre du «géant» Labeaume. Les conférences de presse sont moins courues, beaucoup moins courues, si le dynamique maire de Québec n'est pas un des intervenants prévus à l'ordre du jour. Les caméras vont là où se trouve Labeaume, n'en déplaise aux ministres, fédéraux ou provinciaux, qui essaient d'attirer les projecteurs sur eux. Même lorsque ceux-ci annoncent des dizaines de millions de dollars en contribution, tous n'en auront que pour le maire de Québec.

Pour illustrer la chose, voici une anecdote amusante. En juin 2010, la ministre fédérale Josée Verner rencontre les médias pour parler de ses plans concernant la reconstruction du Manège militaire, détruit par les flammes en avril 2008. Lorsque la personne chargée de la conférence de presse invite les membres des médias à la suivre afin de rejoindre la ministre pour assister à la suite de la conférence, personne ne bouge. La raison ? « Les journalistes suivaient Labeaume », explique Ian Bussières, journaliste au quotidien *Le Soleil*, présent lors de l'événement. Les gens de la presse n'avaient que faire de la poseprotocolaire d'une brique. Ils voulaient entendre le maire de Québec.

Il est aisé de comprendre alors les campagnes de charme, intenses, qui se jouent autour de Régis Labeaume. Les autres politiciens ont sérieusement besoin de lui. Le premier ministre Charest est constamment malmené dans les sondages : on le verra aux côtés du maire appuyer son projet d'amphithéâtre au moyen d'un généreux 200 millions de dollars. Un doute planait concernant l'avenir des conservateurs de la région de Québec avant les élections fédérales de mai 2011 : on verra ces derniers porter le chandail des Nordiques de Québec pour une photo rendue désormais célèbre, histoire d'attirer vers eux un peu de « capital sympathie Labeaume ». « Ils s'accrochent à Régis. C'est inquiétant de voir ça. Nos politiciens n'ont pas de colonne vertébrale », déplore la conseillère indépendante Anne Guérette.

Bref, Régis Labeaume attire les regards. Les conférences de presse de ses collègues, s'ils espèrent la présence de nombreux journalistes, doivent inclure le coloré maire de Québec dans leur déroulement.

« Il a le sens du "clip[39]" et il le sait, convient la journaliste Julie Dufresne. Il ne faut pas être naïf. Il sait qu'il peut manier le verbe, il sait qu'il parle aux gens, il est entouré de grands communica-

---

39. Un « clip » est, dans le langage journalistique, une phrase ou une déclaration, idéalement efficace, que l'on peut citer ou dont on fait usage dans un reportage. Avoir le sens du « clip » équivaut à avoir le sens du *punch*.

teurs et d'experts, alors il est bien préparé quand il vient voir les journalistes. Ça peut avoir l'air improvisé, parfois, mais ça ne l'est pas, ou très rarement. C'est certain que sa personnalité entre en ligne de compte. C'est un homme coloré de nature, il est connu pour ça, mais il ne faut pas penser qu'il ne sait pas ce qu'il va dire lorsqu'il vient nous voir. Il le sait très bien. Les gens qui l'entourent sont toujours près de lui. On peut penser qu'il ne fait que s'exprimer comme bon lui semble sur tous les sujets, mais non. Ils ont réfléchi à ça. Il a des répliques, préparées. Il a des expressions qui reviennent. Quand on le couvre quotidiennement, on le sait qu'il a des répliques préparées et on les entend, jour après jour.»

« Est-ce que les journalistes sont dupes du personnage Labeaume ? se demande Florian Sauvageau. Moi aussi, je le trouve authentique. Mais est-ce qu'il est vraiment authentique ou est-ce qu'il sait que son personnage est authentique ? Je ne le sais pas, mais c'est possible. On sait que c'est pour ça que ça marche. Lui aussi, il le sait.»

En revanche, le professeur de l'Université Laval rappelle que Régis Labeaume n'est pas l'unique modèle du genre. Ce n'est pas la première fois que les représentants de la presse sont impressionnés par le comportement d'un politicien hors normes.

« Il y a une dérive, mais ce n'est pas propre à Labeaume. Même à l'époque où j'étais journaliste, cette tendance-là existait et existe toujours. Vous allez vous diriger vers un personnage qui va raconter des choses intéressantes et ceux qui sont ternes, ça n'intéresse personne. Pourquoi Robert Stanfield n'est jamais devenu premier ministre du Canada ? Il faisait le poids par rapport à Pierre Elliott Trudeau. C'est pas parce que c'était un imbécile, au contraire. Au Québec, il était prêt à reconnaître ce que l'on réclame depuis des décennies, or c'est Trudeau qui a tout raflé. C'est parce que Trudeau descendait les escaliers par la rampe, il faisait des pirouettes dans le dos de la Reine, c'était un personnage. Ça marche toujours. Prenez le cas de Ruth Ellen

Brosseau[40]. Sa visite à Louiseville a quasiment fait d'elle une *star*. La veille, tout le monde l'attaquait. Le lendemain, on parlait de son charme. Les gens l'ont applaudie quand elle est sortie de l'hôtel de ville. Et elle a dit elle-même que maintenant tout le monde savait que ça existait, Berthier–Maskinongé. Peut-être que le NPD peut retourner la situation à son avantage et qu'elle deviendra une *star* à la Chambre des communes. »

La politologue Louise Quesnel ne croit pas non plus que le « style Labeaume » soit un produit révolutionnaire.

« Déjà, dans les années 1980, il y a eu plusieurs ouvrages à propos des maires des grandes villes comme New York, Chicago... Ils avaient tous un fort contrôle sur ce qui se passait dans leur hôtel de ville et dans "leur" ville. Ce style continue à Québec. Ce qui caractérise la politique municipale par rapport aux autres ordres de gouvernement est ceci : le maire, forcément, est proche de son terrain politique, davantage qu'un premier ministre d'une province ou d'un pays. Traditionnellement, on se référait à l'habitude des maires de faire le tour de la ville en auto le dimanche matin pour voir où sont les nids-de-poule, où sont les problèmes. C'est l'approche "près du peuple". Donc, ce n'est pas nouveau. Je ne suis pas sûre que ce soit de la fraîcheur qu'il apporte non plus, car ce n'est pas une redéfinition du rôle du maire, pour qui se rappelle l'histoire récente. Ce n'est pas nouveau, mais c'est une façon de faire qu'il porte à son paroxysme. Tout est dans l'intensité, dans ce type de comportement. Et il le porte assez loin ! Il le fait parce que c'est vendeur auprès des médias et, ainsi, ça se rend auprès du public. Et Labeaume est très orienté vers l'image publique, vers la communication. Il est très attentif à ça. Ce qu'il dit est toujours

40. Ruth Ellen Brosseau : candidate du NPD élue dans Berthier-Maskinongé lors des élections fédérales du 2 mai 2011, qui a battu le député sortant Guy André, du Bloc québécois, par 5 816 voix. Une surprise de taille pour les médias, dont *La Presse*, qui, le 4 mai 2011, titrait un article : « De "poteau" à députée ».

punché, ça frappe, ça provoque. C'est un style qu'il a et ça marche dans les médias. Les médias cherchent de petites phrases percutantes qui durent 15 secondes et lui, il les a. »

Nouveau style ou pas, le maire de Québec répond sans l'ombre d'un doute aux impératifs actuels en matière de communications. « Régis Labeaume est une créature politique de son temps. C'est un homme politique pour la télé, constate Florian Sauvageau. C'est comme Jack Layton. Lui aussi, il était sympathique, il avait l'air authentique, il avait l'air de répondre spontanément. Les gens aimaient ça et c'est normal. La télévision est le meilleur média pour transmettre ce genre de qualités. »

« Il y a une parfaite cohérence entre la personnalité du maire et l'odeur du temps. La saveur du temps », admet Denis de Belleval, qui critique la chose toutefois sévèrement en disant que « c'est l'essence même du populisme. C'est dans l'air du temps : le divertissement, les plaisirs faciles, l'individualisme, la consommation... il a embarqué là-dedans. Les gens ne veulent plus entendre parler de politique, d'économie, des dossiers de fond, ils veulent s'amuser. Il a découvert ça. Il a dit : "Ils veulent ça ? Je vais leur en donner." »

Les adversaires de Régis Labeaume répètent constamment que, pour eux, l'essentiel de la philosophie économique du maire de Québec se résume à offrir du divertissement. « Actuellement, c'est le maire des grands événements, résume le conseiller indépendant Yvon Bussières. C'est un grand amuseur public, qui offre du pain et des jeux. »

Selon le conseiller Bussières, cette philosophie mène l'administration Labeaume à créer de curieuses situations. Il donne l'exemple du Cirque du Soleil qui, pour faire des profits, a obtenu le droit de vendre des produits dérivés lors du spectacle *Les chemins invisibles*, qui se déroule tout l'été dans le quartier Saint-Roch. En échange, la Ville récolte 10 % des revenus. « Est-ce que c'est la mission de la ville de vendre des tee-shirts pour aller chercher 10 % de profit ? C'est la culture de l'entreprise privée.

Mais est-ce que c'est le mandat d'une administration publique d'entrer dans le commercial ? » demande celui qui, au passage, souligne que le Cirque du Soleil n'est pas une entreprise qui est mal en point.

Bref, c'est le spectacle et l'abondance. Les opposants au maire de Québec se demandent combien de temps la chose pourra durer. « J'ai l'impression qu'on est dans les sept années de vaches grasses et, ensuite, on va arriver aux sept années de vaches maigres, prédit Yvon Bussières. Mais c'est vraiment une culture qui va faire son temps. »

Denis de Belleval est cinglant à ce propos.

« C'est le maire majorette, le maire impresario... c'est la "berlusconisation[41]" de la Ville. C'est une forme de populisme et le populisme, c'est le cancer de la démocratie. C'est le principal moyen qu'utilisent les régimes autocratiques avec la peur, la force. Sauf que, tôt ou tard, même des plus beaux rêves, tu te réveilles. La facture va se présenter. Mais tous les autres dossiers, pendant ce temps-là, n'avancent pas. Les dossiers attendent, parce qu'il [Régis Labeaume] ne délègue pas, c'est un autocrate. »

Pour sa part, la sociolinguiste Diane Vincent met en lumière une autre des qualités du maire de Québec. Si les grands projets sportifs savent séduire une partie importante de l'électorat de sa ville, incluant des journalistes, Régis Labeaume a cette remarquable capacité d'adapter son langage, son attitude et son discours aux besoins du moment. « Ce qui fascine, c'est l'habileté qu'il a de parler, sans transition, avec les Nordiques, avec un ministre, avec Robert Lepage, avec Yoav Talmi. C'est assez impressionnant. En ce sens, on ne peut pas dire qu'il ne tient que le discours de la culture populaire. Il rejoint une certaine culture plus élitiste pour la rendre plus accessible. C'est

---

41. Selon *Wikipédia*, le terme « berlusconisation » fait référence à des actions politiques qu'on rapproche des aspects considérés comme négatifs de la politique de Silvio Berlusconi, comme l'instrumentalisation des médias à des fins politiques.

ce qui le caractérise. Il est inclassable, il ne tient pas que des propos populistes. »

Voilà pourquoi Régis Labeaume réussit, dans une certaine mesure, à vendre des projets culturels tout autant que des projets sportifs aux citoyens de Québec. Avec l'ancien maire Jean-Paul L'Allier, on a beaucoup fait valoir que celui-ci n'en avait que pour la culture. On n'attribue pas cette étiquette au maire Labeaume. Il peut parler de culture, d'investissements dans les produits culturels, sans nécessairement s'attirer les foudres de l'ensemble de l'électorat. Consciemment, sans doute, il équilibre les sujets de ses annonces. Il parle tout autant de sport que de culture. « Il va partout, il est dans la culture, les projets divers, pour le milieu des affaires, la construction, etc. ; dans ses politiques, il a plusieurs pistes », note Diane Vincent.

Politiquement, il peut faire cela parce qu'il a ce talent, si particulier, de pouvoir s'adresser à de larges publics. Il sait parler au « vrai monde », même si la sociolinguiste croit que Régis Labeaume évite ce genre de catégorisation. « Je ne suis pas certaine qu'il fasse une différence entre le "vrai" monde et le "faux" monde. Il est trop intelligent pour faire ça. Il ne voudra pas classer Robert Lepage comme du faux monde. Il parle de la même manière aux architectes ou aux manœuvres sur le chantier de construction. Il a un personnage populaire mais pas un discours populiste. »

Ce trait de sa personnalité captive les observateurs. Régis Labeaume semble effectivement à l'aise dans tous les domaines. Lorsqu'il assiste à une compétition sportive, il donne l'impression d'aimer cela pour vrai et non pas de s'y être présenté uniquement dans le but d'y parader. Il est à l'aise avec les gens d'affaires, avec les gens du milieu culturel, avec les gens de gauche, tout en ayant pris soin de conquérir le terrain de droite en étant chroniqueur à la radio, réputée pour faire la vie dure à l'*establishment*. Pourtant, Labeaume, tout en étant de cet *establishment*, parvient à se faire accepter. Il a cette capacité à ratisser très large.

La sociolinguiste lui reconnaît également une certaine habileté stratégique. Régis Labeaume savait à qui il s'adressait en se présentant devant les électeurs de Québec. Le sociologue Labeaume avait fait ses devoirs.

« Quand il s'est présenté à la mairie, explique Diane Vincent, là, il a été très habile, à mon avis. Il y avait une stratégie. Il a pris soin de ne pas parler, ou très peu, de culture. Il a été élu. La première année, il subventionne le 400e, puis Lepage et son Moulin à images. Donc, beaucoup de manifestations culturelles. S'il avait proposé ça en campagne, à mon avis, il n'aurait pas été élu. C'était une époque où la culture ne passait pas. Il a réussi à faire passer ça, sans créer de grands remous. »

Le journaliste de Radio X Jérôme Landry croit que « c'est sa grosse force. Il a réussi à faire plaisir au monde culturel, au monde sportif, au monde qui ne veut pas trop que ses taxes augmentent, aux gens qui veulent des services. Il a réussi à faire plaisir à tout le monde. »

La langue de bois

Produit fabriqué ? Image consciente ? Chacun a son opinion là-dessus. Il reste que le personnage fascine à bien des égards. Une des caractéristiques les plus frappantes de Régis Labeaume est certainement son langage. Le maire le dit lui-même, il ne fait pas dans la « langue de bois ». Cette façon de communiquer, cette marque de commerce, contribue de manière tangible à construire sa notoriété.

S'il s'en trouve encore pour douter de l'attention que reçoit le maire de Québec et de son rayonnement, la chose suivante aura de quoi les convaincre. Combien de maires peuvent se vanter d'avoir été l'objet d'un colloque universitaire ? Plusieurs, peut-être. Mais de leur vivant ? Ça, un peu moins.

C'est pourtant le cas de Régis Labeaume. Le 18 avril 2011, l'Université Laval a organisé un colloque sur la construction de l'image médiatique avec, pour objet d'étude, le coloré maire de

Québec. Cela signifie que des étudiants à la maîtrise ont consacré du temps et des efforts à analyser les communications du maire. L'article de Renée Larochelle, intitulé « Une image gagnante », publié dans le *Fil des événements*[42], journal de la communauté universitaire, résume le colloque et ses résultats.

Les étudiants ont décortiqué les discours du maire lors de ses nombreuses apparitions à la télévision, dans des articles de presse et ses interventions lors de conseils municipaux. Leur constat : « Dans la majorité de ses interventions, le maire faisait très rarement référence à sa vie privée, préférant mettre de l'avant son identité de maire et, parfois, de sociologue. Il a aussi tendance à employer un langage très imagé lorsqu'il se trouve en situation conflictuelle, faisant une grande utilisation de l'hyperbole, figure de style consistant à exagérer l'expression d'une idée ou d'une expression. »

Ainsi, toujours selon l'article, Guylaine Martel, professeure au Département d'information et de communication, estime que le maire, soucieux de son image, « aurait saisi que certains traits de caractère, incluant ses coups de gueule, le rendaient attachant et populaire auprès d'une certaine partie de la population qui en a marre de l'habituelle langue de bois privilégiée par les politiciens. Conséquemment, il continuera à entretenir ce style très rentable pour lui ».

Parmi les invités du colloque, on retrouvait François Demers, professeur au Département d'information et de communication. Citons ici un autre extrait, plus large, du passionnant article de Larochelle :

« La manière d'agir de Régis Labeaume s'inscrit dans une tradition très à la mode actuellement : celle de dire tout ce qu'on pense sans trop se préoccuper des conséquences, dans la tradition des André Arthur et des Jeff Fillion. "Cette façon d'être, de parler et de paraître est une voie par laquelle on essaie

---

42. *Au fil des événements*, Université Laval, édition du 28 avril 2011, vol. 46, n° 29.

de renouveler le discours public en lui donnant le caractère de la vérité, dit François Demers. Avec Régis Labeaume, on est dans l'antithèse du discours savant et avoir l'air naturel est tout ce qui compte. On est aussi dans une culture de party. Cette culture de party est d'ailleurs en train de devenir l'axe de la politique publique à Québec. Par exemple, le centre-ville est devenu une ressource pour la banlieue qui se déplace pour venir assister au Red Bull Crashed Ice ou à d'autres événements du même genre." »

Enfin, ce que l'on retient du « style Labeaume », c'est que le maire fait le pari qu'il sera payant pour lui, sur le plan des communications, de demeurer lui-même, « de continuer à être vrai », résume l'article. Que ça plaise ou non. Régis est à prendre ou à laisser. Voilà qui est fort à propos, en ces temps où on ne cesse de parler des « vraies affaires » et du « vrai monde ».

Alors, risquons cette question : est-ce que le « vrai Régis » est celui que nous voyons, sous les projecteurs, ou est-ce un « vrai Régis » fabriqué pour les besoins de la cause ? À cela, François Grenon, expert en communication politique et chargé de cours au Département d'information et de communication, répond « qu'en termes de perception, on est assez proche de ce qu'il est finalement ».

Perception est le mot clé, ici. Car Régis Labeaume sait être *cool*, et même rigolo, lorsqu'il est invité par Véronique Cloutier à son émission *Verdict*, ou par Guy A. Lepage à *Tout le monde en parle*. Il sait sortir de ce personnage habituellement plus froid et posé de politicien traditionnel. En cela, il « régénère l'image du politicien », nous dit Guylaine Martel.

Ne pas avoir la langue de bois est à peu près toujours présenté comme un avantage, une force, en politique, qui donne l'impression de renouveler l'image des politiciens. Pierre Boucher, ex-PDG de la Commission de la capitale nationale du Québec, doute cependant que l'apparente absence de langue de bois dans le discours du maire Labeaume explique son succès.

« Sa réussite ne tient pas au fait qu'il est l'envers de la langue de bois. Parce que, en même temps, il y a des politiciens qui ont la langue de bois et qui réussissent. Par exemple, Stephen Harper a réussi à obtenir un gouvernement majoritaire et il ressemble bien plus au politicien langue de bois. La réussite de Labeaume tient davantage au fait que l'envers de la langue de bois cadre bien avec le contexte actuel de la Ville de Québec. On s'intéresse moins à la substance des choses qu'aux styles des politiciens. Et Labeaume réussit parfaitement. »

Au cours de ses recherches, le professeur François Demers, de l'Université Laval, s'est intéressé spécifiquement au thème de l'« authenticité » en posant la question : Quels sont les ingrédients rhétoriques qui provoquent l'impression de l'authenticité ? Dans sa communication, il indique que la langue de bois « constitue l'omniprésent repoussoir sur lequel s'appuie l'interprétation d'une rupture avec le passé. Pour le maire Labeaume, c'est le contraste avec le style du maire L'Allier, un gentleman, porté sur la culture et ressemblant à un "homme d'État" ».

Toujours dans sa communication, le professeur Demers explique que, pour être « vrai » et dire « les vraies affaires », il est important de[43] :

1– s'exprimer dans le registre de langage des gens ordinaires et de la vie quotidienne. Les expressions utilisées sont donc celles de la langue vernaculaire ; les propositions sont immergées dans les signes de l'émotion ; les contenus se bousculent, babillent, butinent, traitent de choses sérieuses autant que de frivolités, générales autant que très personnelles ; il y a des passages très sérieux et des plaisanteries ; et c'est plein d'opinions, en rafales ;

2– se comporter comme dans les conversations de la vie quotidienne. Ici, le mot important, c'est *conversationnel*, car une

43. J'adapte volontairement le texte de la communication de François Demers afin d'y soustraire ce qui concerne le cas de Patrick Lagacé, inutile pour la présente démonstration. L'essence du texte demeure.

conversation, c'est un flux dans le temps. Le « hier et demain » est débordé par le « d'une seconde à l'autre ». On peut constamment revenir sur ce qu'on a dit. Cela rend ce qu'on dit très léger, très temporaire. On peut à tout moment corriger ce qu'on a dit, ajouter, reprendre, commenter. Et s'excuser. On peut avoir plusieurs interlocuteurs en même temps et en parallèle, parler à droite et à gauche. D'ailleurs, il le faut. En effet, quand on cherche à joindre des masses et que celles-ci ont une écoute éclatée par l'abondance des médias qui les sollicitent, il faut être présent partout et parler à tout le monde. Il faut compter sur la « circulation circulaire de l'information » dans le réseau des médias qui font place publique. C'est le règne des flux tendus dans la vie publique comme dans l'industrie. L'orateur traite ses paroles, écrites comme verbales, pléthoriques, comme une action légère et réversible. Ce qui se révèle tout à fait en phase avec l'information en continu et les jeux vidéo : on efface et on recommence !

3– s'exprimer. Le « je » se projette en avant, il vaut bien les autres « je ». Son arbitraire « a le droit » de s'affirmer, car il n'y a que des arbitraires. C'est le règne de l'audace et du plus frondeur dans la joute discursive. Alors, nulle pudeur à célébrer ce qu'on est, à miser ouvertement sur son identité... de mâle [...] On affiche son identité personnelle et, par là, son appartenance à une tribu en parlant de sa vie privée et en martelant ses préférences. Et de mettre les autres au défi d'en faire autant et d'oser entrer dans une conversation bras de fer. Le ton est celui de la subjectivité assumée : mon point de vue vaut bien le tien. Le nombre dira qui a raison. Celui de la sincérité : c'est ça que je sens. Celui de l'identité légitime : je suis ce que je suis. Alors on ferraille de tous côtés, dans un débat où l'emporte celui qui rallie le plus de *fans*. Et celui qui est le plus hardi (effronté). On s'excuse ensuite, mais l'autre a compris... On marque sa différence par la controverse personnalisée, la polémique et la dénonciation.

Voilà pour la démonstration du professeur Demers. Le parler « vrai et authentique » du maire de Québec, cette authenticité sont ici présentés comme une recette. La recette Labeaume. Bien sûr, on est à des années-lumière de « l'humoriste-politicien » Jean-François Mercier, qui évite la langue de bois de manière colorée et avec l'aplomb qu'on lui connaît. Régis Labeaume a réussi à imprimer dans l'esprit du public qu'il n'est pas de ceux qui font dans la « langue de bois ». Cette fraîcheur le sert plutôt bien, jusqu'à présent. Mais les excès guettent l'homme au franc-parler, comme l'indique le journaliste Régys Caron, qui a été affecté aux affaires municipales pendant 10 ans au *Journal de Québec*.

« Monsieur Labeaume est un être entier, avec énormément de caractère, c'est un être aussi colérique, et ça crée, parce qu'il est entier et authentique, une popularité. Les gens aiment ça, alors ça lui facilite beaucoup les choses, car il jouit d'une très grande popularité. Il profite de l'affection des gens pour agir politiquement. Ça lui sert beaucoup. Jusque-là, il n'y a pas de problème. Mais il transforme cette popularité en pression populaire, en s'exprimant sur différentes tribunes dont il dispose, pour passer son message. Il parvient souvent à soulever la population contre quiconque s'oppose à lui. Ça peut être un gouvernement, un groupe de citoyens, des employés de la Ville... Il se donne alors raison d'agir, parfois d'une façon qui va bousculer beaucoup de monde. »

Jusqu'où pourra-t-il aller, impunément ?

Dictature amicale ou langue de bois ?

Le politicien qui fait usage de la « langue de bois » est, sans conteste, le type le moins apprécié du public. Combien de fois l'a-t-on dit, écrit, répété ? L'image est forte et la référence est évidente : il faut bannir la langue de bois, ce « repoussoir », symbole d'un passé avec lequel il faut rompre.

Est-ce à dire alors que les gens de Québec préfèrent les excès d'un populiste, quitte à le voir verser dans une forme de dictature amicale, plutôt que de voir un adepte de la langue de bois se retrouver à la tête de la ville ?

Claude Cantin est l'ancien maire suppléant de la Ville de Québec et a été conseiller municipal et membre du comité exécutif qui a siégé aux côtés de Jean-Paul L'Allier de 1989 à 2001. Pour lui, le dictateur populiste ou le politicien à la langue de bois, c'est un peu blanc bonnet-bonnet blanc. Dans les deux cas, le public ne profite pas de toute l'information dont il a besoin pour comprendre les enjeux.

« Le maire ne donne pas tant d'information que ça au public. Il donne SON information. Le dossier de l'amphithéâtre, ce n'est pas limpide. Ce n'est pas de la langue de bois, mais ce n'est pas de l'information non plus. C'est de la propagande à chaque fois. D'ailleurs, il ne donne jamais les coûts. Mais quand les gens vont se réveiller, on voudra connaître les coûts. Le dossier global, combien ça coûte ? Personne ne le sait. On est passé de 50 millions à 187 millions de dollars, du jour au lendemain, comme ça. Il ne donne donc pas tant d'information que ça. Plus que Stephen Harper, qui lui pratique la langue de bois, mais le résultat est le même. »

Selon Louise Quesnel, professeure émérite de l'Université Laval, la langue de bois et le populisme ne s'opposent pas. Bien au contraire.

« La langue de bois est une composante du populisme. Donc, je ne dirais pas que l'un est pire que l'autre. L'un est l'instrument de l'autre. Alors, posons la question : Qu'est-ce que la langue de bois ? D'une part, ça peut être "parler dans un langage facile à comprendre". Le deuxième sens peut être "ne dire que ce que l'on veut, ne pas parler des vraies choses et ne pas décrire les enjeux dans leur complexité". Donc, simplifier, pas nécessairement pour rendre plus accessible, mais pour gommer, passer rapidement sur des dossiers qui sont généralement plutôt complexes et demandent des nuances. Le maire Labeaume est comme ça. Quand il sait que dire quelque chose risque de le mettre dans une situation difficile, il préfèrera ne pas commenter. Parce qu'il ne fait pas dans la nuance. Ça lui est très difficile. Il est tout d'un morceau. C'est une qualité, mais c'est aussi un défaut. Cette qualité plaît aux gens, parce qu'il semble toujours sincère, convaincu et convaincant. Ses arguments sont dans le registre émotif, et non pas rationnel. Le mode rationnel va utiliser un langage plus abstrait, plus théorique, alors que Labeaume a un langage plus concret, appuyé sur des analogies, des comparaisons, des images. Ce n'est pas bon ou mauvais, mais, en termes de communication et de rapport avec l'opinion publique, ça a des conséquences. Les gens vont le suivre aussi sur l'émotif, moins sur le mode rationnel. Parce que le mode rationnel voudrait dire de se demander : Quels sont les pour ? Les contre ? Quels sont les coûts ? Qu'est-ce ça va donner ? Donc, faire une réflexion plus approfondie. »

Voilà de quoi surprendre : Régis Labeaume pratique, par son style populiste, une forme de langue de bois. Alors, posons maintenant la question : Est-ce que les citoyens en sortent tout de même gagnants ? Ce à quoi Louise Quesnel répond :

« La langue de bois a comme aspect intéressant de passer vite sur les choses, de simplifier les enjeux. Alors, si on définit l'efficacité des services publics en termes de rapidité, comme c'est souvent le cas, on dira que la langue de bois est utile, car on ne s'enfarge pas dans les fleurs du tapis. Ça marche. De ce côté, c'est bon, mais l'efficacité ne se décrit pas seulement en ces termes. C'est aussi chercher à offrir des services publics qui vont répondre aux besoins des gens, offrir une certaine qualité de vie qui va répondre à des critères. Alors, la démocratie y gagne-t-elle ? Ça dépend de la lunette d'approche. C'est clair, pour la démocratie, qu'il y a un gain et une perte. Le gain, c'est le fait d'avoir un langage plus proche du vécu des gens, plus proche des populations de classe moyenne ou moins scolarisées, ce qui peut faire en sorte qu'ils vont s'intéresser davantage à la politique, qu'ils vont vouloir écouter ce que ce maire-là a à dire. Et ça, c'est bon pour la démocratie, car on souhaite que le plus de gens possible soient informés et impliqués et qu'ils aillent voter lorsque l'occasion se présente. Là où je vois une perte pour la démocratie, c'est que les dossiers ne sont jamais vraiment expliqués, que la compréhension des enjeux est toujours partielle ou imparfaite ou même presque impossible. En termes de partage d'information, dans un régime politique où vous n'avez pas seulement un dictateur, car nous ne sommes pas dans un système dictatorial mais dans un système de pouvoirs partagés entre les gens qui ont une majorité et les minorités qui existent, on y perd. Les minorités aussi ont le droit de savoir. Si la langue de bois dit toujours la moitié, sinon le tiers ou le quart de la vérité, et s'il n'est pas possible d'avoir des documents pour être informés, comment est-ce possible qu'un régime comme le nôtre — parlementaire de type britannique — puisse réellement être intéressant pour la démocratie ? »

Au final, bien que l'accessibilité du discours populiste puisse être considérée comme un aspect intéressant, Louise Quesnel évalue que les désavantages l'emportent sur les avantages.

« Le populiste qui parle un langage plus proche du peuple, ce n'est pas la façon idéale de développer l'esprit démocratique et de faire comprendre la vraie nature des enjeux. Est-ce que le style populiste porte ses fruits, lorsqu'on songe à la participation électorale de ces gens qui s'intéressent maintenant à la politique en raison du langage plus accessible du maire ? Est-ce qu'on vote davantage ? La démonstration n'a pas été faite. Car cela peut plutôt faire en sorte de désintéresser les gens de la politique. Ils diront : "Le maire a tout en mains, il a toutes les solutions. On n'a pas besoin de s'en occuper !" Dans le populisme, il y a aussi le recours à la confiance. "Ayez confiance !" Ce n'est pas une façon de faire qui encourage la discussion, mais qui demande plutôt un vote de confiance. Ce n'est plus une élection, c'est un plébiscite. »

Critiquer la critique

S'il est un élément qui revient constamment dans la bouche des adversaires de Régis Labeaume, c'est bien la difficulté qu'il a à gérer l'opposition, à accepter la critique, qu'elle provienne des journalistes ou des conseillers de l'opposition, ou même des citoyens. Cette tendance, déplorable pour plusieurs, fait aussi partie du « style Labeaume » et contribue sans doute à la notoriété du personnage.

Pour les adversaires du maire Labeaume, la séance du conseil municipal n'est pas forcément une sinécure. Sans parler de séance de torture, parfois, le simple fait d'observer la scène, en tant que téléspectateur, peut provoquer un certain malaise.

Le maire Labeaume frappe, avec virulence, les conseillers indépendants, qui forment pourtant une bien faible opposition. Les chocs sont parfois intenses, ce qui conduit à des excès. Que ce soit avec des « Elle est stupide ta question » ou des « Mon ostie, m'a t'en câlisser une dans l'front », les débordements sont relativement fréquents. Régys Caron constate :

« Ça, c'est le vieux style du Progrès civique, d'avant Jean-Paul L'Allier. C'est un retour en arrière qu'on vit à Québec. À l'époque du Progrès civique, de Jean Pelletier, il y avait cette espèce de mépris pour l'opposition, je pense que le maire Drapeau était un peu comme ça, et on retourne à cette façon de faire, à tort ou à raison. D'ailleurs, monsieur Labeaume avait fait la campagne électorale comme conseiller de Jean-François Bertrand qui était chef du Progrès civique, en 1989. Et puis, Paul-Christian Nolin est un proche de Gilles Lamontagne. C'est la même philosophie. »

Pour Yvon Bussières, la situation est plutôt malheureuse, lui qui est passé de président d'assemblée à *persona non grata.*

« J'ai été de ceux qui ont appuyé Régis Labeaume à la convention du RMQ, contre Ann Bourget et Claude Larose. Et sa défaite, contre Larose, ça devenait la fin du RMQ. Il en parle encore de ce parti aujourd'hui, même s'il n'existe plus. Quand Labeaume m'a demandé d'aller avec lui, j'ai dit non. Alors, je devenais un adversaire. Pourtant, quand il a été élu comme maire, indépendant, j'étais heureux parce que j'ai cru en lui. Je pensais qu'il allait changer la façon de faire de la politique. En réalité, on a réinstallé la vieille politique, le machiavélisme traditionnel. »

Le chroniqueur François Bourque considère que le ton adopté aux dépens des conseillers d'opposition mériterait d'être révisé.

« C'est trop et c'est surtout inutile, compte tenu du degré de popularité qu'il a. C'est certainement la grande faiblesse politique qu'on peut déceler chez lui, cette espèce de mépris qu'il a pour le point de vue qui est contraire au sien. Je fais, par contre, une distinction entre la réaction de Labeaume en public et sa réaction en privé. En public, il ne souffre pas la critique trop directe. Il ne veut pas être confronté. Je n'ai pas entendu une seule question au conseil qui n'est pas légitime de la part de l'opposition. Souvent, ils se font rabrouer sans raison. Je comprends qu'il y a un élément de partisannerie en politique, mais, dans son cas, son comportement est inutile. Ce n'est pas vrai que l'opposition l'a empêché de faire ce qu'il voulait faire, ce n'est pas vrai même à l'époque où il n'était pas majoritaire, ce n'est pas vrai que l'opposition l'a empêché d'aller là où il le voulait. Pourtant, en privé, les gens qui travaillent avec lui de près disent que c'est quelqu'un qui est capable d'écouter et même de changer d'idée. Le tramway est le meilleur exemple. Il était contre et il mettait l'opposition au défi de faire campagne là-dessus en disant qu'il allait les écraser. On se retrouve maintenant avec un ardent défenseur du tramway. Il a appris quelque chose. Ça veut dire qu'en comité de travail, à l'abri des caméras, il a écouté des gens qui ne pensaient pas comme lui, il a intégré et a fait sien leur discours. »

Concernant l'allergie du maire à toute critique, Denis de Belleval, ex-directeur général de la Ville de Québec, analyse la situation.

« Monsieur Labeaume, de ce point de vue-là, c'est un champion. Quand il a en face de lui une certaine critique ou simplement une interrogation, il réagit toujours sur le plan personnel. Tout est ramené à la personnalité, soit sa personnalité, son *ego*, soit la personnalité de l'autre, mais il n'y a pas de discussion possible sur le fond des choses. Ou rarement. Il a peur de l'opposition, qu'on remette en cause des choses. Il ne se sent pas à l'aise. Tout ce qu'il veut, c'est du consensus, sinon il perd ses marques. Parce que, discuter du fond des choses, c'est dangereux. Tu sors de l'émotivité, tu sors de l'irrationalité. Que j'aie raison ou tort, on n'en discute même pas! Toute la société québécoise est un peu comme ça: on est tellement, comme les sociétés occidentales, individualiste, fondé sur la consommation, le plaisir, que le fond des choses nous effraie. Donc, on aime mieux rester en surface. Dans le débat politique, c'est la même chose. On privilégie la personnalité et ça suffit. Les discussions qui durent plus qu'une minute, c'est pas bon. Ça effraie la télévision, c'est mauvais pour les cotes d'écoute, et même les journaux sont rendus comme ça.»

Denis de Belleval critique durement le comportement irritable du maire.

«C'est sûr qu'il y a un aspect caractériel chez lui qui confine à la maladie, à mon avis, ajoute l'ex-DG. C'est un homme qui n'a aucun contrôle sur ses émotions. C'est un homme gravement déficient de ce côté. Quand il a attaqué madame Porter[44], il n'a pas critiqué l'article, il l'a dénigrée. Il a réagi comme si son être le plus profond était attaqué. Ça démontre une instabilité émotive grave. Si ce n'était que des sautes d'humeur, ce ne serait pas plus grave que ça. Mais, quand ça devient une méthode de gouvernement, c'est une autre paire de manches. Quand il saute au visage de l'opposition, qui font ce qu'ils peuvent, sans moyens, sans équipe, sans ressources... Le maire, au lieu de les traiter avec bienveillance, de répondre à leurs objections sur un ton posé, il les traite de tous les noms. Ça, c'est plus grave, parce que c'est la démocratie qui est en cause.»

---

44. Isabelle Porter, journaliste du quotidien *Le Devoir*, que le maire Labeaume a accusée de pratiquer du «journalisme de colonisé». Voir page 16.

De son côté, Yvon Bussières ajoute:

« Il colle des images aux gens. Il a collé des images à l'opposition, dans le temps, aux chefs du RMQ ; même moi, il a essayé de me coller une image reliée à mes valeurs personnelles en m'appelant « saint Yvon ». L'image, tu la traînes ensuite. Et la meilleure arme en politique, c'est l'attaque. Donc, il est toujours en mode attaque. Il essaie toujours de te déstabiliser. C'est quelqu'un qui n'a pas les mêmes paradigmes que son environnement. Si tu crois faire de la boxe anglaise, lui, il va faire de la boxe extrême. Il impose ses règles. Il consulte peu, il impose son idée et il ne fera un ajustement que s'il y a une pression populaire. »

La conseillère indépendante Anne Guérette doit vivre tous les jours, comme les deux autres conseillers indépendants, dans une situation qui n'a rien d'idéal. « On a de petits moyens. On est bâillonnés. On rit de nous, on nous manque de respect. Et pourtant quand monsieur Labeaume a été élu, il a dit : "On va être dé-mo-crate." Mais il ne l'est pas du tout. Même dans cette situation où il a le pouvoir total, où il lui serait facile d'être démocrate ou de faire semblant de l'être, il n'est pas capable. »

Même si elle est la cible de la plupart des attaques les plus virulentes, la conseillère indépendante Anne Guérette ne condamne pas le maire : « Ce n'est pas une question de mauvaise foi, souvent. Il est convaincu qu'il fait bien. Il ne se lève pas le matin en disant qu'il va faire mal. C'est pour ça que je n'en veux pas à Régis Labeaume, personnellement. Mais je pense que ce n'est pas le bon gars pour faire ce *job*-là. Si au moins il avait de l'ouverture. On devrait être ouvert au débat, parce qu'on aime notre ville. Mais il n'y a pas de débat, pas d'ouverture, pas de discussion. »

Ce manque d'ouverture du maire pour l'opposition, le journaliste Régys Caron l'observe également envers les citoyens.

« C'est la différence de style. Monsieur L'Allier n'envoyait pas promener les citoyens du Vieux-Québec quand ils venaient faire des démonstrations intelligentes à l'hôtel de ville. Le maire L'Allier a toujours démontré une capacité d'écoute, d'abord, avant d'envoyer valser ceux qui s'opposaient à ses projets. Monsieur Labeaume a un style tout à fait différent. Il dit: "C'est comme ça que ça va marcher." Il jouit d'une popularité, à cause de ça. On verra combien de temps ça va durer. Mais il n'est pas là depuis longtemps, et on juge un maire à ses réalisations. Et ça prend du temps, réaliser des choses au municipal. »

Une source, qui requiert l'anonymat étant donné sa proximité avec les milieux politiques et économiques de Québec, affirme bien connaître l'entourage immédiat du maire Labeaume. Selon elle, en raison de son caractère, Régis Labeaume aurait fini par faire le vide autour de lui.

« Pour connaître beaucoup de personnes qui gravitaient autour de lui, je peux affirmer qu'ils se tiennent maintenant loin. Il y a donc un problème. Et le problème est commun à tout le monde: une fois que Labeaume a obtenu ce qu'il voulait, tu deviens une matière jetable. C'est le commentaire que j'ai entendu le plus souvent. Même pour de vieilles amitiés qui sont maintenant rompues. Le pouvoir, c'est comme l'alcool: certains ne le supportent pas. Et lui, de toute évidence, il a atteint le principe de Peter[45] avec le pouvoir, il est rendu là. Je comprends qu'on puisse accepter un mauvais caractère. N'importe qui peut être bourru. Mais tu ne brises pas des amitiés parce que tu es bourru. C'est la même chose pour l'ambition. C'est correct d'en avoir, et Labeaume en a. Mais, quand ça passe par-dessus tout le reste, c'est là que ça devient dangereux. Que voulez-vous, il était encensé depuis des années. On a dit qu'il devrait être premier

45. Selon *Wikipédia*: Le *Principe de Peter*, également appelé « syndrome de la promotion Focus » de Laurence J. Peter et Raymond Hull, est un principe satirique relatif à l'organisation hiérarchique. Il est paru originalement sous le titre *The Peter Principle* (1969). Selon ce principe, « tout employé tend à s'élever à son niveau d'incompétence ». Il est suivi du *Corollaire de Peter*: « Avec le temps, tout poste sera occupé par un incompétent incapable d'en assumer la responsabilité. »

ministre, qu'il en faut un comme lui à Montréal... Ça a dû jouer sur la psyché du bonhomme. »

Trois têtes valent mieux qu'une

« Labeaume ne s'est pas fait en trois jours », nous dit avec humour le caricaturiste André-Philippe Côté. Si on admet l'hypothèse que l'on ne peut fabriquer un Régis Labeaume de toutes pièces, on doit cependant remarquer que le maire de Québec est entouré de spécialistes capables de peaufiner le produit, de polir les coins et de rendre le tout encore plus présentable.

Régis Labeaume a beau parler lui-même de ce petit côté « sociologue » qui l'habite, qui le rend habile à saisir les humeurs populaires, il est de notoriété publique qu'il s'est tout de même constitué une équipe de haut calibre. Dans le camp des « faiseurs d'image » du maire Labeaume, on retrouve trois noms : Louis Côté, Line-Sylvie Perron et Paul-Christian Nolin.

Rapide survol des feuilles de route du trio.

Louis Côté, chef de cabinet

Lui, c'est le marketing, la présentation du produit qu'il faut vendre. C'est l'enrobage. Louis Côté est, comme le maire, diplômé en sociologie. Il a également étudié le journalisme et fait une scolarité de maîtrise à l'École nationale d'administration publique (ÉNAP). Son véritable bagage, sans doute le plus payant pour Régis Labeaume, est son passé de vice-président exécutif chez Cossette Communication, poste qu'il a occupé à partir de 1989. Il navigue en fait dans cet univers depuis le début des années 1980. Une riche expérience, on en convient. Lorsque le maire est là, on dit que Louis Côté est toujours, ou presque, dans les parages...

Line-Sylvie Perron, chef de cabinet adjointe

Elle, c'est le contenu et sans doute, aussi, le contenant. De ce trio, Line-Sylvie Perron possède, de loin, la plus longue expérience en politique. Sa feuille de route est éloquente : conseillère et attachée de presse du premier ministre du Québec René Lévesque, de 1976 à 1985, directrice de cabinet des chefs péquistes Bernard Landry et André Boisclair, candidate du PQ défaite dans Louis-Hébert aux élections de 2003. En relations publiques : conseillère principale au cabinet de relations publiques National, actionnaire de l'entreprise de relations publiques Hill & Knowlton/Ducharme Perron. Elle a présidé différents conseils d'administration, dont celui du Musée national des beaux-arts du Québec. Elle a été candidate de l'Équipe Labeaume en 2009, défaite dans le district du Vieux-Québec–Montcalm.

Paul-Christian Nolin, attaché de presse

Ici, ce sont les relations de presse. Paul-Christian Nolin a été attaché de presse d'Andrée Boucher, cavalièrement congédié en août 2007 par le maire suppléant Jacques Joli-Cœur, à la suite du décès de la mairesse, mais réembauché peu après par le maire Labeaume. Il a travaillé pour le Progrès civique, a été directeur des communications et des relations internationales à la Chambre de commerce de Québec. Il a également été directeur des relations publiques pour les Fêtes du 400e anniversaire de la Ville de Québec. On l'a déjà vu, dans un passé pas si lointain, animer à la télévision communautaire.

Avec une telle équipe d'experts, comment s'étonner que Régis Labeaume puisse rayonner autant, sur le plan médiatique ? Anne Guérette, conseillère municipale indépendante à la Ville de Québec, en est consciente.

« Autour de lui, il a trois experts, à 130 000 $ de salaire chacun : Louis Côté, Line-Sylvie Perron et Paul-Christian Nolin, qui sont trois génies dans leur domaine. On commence à se rendre compte à quel point ils sont forts et structurés. Comme cet été [2010], ils l'ont travaillé : "Régis, tu peux pus péter de coche. Tu peux pu continuer à insulter du monde comme Marinelli." On le sent, quand quelque chose lui tombe sur les nerfs, il se recule sur sa chaise, il regarde le plafond, il ferme les yeux. Il a appris une technique cet été. »

Le journaliste Carl Langelier couvre les affaires municipales pour le réseau TVA, à Québec. Il s'intéresse également aux effets de l'équipe d'experts qui entourent le maire Labeaume.

« Est-ce que son personnel l'a transformé ? Souvent, entre journalistes, on se dit, après des sorties fracassantes, que son personnel doit s'arracher les cheveux. Ils doivent lui dire : "Régis, qu'est-ce que t'as fait ?" Moi, je pense que non. Je pense que les gens qui sont avec lui, surtout son chef de cabinet, Louis Côté, sont deux personnes semblables. Je pense que ces deux-là voient les médias de la même façon, qu'ils les perçoivent de la même façon, qu'ils n'aiment pas beaucoup les médias, qu'ils voient les médias comme un mal nécessaire. Mais aussi dans la façon de diriger, d'agir, de régner, de parler, je pense que ces deux hommes sont très liés et s'encouragent l'un l'autre parce qu'ils ont la même vision. »

Le journaliste Régys Caron, du *Journal de Québec*, est également d'avis que l'homme le plus influent, derrière le maire de Québec, est Louis Côté.

« Louis Côté est là depuis le début, explique le journaliste. Il est un peu l'éminence grise de l'hôtel de ville, avec Alain Marcoux. Je pense que ces deux-là en mènent très très large. Monsieur Labeaume a recruté Line-Sylvie Perron, qu'il aurait voulue comme haut gradée au conseil municipal, mais elle a été battue aux élections. Maintenant, elle est au cabinet. C'est une personne de plus au cabinet, soit dit en passant. Monsieur Labeaume qui disait : "La Ville coûte cher, la Ville est grasse." Mais il a engraissé son cabinet d'une personne. Quant au reste, Paul-Christian Nolin est un attaché de presse qui fait son travail. Mais l'éminence grise, c'est Louis Côté, à mon avis. »

Plusieurs ont noté le pouvoir d'influence de Louis Côté, chef de cabinet du maire. L'ancien attaché politique du RMQ, Marc Roland, se souvient d'une prise de bec avec l'homme fort du maire Labeaume.

« Louis Côté m'appelle, en plein mois d'août, j'étais chef de cabinet. Labeaume, avec Louis Côté, a décidé qu'il prolongeait le Moulin à images jusqu'en septembre pour 800 000 $. Il a dit : "Écoute, on règle ça entre nous, avec toi et Jean-Marie Matte (chef du RMQ)." Je lui ai dit que ça me prenait des informations: "Pourquoi vous prolongez? Avez-vous des études d'impact? Les commerçants? 800 000? Pourquoi?" Louis Côté se met à sacrer: "Vous êtes contre, hein? On va sortir, on va le dire que vous êtes contre, pis vous allez le payer, politiquement." Je lui ai dit: "Prends pas le mors au dents, nous autres, on est élus, on a une responsabilité, on ne vote pas 800 000 les yeux fermés, j'ai une vingtaine d'élus à convaincre...". Il coupe la communication tout d'un coup. C'est comme ça qu'ils fonctionnent. Et, finalement, on a voté pour. Mais il n'y avait pas moyen d'être rationnel. C'est une épreuve de force tout le temps. Tu te soumets ou on te passe sur le corps. Il n'y a pas de compromis possible. On est retournés 30 ans en arrière.»

L'équipe qui entoure Régis Labeaume a-t-elle une influence au point de changer l'approche du maire face aux médias? Le journaliste Carl Langelier a tout de même constaté un changement dans la façon de faire du maire de Québec, qui a un impact direct sur son travail.

«Il a compris la *game* assez rapidement. Il a eu un an pour s'acclimater et, depuis deux ans, il a le contrôle pas mal. La dernière fois où j'ai pu l'achaler avec une série de questions qui le mettaient mal à l'aise, c'était à l'époque du Red Bull Crashed Ice, quand il a bu un Red Bull au conseil municipal et qu'il a dit qu'il en achèterait une caisse le lendemain. C'est une des dernières fois où j'ai senti que j'avais le contrôle sur lui dans un point de presse. Après ça, il y a eu un changement. Je ne dis pas que ce n'est plus possible d'avoir le dessus, mais c'est une partie qui se joue à deux et ça a changé après cet épisode.»

Son nom a été évoqué, dans la catégorie des «experts» du maire Labeaume: il semble qu'il soit important de ne pas négliger Alain Marcoux, directeur général de la Ville de Québec. Celui-ci formerait, avec Louis Côté et Régis Labeaume, l'espèce de triumvirat qui dirige la capitale. Le directeur général a, lui aussi, un impressionnant curriculum vitæ.

Alain Marcoux

Aussi diplômé en sociologie, il est passé par un stage de perfectionnement en administration à l'ÉNAP. Élu député du Parti québécois en 1976, il a notamment été ministre des Travaux publics et de l'Approvisionnement et ministre des Affaires municipales. Défait en 1985, il a été directeur général de la Ville de Sainte-Foy de 1991 à 2001, directeur général adjoint de la nouvelle Ville de Québec de 2001 à 2006, puis directeur général à compter d'avril 2006.

Le journaliste Régys Caron explique:

« C'est un des piliers décisionnels de la Ville de Québec. C'est clair. Il est directeur général. Il s'est imposé dès qu'il est entré à l'hôtel de ville, au lendemain des fusions, fusions contre lesquelles il était, parce qu'il était à la Ville de Sainte-Foy, avec Madame Boucher. Il a été ministre des Affaires municipales, il a beaucoup d'expérience et il a démontré une capacité forte, mais feutrée, à mettre le grappin sur les grands dossiers de l'hôtel de ville. C'est lui qui a mis la main sur le processus décisionnel administratif à l'hôtel de ville. Il est très politique aussi, monsieur Marcoux. Il est respecté, à l'interne, je pense. Il s'est imposé dès le départ, il a peut-être bousculé du monde, mais il mène sa barque, il fait le travail. »

De son côté, Marc Roland, ancien attaché politique du RMQ, martèle:

« À la Ville de Québec, ça n'a jamais été aussi centralisé. Le triumvirat, c'est Alain Marcoux, Louis Côté, Régis Labeaume... c'est eux qui contrôlent tout, tout, tout. Et tu as affaire à passer par ces trois hommes-là. Toute la direction générale est au service de Monsieur le Maire. Avant, ça ne marchait pas comme ça. Avec le cabinet du maire L'Allier, il y avait une séparation. Quand on franchissait la ligne, Denis de Belleval [alors directeur général], il nous le disait. »

Au conseil municipal, parmi les élus, les noms de François Picard et de Richard Côté s'imposent. Les deux hommes, vice-présidents du comité exécutif, sont ceux dont on entend le plus parler au sein de l'Équipe Labeaume. Le journaliste Régys Caron l'a observé :

« Richard Côté et François Picard sont de bons exécutants. Ils partagent la vision du maire. Mais c'étaient les deux vice-présidents de madame Boucher, qui n'était pas du tout d'accord avec la vision de Régis Labeaume. Madame Boucher avait déjà critiqué monsieur Labeaume, qui s'était présenté à la tête du RMQ, en 2005. Et madame Boucher avait fait des déclarations[46]. Et Richard Côté et François Picard étaient avec madame Boucher. Eux, ils ont simplement changé d'équipe. Ils ont traversé la rue. Madame Boucher est décédée, alors il restait le maire Labeaume, qui les a recrutés. Ce sont des gens qui ont épousé la cause de monsieur Labeaume, comme ils avaient épousé la cause de madame Boucher. C'est fréquent en politique municipale, surtout quand tu es dans l'opposition. Quand tu es au pouvoir, tu restes là. Au municipal, les allégeances de partis politiques sont fragiles, quand tu n'es pas au pouvoir. »

Ce sont donc eux, ces experts, qui seraient derrière le maire de Québec à ramasser, à l'occasion, les pots cassés. Eux qui façonneraient, en partie du moins, le personnage tel que nous le connaissons. Un personnage qui démontre des qualités qui savent plaire aux électeurs de Québec, dont celle du leadership, un sens que Régis Labeaume possède indéniablement.

Un leader qui *lead*

S'il digère péniblement la critique, Régis Labeaume donne, en même temps, l'impression qu'il se bat pour la Ville. Cela conforte

---

46. Au lendemain de la défaite de Labeaume au congrès du RMQ, elle avait déclaré qu'elle aurait été « scandalisée s'il avait été élu. Les millionnaires qui se cherchent des distractions, on n'a pas besoin de ça en politique municipale » (« Le choix de Claude Larose réjouit les autres prétendants à la mairie », *Le Soleil*, 14 mars 2005).

sans doute l'image du leader qu'on lui attribue. En ce sens, il se démarque de ses prédécesseurs à bien des égards. Il a contribué à changer l'énergie de cette ville, à en faire quelque chose de plus positif, dira-t-on. Même ses adversaires le reconnaissent.

Le professeur Thierry Giasson, du Groupe de recherche en communication politique de l'Université Laval, constate:

« Labeaume est un batailleur. Il n'a pas froid aux yeux. Il est prêt à affronter, envers et contre tous, n'importe quelle situation qui peut lui permettre de faire que Québec soit une ville plus importante. Quitte à se tromper, quitte à commettre des erreurs, quitte à parler à travers son chapeau, à être méprisant envers ses adversaires, envers les citoyens, les gens qui ne partagent pas son avis. Son objectif premier est de défendre, envers et contre tous, sa ville. Sa ville, peut-être plus que ses citoyens. »

Si l'on retient plus facilement les coups de gueule et les querelles, le leadership du maire de Québec est évident et s'exprime de façon intéressante. Son style original et le fait qu'il parle beaucoup lui assurent une couverture médiatique enviable qui fait en sorte que sa présence, seule, réussit sans doute à influencer le cours des choses. Régis Labeaume, contrairement à d'autres, s'investit beaucoup dans les enjeux régionaux. Pour lui, Québec ne se confine pas au petit territoire géographique qui est sien. Si, d'instinct, certains maires opteront surtout pour le rayonnement international, le maire Labeaume a adopté une stratégie différente.

En 1979, Jean Pelletier a créé, avec le maire de Paris Jacques Chirac, l'Association internationale des maires francophones. Le maire Labeaume, lui, est à l'origine de la réunion des maires de l'Est-du-Québec. Un geste qui assure un rayonnement nouveau à la capitale.

« Selon le maire Labeaume, c'est la première fois que les maires de l'est de la province se mobilisent de la sorte pour mettre en commun leurs efforts et leurs préoccupations qui ne sont pas nécessairement débattues à l'Union des municipalités du Québec (UMQ), dont le mandat est beaucoup plus large. Les 18 maires en question ont convenu de créer des missions économiques conjointes, tout comme des missions de vente de produits touristiques[47]. »

Régis Labeaume donne l'impression qu'il est un travailleur compulsif, un *workaholic*, qui veut et qui aime s'occuper de tout, personnellement. Il s'intéresse aux questions sociales, économiques, environnementales, il parle d'aménagement. Il est effectivement partout et sur tous les terrains. Appelé à commenter la préparation de son tout premier budget, le maire répond : « On s'est levés de bonne heure, on s'est couchés tard et on n'a pas respecté le Guide alimentaire canadien[48] ». L'image du travailleur infatigable venait de naître.

Louise Quesnel, professeure émérite de l'Université Laval, remarque « qu'il n'a pas peur de déborder des frontières traditionnelles des élus municipaux. Il rêve autant de culture pour Québec, et il est sincère à cet égard, que d'environnement, du développement des affaires, etc. Son leadership est plus large. C'est positif et très intéressant. C'est le maire du XXIe siècle, le maire qui sort des sentiers battus ».

Ce leadership transforme également les relations entre Montréal et Québec. Avec Labeaume, le temps du complexe d'infériorité est bel et bien terminé. Cette approche, plus fière, plus agressive, a créé nombre de chocs entre les deux villes. L'un des épisodes les plus fameux : la guerre des festivals. Dans un article intitulé « Fini les mamours avec Québec », Michelle Coudé-Lord écrit :

« Une nouvelle guerre s'ouvre entre Montréal et Québec. Le calendrier des festivals est au cœur du débat. La décision d'Alain Simard et de la Ville de Montréal de déplacer en juin les FrancoFolies vient d'ouvrir une boîte de Pandore. Le maire de Québec,

---

47. « Les maires de l'Est partagent leurs préoccupations », *La Presse canadienne*, 24 septembre 2010.

48. « L'an 1 de Labeaume : en paroles et en actes », Pierre-André Normandin, *Le Soleil*, 29 novembre 2008.

Régis Labeaume, et le maire de Montréal, Gérald Tremblay, tous deux en élection, défendaient chacun leur territoire avec vigueur, hier. Pour le maire de Québec, "Montréal vient de poser un geste méprisant[49]." »

Dans le même article, elle cite le maire Labeaume.

« "Ce n'est pas vrai qu'un businessman, nommé Alain Simard, va décider unilatéralement de changer de dates son festival, de nous faire mal, sans qu'on réagisse. Je n'ai pas l'habitude d'être une victime. Les FrancoFolies en juin, ça signifie que les artistes étrangers vont prioriser Montréal au détriment de Québec. Si Spectra mène mal ses affaires, qu'il change de modèle", confiait hier en fin d'après-midi, au *Journal de Montréal*, Régis Labeaume. »

Une vraie guerre de clocher, comme dans le bon vieux temps, qui met en scène deux coqs déterminés à assurer leur leadership. À cet égard, plusieurs diront que le maire Labeaume se démarque nettement de son vis-à-vis de « l'autre bout de la 20 ». Le leadership, l'esprit pugilistique du maire de Québec sont évidents. La situation a eu l'heur de plaire aux médias qui se sont gavés des déclarations-chocs provenant de chaque clan. L'animateur radio Gilles Parent l'a admis : « C'est bon pour les cotes d'écoute, [...] ça dérange le monde, puis à Québec, on est chialeux de nature[50]. »

Une bataille intéressante au point de donner l'idée au Réseau TVA de diffuser, en janvier 2010, la téléréalité *La série Montréal-Québec*, qui reprend la recette de la rivalité Canadiens-Nordiques. Comme si on attendait l'occasion idéale de recréer les bonnes vieilles guerres d'antan pour en tirer profit et réanimer le paysage collectif.

À ceux qui opposent leadership à démocratie, le journaliste du *Devoir* Antoine Robitaille répond :

« C'est l'ambiguïté en démocratie. Les gens veulent quelqu'un qui écoute, mais ils veulent du leadership. Ils veulent être consultés,

---

49. « Fini les mamours avec Québec », Michelle Coudé-Lord, *Le Journal de Montréal*, 12 août 2009.

50. <http://multimedia.cyberpresse.ca/rivalite_q-m/index.html>.

mais ils veulent que ça bouge. Ils veulent être consultés et, parfois, ne savent pas ce qu'ils veulent. Ça leur prend alors quelqu'un qui leur dit : "C'est ça que vous voulez !" C'est ça aussi, un leader. Quelqu'un qui mène. Les gens ont besoin aussi, dans une société, que quelqu'un indique une direction. La démocratie fait contrepoids à ces gens-là. Mais les gens aiment le leadership. C'est ambigu, la relation. »

Pour Pierre Boucher, le leadership de Labeaume étonne, car, selon lui, le message prime sur le fond.

« Les gens ne sont pas capables de dire où est-ce qu'il s'en va. J'ai souvent entendu des gens me dire : "Moi, j'aime Labeaume parce qu'il dit ce qu'il pense". Très bien. Êtes-vous capables de me dire ce qu'il pense ? Les gens ne sont pas capables. Le maire, sa popularité tient en grande partie au fait qu'il fait du spectacle. Les politiciens sont de moins en moins à la mode dans la ferveur populaire, alors que les vedettes occupent le premier rang. On consacre des émissions aux vedettes. Et, quand les politiciens participent à ces émissions, ils enlèvent leur cravate et se disent qu'ils vont faire trois ou quatre farces. Et il est bon là-dedans, il est bon avec les médias. »

L'union, quosse ça donne ?

Le leadership de Régis Labeaume peut s'exprimer dans l'union, comme il l'a fait avec la réunion des maires de l'Est-du-Québec, et dans la désunion. Le 4 novembre 2010, le maire annonce que la Ville de Québec quitte l'Union des municipalités du Québec (UMQ). Puisque Montréal a fait de même en 2004, l'UMQ encaisse durement la décision du maire Labeaume car elle perd du coup son plus important partenaire... et les 300 000 $ qui viennent avec lui chaque année.

Le maire de Québec a perdu confiance en l'organisme notamment parce que le maire de Saint-Jérôme, Marc Gascon, a choisi de rester dans la course à la présidence de l'UMQ, malgré les doutes importants émis sur son intégrité. Le maire Gascon a fait la manchette à la suite d'allégations quant à sa réélection à la mairie de Saint-Jérôme. Pour éviter tout inconfort, Régis Labeaume avait alors demandé qu'il se retire de la course, le temps d'y voir clair.

Mais le maire Gascon n'a pas bougé, et les membres de l'UMQ ont rejeté la proposition du maire de Québec. Gascon a même été élu à l'unanimité par les administrateurs de l'organisme. La pilule n'a pas passé. « Je refuse que monsieur Gascon parle au nom de la Ville de Québec[51] », a lancé le maire Labeaume.

La défection de Québec a fait fortement réagir les membres parce que le maire Labeaume a demandé à l'UMQ « d'assurer une gouvernance de qualité, ne laissant aucun doute quant à l'intégrité de ses représentants[52] ». En parlant des représentants, au pluriel, plusieurs se sont sentis attaqués :

« Les maires de l'Est-du-Québec, réunis dans la capitale il y a un peu plus d'un mois à l'initiative de Régis Labeaume, se montraient particulièrement déçus. "Qu'il questionne l'intégrité des dirigeants, je le prends très mal", affirme la mairesse de Lévis, Danielle Roy-Marinelli, deuxième vice-présidente à l'UMQ. [...] Le maire de Thetford Mines, Luc Berthold, administrateur à l'UMQ, remet carrément en question sa participation à la coalition des maires de l'Est. "C'est inacceptable d'avoir dit des propos comme ceux-là à propos de ses collègues, s'emporte M. Berthold. Comment voulez-vous faire de la concertation avec quelqu'un qui vous tire dans le dos ! Quand tu ne nommes pas personne, tu englobes tout le monde." »

Le maire Labeaume souhaitait également que l'UMQ ait un véritable bureau d'affaires à Québec. Une demande qui n'a trouvé aucun écho auprès des membres de l'UMQ. En bref, on le constate : Régis Labeaume choisit l'union lorsqu'elle sert les

---

51. Radio-Canada. Régional - Québec. 4 novembre 2010. <http ://www.radio-canada.ca/regions/Quebec/2010/11/04/003-umq_fin_adhesion.shtml>.

52. « La Ville de Québec quitte l'UMQ », Isabelle Mathieu, *Le Soleil*, 4 novembre 2010.

intérêts de sa ville, mais lui tourne le dos si l'ascenseur ne revient pas.

Certains pourraient rappeler que, dans toute cette histoire, le maire de Québec a eu du flair. En effet, l'UMQ a élu le maire de Rimouski, Éric Forest, au poste de président, à la suite de la démission forcée de Marc Gascon, survenue deux semaines après la sortie du maire Labeaume.

D'ailleurs, le nouveau président, Éric Forest a présenté un plan d'action visant à redorer l'image des élus municipaux. Il s'est également donné deux ans pour convaincre la Ville de Québec de rentrer au bercail. Mais les chances paraissent minces. Le maire ne pardonne pas facilement. Il a déclaré à ce sujet qu'il « s'est dit des paroles lors de mon départ. Ce qui m'a attristé, c'est qu'on n'a pas essayé de comprendre notre position, à part la condamner. Ça reste ces affaires-là ».

L'étrange étranger

Le maire Labeaume ne délaisse pas pour autant le rayonnement international. Au contraire. Ses voyages à l'étranger créent toujours beaucoup d'intérêt. La chose s'explique sans doute en grande partie par l'émerveillement qui émane du maire de Québec dès qu'il aperçoit quelque chose qui lui plaît.

En visite à Bordeaux en juin 2010, le maire Labeaume se met à rêver, sur place. Il est charmé par le carrousel de Monsieur Caramel, qu'il verrait bien à la place d'Youville, séduit par l'idée d'installer une grande roue sur la place du 400e ou devant le Parlement. « Semble-t-il que la grande roue, ça peut être opéré l'hiver et ça peut être chauffé. Si quelqu'un veut prendre le risque, on va l'aider. Mais je trouve que ça serait très attrayant. Ça serait fou, fou, fou[53] », confiait-il aux journalistes.

Se qualifiant lui-même de « copieur professionnel », il songe aussi à organiser à Québec une fête du vin semblable à celle de

53. « Labeaume s'emballe pour un carrousel », *Le Devoir*, 28 juin 2010.

Bordeaux et rêve également d'aménager à Québec, dans les jardins de l'hôtel de ville, un miroir d'eau comme celui des quais de la Garonne. La journaliste Julie Dufresne, de la télévision de Radio-Canada à Québec, était du voyage.

« Oui, c'est un tourbillon, confirme-t-elle. Ça a été parmi mes journées de travail les plus occupées. Ça n'avait aucun sens, les horaires sont surchargés, c'est rencontre après rencontre, projet après projet. Mais, pour lui, il faut rentabiliser les missions à l'étranger. C'est l'argent des contribuables. Ses agendas sont remplis. On ne pourra pas dire qu'il ne rentabilise pas ses voyages. Mais c'est étourdissant. Ces voyages à l'étranger se font dans un contexte où on le couvre, lui et ses déplacements. Nécessairement, on ne voit que du Labeaume dans une journée. Mais j'avoue que c'était assez époustouflant de le voir désirer autant de choses de Bordeaux. Des projets qui, je le rappelle, ne se sont toujours pas concrétisés à Québec[54]. On n'avait pas réalisé l'ampleur que ça prenait ici, mais on se rendait bien compte qu'à tous les jours il y avait quelque chose de nouveau qu'on voulait importer. Je pense vraiment qu'il essaie de s'inspirer de ce qu'il voit, c'est un gars éduqué, qui s'informe, je pense qu'il est vraiment enthousiaste quand il voit ces choses-là, il cherche des projets qui peuvent être populaires. C'est pas juste comme un enfant dans un magasin de jouets. Mais ça aussi, il l'a appris à la dure. Comme il s'enthousiasme facilement, sans nécessairement penser à comment ça peut sortir à l'extérieur, il a pris conscience de ça avec le temps. Il essaie de doser. Mais, d'une certaine façon, il peut avoir raison quand il dit: "Vous voulez un politicien plate, c'est ça que vous allez avoir, je vais arrêter de vous parler." Je ne pense pas qu'il sera capable de faire ça, mais on va voir qu'avec le temps, il va doser ses propos. »

54. L'événement aura finalement lieu en septembre 2012. « Québec accueillera Bordeaux fête le vin », Karine Gagnon, *Le Journal de Québec*, 13 juillet 2011.

La politologue Louise Quesnel remarque d'ailleurs une différence frappante entre le maire Labeaume et les administrations précédentes en ce qui a trait à la perception du public vis-à-vis les voyages à l'étranger.

« Il y a des maires qui ont précédé monsieur Labeaume qui voyageaient beaucoup. On les critiquait sans cesse à cause de ça, monsieur L'Allier entre autres. À chaque fois que le maire L'Allier prenait l'avion, il y avait un journaliste pour dire qu'il voyageait à nos frais. Or, monsieur Labeaume se déplace régulièrement. Il voyage beaucoup, et personne ne le critique. Aujourd'hui, on est dans un autre contexte. C'est mieux admis que le maire se déplace et qu'il ait une fonction nationale et internationale. J'ai vu dans les nouvelles que le maire s'en allait à Ottawa pour "discuter"[55]. Je me suis alors dit que je ne voudrais pas être au gouvernement du Québec pour lire ça, parce que, traditionnellement, ce n'est pas supposé se faire ainsi dans nos structures politiques. On sait que les maires des grandes villes — Gilles Vaillancourt à Laval, Jean Drapeau à Montréal, Gilles Lamontagne à Québec — discutaient avec Ottawa directement, mais ça ne s'écrivait pas dans les journaux, parce que ça ne pouvait pas se faire en vertu des dispositions constitutionnelles que nous avons. Mais qu'un maire dise, comme ça, "je m'en vais négocier", c'est assez inhabituel que ce soit reproduit ainsi dans les journaux. Ce n'est donc pas nouveau en soi qu'un maire discute directement avec le fédéral, mais, présenté ainsi par le maire Labeaume, c'est de la naïveté, peut-être un peu de fanfaronnade… Ça fait partie de son style. »

Si Régis Labeaume semble effectivement profiter d'une certaine ouverture de la part du public et des médias concernant ses voyages à l'étranger, dans les faits les journalistes se penchent occasionnellement sur les frais encourus par ses nombreux déplacements. Même les journaux de Quebecor, pourtant allié stratégique

---

55. « Labeaume va discuter de mobilité avec Ottawa », Philippe Papineau, *Le Devoir*, 16 juillet 2011.

de Labeaume, osent parfois sortir la loupe afin de scruter les factures du maire de Québec. Serait-ce une façon de lui envoyer un message au sujet des négociations entourant l'amphithéâtre ? Le 24 août 2011, *Le Journal de Québec* révèle :

« Parce que le maire Régis Labeaume voyageait en classe affaires, le billet d'avion a coûté quatre fois plus cher lors de sa mission à Londres, en avril. C'est ce qui ressort du relevé des dépenses qu'a entraînées la présence des élus et des fonctionnaires de la Ville au congrès SportAccord en Angleterre, obtenu en vertu de la Loi sur l'accès à l'information. Alors que le prix des billets d'avion des employés de l'Office du tourisme variait de 856 $ à 1 155 $, celui du maire Labeaume s'élève à 4 130 $[56]. »

Peut-être pour l'épargner, le journaliste de Quebecor prend cependant le soin de préciser que le maire Labeaume est plutôt économe.

« L'examen des relevés du maire et des employés de la ville est toutefois loin de révéler des dépenses non utilitaires, au contraire. Au total, le coût des missions à Londres et du voyage de Régis Labeaume à Rome se chiffre à un peu plus de 37 000 $. Sur une période de six jours au congrès SportAccord, les dépenses de repas du maire sont de seulement 105 $, alors que celles du conseiller Denis Paquet, de l'attaché de presse Paul-Christian Nolin et des trois représentants de l'Office du tourisme varient de 148 $ à 341 $. »

On parle souvent de l'Europe lorsque l'on évoque le départ d'un politicien vers l'étranger. Pourtant, l'Amérique a de quoi inspirer un maire à la recherche de solutions tout en étant, effectivement, à l'étranger. Régis Labeaume semble avoir un intérêt particulier pour les États-Unis : Chicago et ses bâtiments LEED, Boston et le développement scientifique, et Baltimore l'impressionnent. « Créer une banque de données publiques sur les nids-de-poule, l'absentéisme des employés, etc., pour forcer la Ville à devenir plus performante. L'exemple vient de Baltimore[57]. »

---

56. « Le meilleur siège pour le maire », Rémi Nadeau, *Le Journal de Québec*, 24 août 2011.
57. « Maire "mean" ou maire créatif ? », François Bourque, *Le Soleil*, 23 octobre 2007.

La recette *made in Baltimore*? Il vous faut viser la performance. Pour ce faire, mettre en place un système de gestion des données afin de compiler des statistiques qui comparent les secteurs de l'administration municipale. Il vous faut être exigeant et mettre beaucoup de pression sur les gestionnaires de la Ville afin qu'ils réussissent à faire toujours plus avec toujours moins. Fixez des objectifs et exigez des comptes régulièrement. Les gestionnaires doivent répondre de leurs performances devant les autorités municipales. Cette méthode s'appelle *CitiStat*.

Bien qu'on admette que la stratégie *CitiStat* n'est pas neuve en soi dans la mesure où nombreuses sont les villes à se servir de statistiques, l'approche, systématique, se démarque.

La particularité de *CitiStat* est d'utiliser les statistiques de façon structurée et systématique, ce que les autres villes ne font pas toujours. La Ville se sert ensuite de ces données pour prendre des engagements sur la livraison des services et pour trouver des solutions aux problèmes. Un maire qui s'engage dans *CitiStat* doit cependant accepter l'idée qu'il y aura des erreurs, prévient Chris Thomaskutty, adjoint de la mairesse de Baltimore. « Je ne crois pas que les gens qui ont créé *CitiStat* savaient dans quoi ils s'embarquaient[58]. »

Plus frappant encore est le rôle qu'occupe un maire dans une formule de gestion à la *CitiStat*. Il s'agit d'un pouvoir très centralisé, centré sur le maire. À Baltimore, celui-ci ne retrouve devant lui que 14 conseillers municipaux pour 630 000 citoyens. En somme, ce système court-circuite la hiérarchie pour passer directement par le maire : « Résultat : le maire est débordé, les élus municipaux sont mis de côté, le système ne fonctionne pas vraiment », résume la politologue Louise Quesnel.

À Baltimore, la mairie agit un peu comme un tribunal de l'Inquisition. On fait état au maire de tout ce qui a été fait au cours

58. « Québec n'est pas Baltimore », François Bourque, *Le Soleil*, 31 mars 2008.

de la semaine. Dans cette vision, tout devient quantitatif: on doit expliquer combien de temps et d'argent on a économisé, combien de gens ont été rencontrés, etc. Ici, on ne s'embarrasse pas du qualitatif. On laisse parler les chiffres. C'est un modèle de gestion qui a été développé par l'ancien maire de Baltimore, Martin O'Malley. Ce dernier se serait inspiré de la police de New York.

Certains y voient aussi un modèle calqué sur celui d'IBM. Du rendement, des chiffres...

Mais l'humain, dans tout ça?

Ici, comme ailleurs

L'étranger peut tout aussi bien se trouver à l'autre bout de la 175. En visite à Saguenay en mars 2008, le maire Labeaume apprend à découvrir le modèle Saguenay, qui rappelle dans une certaine mesure celui de Baltimore. Cette fois encore, la séduction se fait rapidement. « Il a suffi d'une heure avec son homologue pour que le maire de Québec ne porte plus à terre », écrit François Bourque.

« À l'évidence, le maire Labeaume a vraiment été impressionné par le modèle de gestion de Saguenay, même s'il n'en sait encore que peu de choses. [...] Saguenay pratique une gestion "par projet". Elle connaît exactement ses "prix de revient" pour les services, les "temps de résolution des problèmes". La Ville collige dans un "tableau de bord" les informations quantitatives et qualitatives sur les services et sur la satisfaction des citoyens. Elle peut ainsi faire des comparaisons entre les arrondissements et d'autres villes[59]. »

Ainsi se comporte le maire Labeaume lorsqu'il est en terre étrangère. Il est ouvert d'esprit, curieux, enjoué. Il se laisse rapidement séduire, sans doute pressé de trouver des solutions pour sa ville. Ce trait de caractère le conduit, parfois, à des choix impulsifs qu'il regrettera, peut-être, plus tard. Mais ce qui frappe surtout Julie Dufresne, journaliste à Radio-Canada, c'est l'impact du personnage, même à l'étranger.

59. « Le modèle de Saguenay », François Bourque, *Le Soleil*, 29 mars 2008.

« Ce qui est fascinant de cet homme-là, on le voit ici, il se fait arrêter dans la rue pour signer des autographes. J'ai pas vu beaucoup de politiciens à qui c'est arrivé. Mais, même à l'étranger, il a ce charisme qui fait que les gens le trouvent sympathique, aiment l'entendre... Le projecteur finit toujours sur lui. En France, on l'a vu, même avec d'autres grands politiciens, on l'a vu aussi à Chicago. Le projecteur finit toujours sur Labeaume. Il a vraiment un charisme et un talent de communicateur qui ne se démentent pas. C'est clair que c'est sa plus grande force. Mais il ne faut pas penser que tout ça est spontané et improvisé. Ça ne l'est pas. Il est bon, il a un talent naturel, mais il sait très bien ce qu'il dit. »

De toute évidence, pour résumer la chose, le style du maire de Québec est diamétralement opposé à celui de ses prédécesseurs : « Sa présence à l'international est différente, analyse Louise Quesnel. Jean-Paul L'Allier faisait de la diplomatie. Régis Labeaume fait des affaires. »

Comme une business

Régis Labeaume se vend ainsi : comme un homme d'affaires qui veut gérer la Ville en mettant de l'avant le type de gestion qui fait le succès des entrepreneurs. Comme un PDG. Comme le *boss*. Outre le fait qu'il puisse s'agir d'une tactique intéressante et payante en termes de communications, le journaliste Pierre Couture estime que son expérience d'homme d'affaires peut effectivement lui être utile.

« Comme c'est quelqu'un qui a vu neiger, dans le milieu privé, c'est sûr que gérer le budget d'une ville, c'est quelque chose. Mais il est capable de confronter, de se mettre devant les promoteurs en leur disant : "Ton projet est intéressant, mais on pourrait peut-être l'embellir." C'est là qu'il peut donner une vision de la Ville qui lui est propre. Il ne faut pas oublier qu'il a été président de la Fondation de l'entrepreneurship, il a travaillé chez Innovatech, dans les biotechs et le capital-risque. Ça lui assure certainement un bon réseau de contacts pour avoir de bonnes références, pour avoir de l'information sur certains secteurs. »

Le style business du maire Labeaume peut déranger? Pierre Couture le conçoit:

« Il est élu. Il a le mandat clair de mener les choses ainsi. Il investit notamment dans le divertissement, il crée du dynamisme, il essaie d'emmener du monde en ville. Ce n'est pas mauvais. Je parle avec des amis entrepreneurs. Ils aiment le style, ils trouvent le maire frondeur. Ils se disent: "Peut-être qu'on peut faire comme lui." Il investit, il dépense..., mais, en même temps, si tu ne crées rien et restes chez vous... Lui, il crée quelque chose, ça génère des revenus, des taxes. Sa vision, c'est qu'il faut générer de l'activité économique. Il va directement au but, prend peu de détours. Ça peut déplaire à certains. Si tu te trouves sur son chemin, ça peut être dangereux. À court terme, son modèle de politique, c'est divertissant. Il aime les médias, il aime jaser, divertir la galerie, il a des projets. Beaucoup de projets. Est-ce que tout ça va se faire? »

Labeaume adopte le style « homme d'affaires » et agit comme tel en mettant de l'avant nombre de projets. Si l'offre de spectacles fait des heureux, elle fait aussi quelques malheureux. Dans la business, le mot clé est *concurrence*. Or, la Ville de Québec est un joueur hors du commun. Jean Pilote, qui dirige le Capitole, a été forcé d'écourter la durée de vie d'une production, en l'occurrence *Les Misérables*. Du jamais-vu pour lui.

« "L'an dernier, on s'en est bien sortis avec 84 000 billets payants, c'est bon. Là, on ramène le Cirque du Soleil et le Moulin à images — un spectacle extraordinaire —, je ne peux pas concurrencer ça. Je ne suis pas en train de me plaindre, je suis juste en train de dire qu'il faut que je révise mon modèle d'affaires", précise monsieur Pilote. Plusieurs fois, il répète qu'il ne veut pas jouer les trouble-fêtes et se réjouit que Québec ait pour maire un homme qui veut que ça bouge dans sa ville. Mais les investissements publics massifs en 2009 pour présenter encore des spectacles gratuits compromettent la rentabilité de sa saison gagnante: l'été[60]. »

60. « L'inquiétude gagne le Capitole », Valérie Lesage, Le Soleil, 4 mars 2009.

Alain Girard, propriétaire de l'Hôtel Château Laurier, à Québec, tient des propos particulièrement durs à propos des choix de l'administration Labeaume :

« "En signant pour cinq ans avec le Cirque du Soleil et le Moulin à images, la Ville de Québec a réalisé un très mauvais investissement qui génère peu de retombées au niveau touristique", considère Alain Girard, propriétaire de l'Hôtel Château Laurier. Le fait d'investir 10 millions par année dans ces deux spectacles gratuits "ne tient pas la route et c'est démesuré", s'emporte M. Girard, ajoutant que "ça nuit au milieu culturel de la Ville de Québec et qu'il est temps qu'on arrête l'hémorragie[61]". »

Oui, le style Labeaume bouscule, change les habitudes. Pour certains observateurs, comme la politologue Louise Quesnel, il est fascinant de voir certains mots quasiment disparaître du vocabulaire courant. Ainsi, « on parle moins de *démocratie* et même de *gouvernement*, ces mots étant peut-être trop associés à l'inaction. Le langage prend davantage des accents liés au monde des affaires. »

On ne gouverne pas, on décide. On ne fait pas de diplomatie, on fait de la business. On n'a pas un programme politique, on a des projets. Avec Régis Labeaume, la politique municipale prend une tout autre couleur. Yvon Bussières, conseiller municipal indépendant à Québec, croit, quant à lui, qu'il y a une stratégie derrière l'image de l'homme d'affaires :

« Il a épousé la culture entrepreneuriale pour en faire son image. Et, lorsqu'il s'est présenté au RMQ, c'est vraiment l'image que Louis Côté lui avait conseillée. Mais je ne pense pas qu'il a été entrepreneur dans le privé, à part les mines..., mais il a épousé la culture d'affaires, alors tu prends un taxi et le chauffeur te dit : "Le maire, c'est un homme d'affaires." C'est une affaire d'image. En communications, c'est la perception qui est importante, pas les faits. En politique, on gère des perceptions. Et il est fort dans les images. »

61. « Retombées mises en doute », Karine Gagnon, *Le Journal de Québec*, 11 mai 2011.

S'il parle de faire de la business avec l'administration municipale, dans les faits Régis Labeaume est davantage un modèle « hybride ». Le maire de Québec sait être à l'aise sur tous les terrains, autant à droite qu'à gauche. Voilà pourquoi il s'est décrit comme un « social-démocrate en colère ». En décembre 2007, François Bourque écrit :

« Ils se sont reconnus dans l'impatience de M. Labeaume face aux lourdeurs administratives et politiques, mais ont peut-être oublié cette petite phrase de M. Labeaume : "Je suis un social-démocrate en colère". La colère n'arrive pas seule ; elle vient avec le "social-démocrate". Ce sociologue devenu homme d'affaires milite à gauche et croit à la culture. Il a travaillé dans un cabinet de ministre du PQ ; croit en un pouvoir public qui intervient pour stimuler l'économie. [...] Régis Labeaume a terminé sa campagne à la mairie en ne regrettant qu'une chose : ne pas avoir assez parlé de pauvreté. Ce n'est ni le profil ni le discours d'un homme de droite. Ceux qui ont voté pour Régis Labeaume en pensant qu'il virerait la Ville à droite, mettrait la hache dans les mandats de l'administration publique et dans les programmes sociaux risquent de découvrir un maire qu'ils n'avaient pas vu venir. Il est possible que, ce jour-là, la colère change de camp[62]. »

Régis Labeaume serait habile au point de cultiver les paradoxes. Dans le blogue *QuebecMetro.com*, on écrit, le 28 janvier 2009, que le maire de Québec s'est proclamé « social-démocrate intégriste » lors d'un dîner-conférence organisé par Centraide. Il voulait alors déclarer que la pauvreté fait désormais partie des priorités de la Ville. Oui, un homme d'affaires de droite peut être de gauche. C'est du moins ce que le maire Labeaume cherche à prouver.

Labeaume superstar

En mai 2009, le journal *Le Devoir* pose directement une question, en titrant un article « La recette Labeaume, un modèle exportable[63] ? »

62. « Le "social-démocrate en colère" », François Bourque, *Le Soleil*, 4 décembre 2007.
63. « La recette Labeaume, un modèle exportable ? », Isabelle Porter, *Le Devoir*, 30 mai 2009.

La journaliste Isabelle Porter fait état de l'envie que commençait à susciter le maire de Québec.

À l'extérieur, le maire fait des envieux. « Régis Labeaume m'a mis en maudit hier soir », écrivait le chroniqueur de *L'actualité* Pierre Duhamel dans un blogue au début avril. « Je le voyais, fier comme un paon, annoncer que le Cirque du Soleil aura vraisemblablement un spectacle permanent et gratuit à Québec au cours des cinq prochaines années. Que les gens de Québec se rassurent, j'aime beaucoup leur maire, mais je contrôle de plus en plus mal ma jalousie ! »

Le désir de voir Régis Labeaume prendre la place de Gérald Tremblay se manifeste, bien entendu, sur le Web. Quoique anecdotique, le site Facebook compte une page consacrée à ce rêve, page intitulée « Régis Labeaume comme maire de Montréal ». On trouve tout et n'importe quoi sur Facebook, mais il n'en demeure pas moins que la chose est un autre de ces témoignages d'affection pour le maire de Québec.

La chroniqueuse Nathalie Petrowski est peut-être une des plus grandes *fans* du maire Labeaume dans la métropole. En 2008, impressionnée par son refus de participer à *Tout le monde en parle*, alors qu'en général les gens s'y précipitent, elle lui avoue son admiration dans un texte coiffé du titre « Vive le maire de Québec ». Celui-ci a, en effet, préféré éviter un peu la télé pour se consacrer à son travail de bureau.

« Dans un tel contexte, qu'un homme, un maire de surcroît, se lève et décrète tout simplement que c'est assez, qu'il a d'autres choses à faire n'est pas banal. C'est courageux et exemplaire. Ça démontre du caractère et une indépendance d'esprit rafraîchissante. Si Régis Labeaume n'était pas déjà élu et que je vivais à Québec, je voterais pour lui. Et cela, sans même lui demander une entrevue[64]. »

64. « Vive le maire de Québec », Nathalie Petrowski, *La Presse*, 2 février 2008.

La chroniqueuse, comme d'autres, souligne à quelques reprises le dynamisme de Québec qu'elle souhaiterait voir inspirer Montréal. Quant à celui qui est la cible des comparaisons, le maire Gérald Tremblay, il ne cache pas son agacement lorsque les caricaturistes et humoristes mettent en évidence ce qui distingue les deux hommes. « Le maire de Montréal ne cache pas non plus que les caricatures le comparant au maire de Québec, Régis Labeaume, lui ont déplu : « Ça m'a fait plus de peine parce que Montréal et Québec, ce n'est pas comparable[65]". »

Le maire de Québec compte également parmi ses admirateurs montréalais les plus catégoriques le chroniqueur Richard Martineau. Le 11 décembre 2010, dans son blogue, *Franc-parler*, il s'exclame :

« Ça, c'est un maire ! Ça, c'est un gars allumé qui fait bouger sa ville ! Il a beau être maire de Québec, la "deuxième ville" de la province, Régis Labeaume ne veut pas jouer les seconds violons. Il dirige sa ville comme si c'était New York, Paris ou Londes[66]. Actuellement, au Québec, il y a des curés qui dirigent deux, trois paroisses en même temps. M. Labeaume ne pourrait-il pas être maire de Québec ET de Montréal ? Allez, M. Labeaume, dites Oui[67] ! »

Le *Bye Bye 2010* a posé la question, le moins sérieusement du monde, le temps d'un sketch intitulé « On a échangé nos maires ». On y reconnaît, caricaturées, l'impatience de Régis Labeaume et l'hésitation chronique de Gérald Tremblay. L'idée peut sembler un peu folle, mais certains médias se sont amusés à réfléchir à la question. Isabelle Hudon, ancienne présidente de la Chambre de commerce du Montréal métropolitain, se prête au jeu du quotidien *Le Devoir* qui publie, le 6 novembre 2010, un article intitulé « Et si on échangeait nos maires pour une semaine... ».

---

65. « Les dindons de la farce », Louise Leduc, *La Presse*, 27 décembre 2010.
66. On présume que le chroniqueur parlait de Londres.
67. <http ://martineau.blogue.canoe.ca/2010/12/11/deux_villes_deux_mondes>.

« Si on se prêtait à un jeu de téléréalité en interchangeant les maires pendant une semaine ou un mois, Isabelle Hudon croit que, transposées à Québec, les qualités de Gérald Tremblay pourraient s'avérer de sérieux handicaps. Or l'inverse serait également vrai pour Régis Labeaume, précise-t-elle. "Je me demande si Régis Labeaume pourrait vraiment survivre à Montréal. Dans le Montréal actuel et avec l'appareil public qu'on connaît, Régis Labeaume aurait peut-être besoin de *bodyguards*", dit-elle à la blague[68]. »

Est-ce qu'un Régis Labeaume pourrait régner sur Montréal ? Certains doutent que la potion magique Labeaume puisse y faire effet. Les réalités sont complètement différentes, les dynamiques tout autant. Pour illustrer la chose, ne citons, par exemple, que les taux de chômage respectifs : 4,6 % à Québec, 8,6 % à Montréal. Pour sa part, Thierry Giasson répondait ainsi à l'hypothèse soumise par *Le Devoir* :

« "Régis Labeaume amuse beaucoup, mais je ne suis pas sûr que les Montréalais lui feraient confiance," précise le professeur, un Montréalais dont le déménagement à Québec a coïncidé avec l'apparition du phénomène Labeaume. Selon lui, le populisme du maire de Québec aurait la vie dure dans une métropole acquise aux joies du consensus. "Depuis les années Doré, la grande époque du RCM [Rassemblement des citoyens de Montréal], on est habitué à la consultation, aux consensus. Ç'a été un revirement radical par rapport au Parti civique de Jean Drapeau qui gérait un peu à la manière Labeaume[69]." »

Allez savoir si le professeur a raison ou pas. Après tout, le maire Drapeau a, lui aussi, inspiré par ses projets, ses rêves pour Montréal. Est-ce que cela signifie que la métropole ne verra plus jamais de marchand de rêves à sa tête ? En politique, comme dans la vie, il ne faut jamais dire jamais.

---

68. « Et si on échangeait nos maires pour une semaine... », Jeanne Corriveau, Isabelle Porter, *Le Devoir*, 6 novembre 2010.
69. « La recette Labeaume, un modèle exportable ? », loc. cit.

Chapitre trois

LE MAIRE TÉFLON

« Mon maire ! »

La lune de miel du politicien est cette espèce de période où la critique est à peu près absente, tant de la part du public que des médias. Le politicien a alors les coudées à peu près franches. Même s'il commet un impair, il s'en sort presque indemne sur le plan de la popularité. Les sondages lui sont favorables, sa présence est souhaitée, les oiseaux chantent, tout va pour le mieux.

On dit souvent que c'est au bout de 100 jours que cette période d'état de grâce prend fin. Régis Labeaume, c'est l'exception qui confirme la règle. Il n'a pas surfé au sommet de la vague de l'appui populaire pendant 100 jours... il s'y maintient depuis trois ans. Un authentique phénomène.

Les gens s'approprient le maire de Québec, « leur » maire. Même l'ex-ministre Josée Verner, alors interrogée à propos de la bataille entre les FrancoFolies de Montréal et le Festival d'été, n'a pas hésité à se l'approprier en répondant : « J'appuie mon maire et le Festival d'été de Québec[70]. »

Régis Labeaume signe des autographes, attire les caméras, l'effet Labeaume persiste, à la surprise générale, y compris celle de son propre personnel : « L'attaché de presse du maire,

70. « Spectra somme Labeaume de se rétracter », Serge Forgues, *Canoë infos*, 12 août 2009.

Paul-Christian Nolin, a également servi sous feue Andrée Boucher, qui était elle-même tout un personnage médiatique. Il s'étonne encore de l'effet que Régis Labeaume produit sur les gens. "On m'a parlé d'une dame de Rivière-Ouelle, au Bas-Saint-Laurent, qui disait à quel point elle était fière de 'son maire'. Or elle parlait de M. Labeaume[71] !" »

On parle de lui régulièrement, dans tous les médias. Le maire a longtemps donné l'impression d'être partout à la fois. Il a lui-même choisi de ralentir le rythme, après un certain temps.

Il y a cependant un risque à en mener aussi large. *Qui trop embrasse mal étreint*, comme le dit le proverbe. Et, à cet égard, le maire Labeaume risque de rester en surface, de traiter les dossiers de façon superficielle, n'ayant pas le temps voulu pour connaître les choses à fond. Il est alors facile d'être débordé par les événements, ce qui peut conduire à commettre des gaffes.

Nous avons évoqué, précédemment, quelques-unes des déclarations incendiaires qui ont créé des ondes de choc à Québec. Outre les propos parfois malheureux, il faut également tenir compte de certains gestes ou décisions. L'un des plus célèbres bourbiers dans lequel le maire s'est trouvé est sans doute l'embauche de l'excentrique spécialiste en marketing Clotaire Rapaille.

Clotaire Déraille

C'était un coup de cœur du maire. Un coup de foudre. Régis Labeaume a cru avoir déniché la perle, le génie qui devait lui permettre de refaire l'image de Québec, le plasticien qui l'aiderait à faire un *facelift* à la Vieille Capitale. Ce devait être le *king*, le généticien capable de décoder l'ADN de la ville.

Le personnage de rêve a tourné au cauchemar, un cauchemar qui porte un nom : Clotaire Rapaille.

Comme le diront certains, « quand c'est trop beau pour être vrai, c'est parce que c'est trop beau pour être vrai ». L'enquête

71. « La recette Labeaume, un modèle exportable ? », Isabelle Porter, *Le Devoir*, 30 mai 2009.

menée par le journaliste Pierre-André Normandin allait réussir à déboulonner le monument du marketing appelé Clotaire Rapaille. Sous le lustre allait bientôt paraître la coquille, plutôt vide.

À l'entendre, nous dit le journaliste, Rapaille aurait écrit LE bouquin le plus important du monde publicitaire français, aurait été consultant auprès des plus grandes entreprises américaines. Son nom serait synonyme de vision...

Clotaire Rapaille semble démontrer plusieurs qualités : il a le sens du spectacle. Il est intuitif, flamboyant... et inventif. Lui qui s'était vanté d'avoir été bercé par les chansons de Félix Leclerc lors de l'Occupation allemande a dû se raviser : le chanteur québécois s'est illustré en France seulement à partir des années 1950. Clotaire Rapaille change les souvenirs, colore ainsi les événements, les images et son curriculum vitæ.

Selon le livre consulté, il est parfois docteur en anthropologie, parfois docteur en psychologie, nous apprend le journaliste du *Soleil*. Rapaille soutient avoir écrit un livre de référence sur la publicité, *Communication créatrice*. « Mais voilà, l'œuvre d'à peine 111 pages a laissé bien peu de traces[72] ». Les principales écoles de publicité en France ne connaissent pas son livre.

Rapaille s'invente un train de vie meublé d'une voiture de luxe, d'un château en Normandie : tout ça pour donner l'impression de succès. Il aurait eu pour clients AT&T, Boeing, Pepsi, IBM, GM, aurait presque inventé la PT Cruiser pour le compte de Chrysler et fait profiter des villes comme Singapour, Dubaï, Paris et Venise de son expertise. Or, en fouillant, le journaliste découvre les demi-vérités, les astuces ou les mensonges.

Le maire Labeaume n'en sait rien au moment où il craque pour Rapaille et lui offre 250 000 $ pour refaire l'image de la Ville. C'est l'organisme de développement économique PÔLE Québec Chaudière-Appalaches qui a été séduit par un discours de l'expert

---

72. « Clotaire Rapaille décrypté : un homme et sa légende », Pierre-André Normandin, *Le Soleil*, 27 mars 2010.

en marketing français et qui prend l'initiative de présenter le personnage au maire de Québec. Un dîner plus tard, le charme a opéré. Clotaire Rapaille hérite du contrat de dynamiser l'image de la Vieille Capitale.

Sauf que les premiers pas du consultant français créent des remous : le « code » de Québec, que devait découvrir Clotaire Rapaille, irrite. Il qualifie les citoyens de Québec de masochistes et de névrosés. La séance chez le psychologue Rapaille ne passe pas la rampe. Il dérange.

Lorsque l'article du journaliste Pierre-André Normandin est publié, le tonnerre gronde à Québec. Les inexactitudes mises au jour ont fini par mettre de la pression sur le maire Labeaume qui décide finalement de rompre l'entente.

Le maire n'a visiblement pas fait les vérifications minimales. Il s'est trop rapidement emballé pour le type. Une source, bien au fait de toute cette histoire, s'étonne encore aujourd'hui du manque de prudence des acteurs impliqués dans l'embauche du spécialiste français.

« Pourquoi il n'y a pas eu de vérifications ? Rapaille n'avait jamais vraiment eu de mauvaise presse, il semblait crédible. On l'avait vu à la télévision, à Radio-Canada, personne n'avait donc fait attention à ça. C'est après qu'on s'est aperçu qu'il avait fabulé. Malheureusement, ç'a été une mauvaise aventure. Est-ce qu'à la base c'était une mauvaise idée ? Les régions essaient toutes d'avoir un *branding* pour se démarquer et, à l'origine, ça devait servir à ça, *brander* la région de Québec, avec la méthode Rapaille. Sauf que la méthode Rapaille, quand tu y penses, c'était d'analyser les gens pour leur vendre un produit. Là, il analysait des Québécois pour leur vendre quoi ? Nous, on voulait vendre la région à l'extérieur ! Ça ne marchait pas comme approche, en fait. »

L'affaire est un échec. Or, Régis Labeaume n'aime pas les échecs, surtout pas les siens. En conférence de presse, ce jour-là, il fulmine. Il est en colère et il tire sur tout ce qui bouge.

« S'il a refusé de faire de "l'autoflagellation" en admettant s'être trompé en engageant Rapaille, le maire n'a pas hésité à fouetter les journalistes en conférence de presse lundi après-midi. "Il y avait 10 000 [personnes] lundi au Colisée et il n'y en avait pas une qui avait votre attitude. Vous ne représentez pas la population, vous représentez une entreprise", a-t-il lancé aux membres de la presse. Ce dernier a qualifié l'avalanche de réactions aux révélations du *Soleil* de "festival du poltron ou du spécialiste à cinq cents". Régis Labeaume a même qualifié de "journalisme de colonisé" le travail d'une scribe du *Devoir* qui avait rapporté les propos la semaine précédente d'un spécialiste critiquant les méthodes de Rapaille. Au journaliste de TVA lui demandant s'il regrettait l'embauche du Français, il a répondu : "Êtes-vous tous devenus psychanalystes ?" À une journaliste de Radio-Canada qui dénonçait son "arrogance" dans ses réponses, le maire a rétorqué qu'elle ne travaillait pas "pour le public, mais pour une entreprise qui veut faire du bénéfice. Vous ne représentez pas le public. Vous voudriez qu'on s'effondre, qu'on saigne et qu'on pleure. On ne fera pas ça, madame. On est en affaires, on est des gestionnaires[73]". »

La journaliste Julie Dufresne commente l'événement.

« C'est certainement un des points de presse les plus intenses que j'aie vus. On a revu ce genre par la suite, mais, avec Labeaume, c'était la première fois qu'on le voyait comme ça. C'était clairement un échec politique pour lui. Il est entré dans ce point de presse furieux, c'était évident. Même s'il a reconnu que c'était une erreur, il s'en est pris à peu près à tout le monde qui posait une question cette journée-là. C'était un peu hallucinant parce que, en plus, il était en direct. Il perçoit les questions comme des attaques personnelles, ces jours où il est plus colérique. Et, quand on lui dit que c'est notre travail, il dit qu'on est biaisé, et il pense

73. « Québec résilie le contrat de Clotaire Rapaille », Pierre-André Normandin, *Le Soleil*, 29 mars 2010.

qu'on a un objectif derrière ça. Je pense que son visage, moins connu, s'est révélé au grand jour, c'est-à-dire Labeaume le colérique, Labeaume qui n'aime pas l'échec. »

Selon notre source, directement impliquée dans l'affaire, le maire aurait décidé unilatéralement de diviser les frais de l'aventure, sans prendre le temps de chercher à s'entendre avec ses partenaires. « Comment s'est décidé le financement de tout ça ? Il a décidé qu'on allait payer tant... et puis vous vous partagez la facture. C'est ça le *deal*. » Dans les médias, on précise que :

« Au lieu de repartir avec les 300 000 $ prévus au contrat, Clotaire Rapaille empoche 225 200 $ pour une œuvre inachevée qu'il laisse entre les mains de ses clients. Au final, la Ville de Québec verse 56 300 $, comme chacun de ses partenaires (PÔLE Québec Chaudière-Appalaches, le Bureau de la Capitale-Nationale et l'Office du tourisme de Québec)[74]. »

Le chroniqueur François Bourque écrit, le 29 mars 2010, que « ce qui est perdu ne se compte pas en dollars. M. Labeaume aura perdu l'aura d'invincibilité qui l'enveloppait depuis son entrée en scène. Ça pourrait ressembler à la fin d'une longue lune de miel. »

À ce propos, Josée Legault, chroniqueuse politique bien connue, écrit, le 29 mars 2010, dans son blogue *Voix publique* :

« Mais son refus d'assumer cette mauvaise décision — pourtant fortement critiquée depuis des semaines —, montre aussi qu'il n'a pas le réflexe d'imputabilité trop, trop prononcé.

Le petit côté Napoléon du maire a néanmoins presque réussi à "voler la vedette" à la nouvelle de l'annulation du Cirque Rapaille.

"Amer et en colère", pour reprendre la description du reportage radio de la SRC, Labeaume s'est surtout montré arrogant, même hostile, envers certains journalistes qui, de toute évidence, lui donnent de l'urticaire dans ce merveilleux monde où il semble

74. « Affaire Rapaille : la facture s'élève à 225 000 $ », Véronique Demers, *QuébecHebdo*, 7 avril 2010.

considérer son pouvoir décisionnel comme étant particulièrement élastique.

Accusant, entre autres, Isabelle Porter, du quotidien *Le Devoir*, de faire du "journalisme de colonisé" (sic), le maire ne semble pas vraiment apprécier les questions trop insistantes.

Et, comme cet épisode constitue sa première véritable erreur, du moins publique — et une erreur qu'il refuse de reconnaître —, d'aucuns seront peut-être tentés de conclure à la blessure narcissique. À la blague, bien sûr... »

La Fédération professionnelle des journalistes du Québec, la FPJQ, publie, le lendemain, un communiqué dans lequel elle dénonce les attaques du maire de Québec. La FPJQ réclame des excuses. Elle écrit que « l'attitude de M. Labeaume est symptomatique d'un malaise dans les rapports entre les médias et les élus municipaux. De telles manifestations d'arrogance et de chantage émotif sont monnaie courante dans le monde municipal ».

Le chroniqueur François Bourque revient à nouveau sur cette histoire, le lendemain, 30 mars, en écrivant que ce n'est pas le procès de Clotaire Rapaille qui a eu lieu, mais celui des journalistes. Le maire de Québec s'est mis à « tirer sur le messager ». Extraits de la chronique :

« S'il est pourtant une leçon que le maire pourrait tirer de l'aventure Rapaille, c'est qu'on ne pose jamais assez de questions. Or, il persiste à croire que les journalistes en posent encore trop. Ou pas les bonnes. Il est entré dans la salle lundi après-midi en raillant les journalistes. Y en a-t-il un de *Paris Match* ? Et *Le Point*, *The Economist* ? Le ton était donné. La suite ne fut pas à la gloire de la démocratie. En rentrant chez moi quelques minutes plus tard, j'ai trouvé ce courriel d'un lecteur qui l'avait vu à la télé : "Pas fort, j'ai vu la conférence de presse du maire, il vous a maltraité un peu en passant, j'espère que vous allez répliquer à cette arrogance." Maltraité "un peu", vous dites ? Je ne me souviens pas avoir vu un élu répondre à des collègues avec autant de mépris et d'irritation. Il avait, je dirais, le même ton que lorsqu'il répond aux questions de l'opposition le lundi soir à l'hôtel de ville[75]. »

Le maire Labeaume, finalement, adopte un ton complètement différent quelques jours plus tard. Il déclare : « Cet exercice prometteur est un échec et j'en assume le blâme. J'en suis désolé, dois-je le répéter ? Je m'en excuse[76]. »

Quel effet a eu ce cafouillage majeur sur la perception des gens de Québec ? Le constat est évident : la population appuie toujours son maire.

Dans un sondage publié le 3 avril 2010, on révèle que 29 % des gens croient que Régis Labeaume et son conseil municipal sont responsables du fiasco et que 72 % des sondés « affirment qu'ils jugeaient à l'origine que le mandat octroyé au psychanalyste français était une "mauvaise idée[77]" ». Enfin, on apprend également que 56 % des gens « estiment que l'affaire Rapaille et ses répercussions médiatiques ont "terni" l'image de Québec. Mais ils pensent pour la plupart que les effets négatifs ne seront que passagers ».

Est-ce que le fiasco Rapaille a égratigné la cote d'amour du maire de Québec ? Pas le moins du monde : « Malgré le faux pas, Régis Labeaume récolte toujours un taux de satisfaction vertigineux de 84 % auprès de ses commettants. Un score quasi identique à celui qu'il obtenait il y a un an. La portion des gens "très satisfaits" est même en hausse de 34 % à 40 %[78]. »

Mais, pour la conseillère indépendante Anne Guérette, l'affaire Rapaille est la première claque au visage du maire.

« Il y en a eu d'autres, que les gens n'ont pas vues. Mais Clotaire, ça frappe. Il a dû décider de manière impulsive. Quelqu'un lui parle de Clotaire Rapaille, le maire répond : "*Yes*, j'aime ça. On

75. « Tirer sur le messager », François Bourque, *Le Soleil*, 30 mars 2010.
76. « Rapaille aura coûté 250 000 $ », Pierre-André Normandin, *Le Soleil*, 7 avril 2010.
77. « Un blâme et un pardon pour un maire « téflon » », Simon Boivin, *Le Soleil*, 3 avril 2010.
78. *Id.*

fonce !" Ici encore, il a forcé les règles parce que, au-delà de 100 000 [$], on doit aller en appel d'offres. Sa manière de faire était limite... Il a décidé ça tout seul, mais je suis certaine que, s'il avait consulté, on ne se serait pas retrouvés là. Avec monsieur Labeaume, il faut toujours engager le *King*. Mais il y en a ici, des gens compétents. Avec Clotaire, on a voulu aller chercher la clé de ce que nous sommes profondément, de ce que nous voulons. Justement, quelle belle question à débattre, en premier lieu, avec la population ! On aurait pu consulter, demander aux radios, faire des sondages..., partir du débat public. Tout ça n'aurait rien coûté. »

Notre source impliquée de près dans les milieux politiques et économiques de Québec affirme même avoir remarqué un changement important chez les gens d'affaires, depuis l'affaire Rapaille.

« Ç'a été un peu le début de la prise de conscience des gens d'affaires de la nature de la bête [Labeaume]. Ils n'ont pas aimé ça. C'est sûr qu'ils ne sortiront pas publiquement pour le dire, mais ils sont mal à l'aise. Au début, il y en a plusieurs qui pensaient que ce serait un maire, comme il se plaisait lui-même à le dire, "entrepreneur", mais, à présent, le milieu d'affaires est désabusé. Il y en a qui ont eu affaire à lui, qui se sont fait promettre des choses qu'ils n'ont pas eues, à tort ou à raison. Mais ça a refroidi les gens d'affaires. Car, avec Labeaume, c'est beaucoup de promesses et peu de livraisons. Même des gens qui sont proches de lui, qui ont participé à sa campagne, aujourd'hui ne voteraient pas pour lui. »

À la lumière de l'affaire Rapaille et des autres frasques du maire, Jérôme Landry, de Radio X, estime finalement que « c'est un maire qui a fait beaucoup plus d'erreurs que de bons coups depuis qu'il est là. Clotaire Rapaille, c'est une méchante erreur. Pas juste pour l'argent qu'il a mis là-dedans, mais pour l'impact. Rapaille qui est venu dire au monde qu'on est des sadomaso... ça a causé des dégâts, pas à peu près. Il commet beaucoup d'erreurs, ce maire-là ».

Une saine crainte

À l'occasion d'une entrevue éditoriale réalisée par *Le Journal de Québec*, Régis Labeaume laisse tomber une phrase, lourde de sens, qui explique sa recette pour éviter la corruption au sein de l'appareil municipal. « Ça part d'une saine crainte dans toute l'organisation. Il faut que les gens craignent le maire. Ensuite, ça percole[79]. »

L'article du journaliste Régys Caron fait d'étonnantes révélations.

« Pour le maire de Québec, une saine gestion rime avec la peur des employés de l'autorité patronale. Cette autorité doit se faire sentir de haut en bas de la machine administrative, ajoute-t-il. Pour imposer cette crainte, le maire doit "gueuler" aussi souvent que possible, dit-il. "Je pète une coche régulièrement et si je n'ai pas de raison de le faire, j'en trouve une", ajoute M. Labeaume. À son avis, il doit en être ainsi dans toute la ligne hiérarchique. "Si ton patron n'aime pas ta gestion, il faut que tu le saches vite[80]." »

Le maire admet également que son administration se montre « de plus en plus sévère envers ce qu'elle considère comme des écarts de comportement de la part des employés ». Et il s'en donne les moyens avec, par exemple, des véhicules munis de GPS et de puces électroniques qui permettront au maire de savoir « s'il y en a cinq qui vont au Tim Hortons ».

La « saine crainte » ne passe pas du tout la rampe du côté des employés de la Ville. L'article du *Journal de Québec* a l'effet d'une bombe. En catastrophe, le maire organise une conférence de presse pour calmer le jeu. Il explique qu'il a été cité hors contexte, lui qui aurait répondu en fait à une question concernant la corruption : « C'est une saine crainte que les gestionnaires se disent que s'il y a de la corruption, ça va brasser[81] », explique-t-il alors aux médias.

---

79. « Le maire qui voulait être craint », Régys Caron, *Le Journal de Québec*, 2 octobre 2009.
80. *Id.*
81. « Le maire nie vouloir être craint », Ian Bussières, *Le Soleil*, 3 octobre 2009.

La crise est à ce point sérieuse que Régis Labeaume prend les grands moyens : il envoie une lettre, puis une vidéo, aux 5 500 employés de la Ville pour s'excuser. « Vous avez été offensés et j'en suis sincèrement désolé », déclare-t-il.

Mais les employés sont en colère. Pour la deuxième fois depuis les « fourreurs de système », le syndicat songe à déposer une plainte auprès du ministère du Travail pour harcèlement. Il réfléchit même à l'idée de tenir une journée de grève illégale. La lettre, la vidéo et les excuses du maire n'ont pas été suffisantes. Le président du syndicat des cols blancs, Jean Gagnon, répond que « [ç]a n'a pas eu son effet. La majorité des gens à qui j'ai parlé me disait que ça ne valait rien. Personne n'accepte qu'il dise qu'il a été mal cité. Il rit de nous carrément[82] ».

Le journaliste Régys Caron, qui était présent lorsque le maire Labeaume a parlé de « saine crainte », voit la chose dans une perspective plus large.

« Je pense que monsieur Labeaume a discrédité sa fonction publique, constat-t-il. Pas juste avec ça. Avec toute son œuvre. La Ville de Québec a une fonction publique professionnelle et compétente. Monsieur Labeaume ne semble pas lui faire confiance beaucoup. Il y a des gens très compétents là-dedans en matière de transport, de sécurité, d'environnement, de loisir, de communication... C'est très développé, la fonction publique à Québec. Et il y a eu beaucoup de paroles blessantes, malheureuses, qui ont été prononcées par le maire à l'endroit de ses employés : il les a traités d'incompétents, de fourreurs de système... Je pense que la fonction publique est assez professionnelle pour passer par-dessus ça, mais il y a une limite qu'il ne faut pas dépasser. Je ne sais pas comment ces gens-là se sentent dans leur travail. Il y a eu des départs. C'est inquiétant. La Ville de Québec a besoin de sa fonction publique. La fonction publique d'une ville, c'est garant d'une indépendance. Si on remet tout au privé, le privé fera des projets

82. « Syndiqués en colère », Jean-François Néron, *Le Soleil*, 9 octobre 2009.

clés en main. Laval fait ça. Les firmes d'ingénieurs mènent tout. Et on commence à se poser des questions, à Laval. »

Expulsion d'Yvon Bussières

Lundi, 7 juin 2010, soir de séance du conseil municipal à Québec. Si les échanges musclés et même les altercations sont monnaie courante, un événement hors du commun marquera cette soirée.

Le conseiller indépendant Yvon Bussières connaît les procédures des séances du conseil : il l'a présidé pendant 12 ans. Le conseiller pose une question à propos du projet du maire de vendre les tableaux achetés par l'ancienne mairesse Andrée Boucher[83], puis tente une deuxième question, mais celui qui préside le conseil, Jean-Marie Laliberté, refuse de lui redonner la parole. Le feu aux poudres...

« Je préside comme dans votre temps », lance Jean-Marie Laliberté. Le ton monte entre les deux hommes jusqu'au moment où le président expulse le conseiller : « M. Bussières, je vous demande de quitter la salle. Mesdames, veuillez faire votre travail. Escortez M. Bussières, s'il vous plaît[84] », ordonne le président Laliberté en faisant tinter sa cloche. Le conseiller accepte finalement de quitter, sans que les policières aient à forcer le jeu. « "Monsieur le président, vous n'êtes pas digne !" a-t-il crié avant de sortir en trombe[85]. »

« Il était en train de rire de nous autres, le président faisait le clown, relate Yvon Bussières. Mais c'est une institution, le conseil municipal. Alors, je me suis levé pour une question de privilège.

83. Début juin 2010. Le maire Labeaume a créé une petite tempête « artistique » lorsqu'il a songé à vendre des tableaux ornant l'ancien hôtel de ville de Sainte-Foy. Certains y ont vu un sacrilège. On a finalement appris qu'on ne pouvait les vendre : dans les conditions d'achat, la Ville avait dû s'engager à ne jamais se départir des œuvres...

84. « "Escortez M. Bussières, s'il vous plaît" », Pierre-André Normandin, *Le Soleil*, 8 juin 2010.

85. *Id.*

Quand tu te lèves pour une question de privilège, la réunion arrête. Je voulais demander un peu plus de respect de la part du président et de la part du maire. Il ne voulait pas que je pose la question, publiquement, mais il m'a demandé de m'asseoir. À plusieurs reprises. Il a même demandé aux policiers de m'accompagner. Le président s'est servi du règlement qui dit que lorsqu'il se lève, tout le monde doit s'asseoir... comme si j'avais refusé de m'asseoir, alors que j'avais en fait demandé une question de privilège. Mais j'ai été expulsé pour "désordre" ».

Cette sortie fracassante n'est pas passée inaperçue. Le journaliste Pierre-André Normandin a non seulement relaté l'événement, mais il a également pris soin de souligner un apparent déséquilibre, ce soir-là.

« À noter, M. Laliberté était nettement plus conciliant sur le droit de parole des membres de son parti lundi soir. En ouverture de séance, le maire a ainsi pu prolonger sa traditionnelle allocution pendant tout près de 21 minutes. Le conseiller Sylvain Légaré, pour sa part, a eu droit à une intervention de plus de sept minutes, alors que son droit de parole était limité à trois minutes. Plus tard en soirée, la conseillère de Cap-Rouge, Denise Tremblay-Blanchette, a ainsi pu présenter coup sur coup trois motions de félicitations. Quand celle-ci s'est excusée pour le temps de son intervention, M. Laliberté s'est montré conciliant. "Il n'y a pas de problème, je ne suis pas payé à l'heure[86]." »

Y a-t-il un peu d'orgueil d'ancien président dans la réplique du conseiller Bussières ? Peut-être. Mais celui-ci insiste sur la perte d'un privilège essentiel en démocratie. « Mais, quand tu y penses, j'ai travaillé 15 jours pour préparer cette séance du conseil, explique Yvon Bussières. Tu as été élu pour être assis dans cette salle. Ça, c'est l'effet Labeaume. Tu te dis qu'il y a quelque chose qui ne marche pas dans la démocratie. Ton droit de parole, c'est ce que tu as de plus précieux. C'est ce que tes électeurs t'ont

86. *Id.*

donné. Avait-il l'intention de me sortir, à la première occasion ? Je ne sais pas. »

De l'avis du chroniqueur François Bourque, la conclusion de cette altercation n'était pas justifiée :

« Le conseiller indépendant Yvon Bussières ne méritait pas d'être expulsé de l'assemblée du conseil lundi soir. Rien dans ses propos ou son comportement n'était indigne d'un élu. M. Bussières a bien sûr bousculé le décorum en réclamant un droit de parole supplémentaire, puis en soulevant une question de privilège et en refusant de s'asseoir lorsque le président le lui a demandé. Cela méritait un rappel à l'ordre, mais pas une escorte policière[87]. »

Les plaines ne sont pas pleines

Si les relations entre le maire Labeaume et ses policiers sont parfois pénibles, il reste qu'il sait faire usage de ceux-ci lorsque la situation le commande. Les célébrations du 23 juin 2011, sur les plaines d'Abraham, allaient lui fournir l'occasion de refroidir les ardeurs des fêtards à la joie envahissante.

La Fête nationale a connu de nombreux débordements dans le passé. Alors, le maire craint que l'image de la Ville ne soit ternie par de potentiels excès qui pourraient « se retrouver sur CNN[88] ». Voilà pourquoi Régis Labeaume a décidé d'opérer un changement important dans les mesures de sécurité entourant cette célébration annuelle. En clair, il en a assez des « beuveries ». Le maire de Québec menace même de couper dans le budget que la Ville consacre au spectacle de la Fête nationale s'il n'observe aucune amélioration dans les comportements des fêtards.

« Depuis 2006, la Ville a dû doubler le budget qu'elle consacre à cette soirée trop arrosée : il est passé de 600 000 $ à 1,2 M $,

---

87. « Un accident de parcours », François Bourque, *Le Soleil*, 9 juin 2010.
88. « Le maire Labeaume adopte un ton alarmiste », Valérie Gaudreau, *Le Soleil*, 15 juin 2011.

dont les deux tiers sont liés aux services de sécurité. Pour le maire de Québec, c'est trop[89]. »

Le maire Labeaume a adopté un ton alarmiste, lit-on dans les journaux. Sa méfiance est extrême. « Il y a des gangs de rue armés qui viennent à Québec à la Saint-Jean. Il faut être alarmiste », a-t-il tranché.

Bien entendu, l'orientation choisie par la Ville de Québec a essuyé des critiques. Des artistes s'en sont plaints ou s'en sont moqués, des chroniqueurs en ont fait le sujet de leur billet. Par exemple, Charles Cantin, criminaliste, chroniqueur au journal *Le Quotidien*, écrit, le matin du 23 juin 2011 :

« Le coloré maire de Québec, Régis Labeaume, a décidé que tous les policiers de la capitale assisteraient à la fête des Québécois. Au-delà de 714 agents de la paix surveilleront les marginaux, normalement en très petit nombre, venus ternir l'image de Québec. Espérons que ce n'est pas aller à la chasse aux canards avec des CF-18 ?! Est-ce là naissance de l'état totalitaire québécois ? À la Saint-Jean-Baptiste, fête de "libération", de l'affirmation de notre identité, le fusil volera-t-il la vedette aux drapeaux ? »

Certains ont évoqué les risques que la présence policière, plus intransigeante en raison de ses nouvelles directives, ne provoque la foule. Le moins que l'on puisse dire, c'est que le maire Labeaume a atteint son objectif. Des débordements, il n'y en a pas eu. On a même dit qu'une fête, il n'y en a pas eu.

« La fête nationale à Québec sera entrée dans la légende pour les mauvaises raisons, jeudi soir. On ne saurait trop dire si c'est la pluie ou les interdits qui ont terni les festivités de la Saint-Jean-Baptiste sur les plaines d'Abraham et les environs. Chose certaine, seulement quelques milliers de courageux ont bravé la grisaille, pour finalement la voir s'éclipser[90]. »

---

89. « Le maire Labeaume en a assez de la beuverie », *TVA Nouvelles*, 6 juin 2011.
90. « Ardeurs refroidies sur les Plaines », Olivier Parent, *Le Soleil*, 25 juin 2011.

Sur Internet, on le déplore en écrivant que « c'est une fête sans âme, l'âme de la nation, qui s'est produite cette année à Québec. Encore vers 22h30, on avait la curieuse impression que le nombre total combiné de policiers, d'artistes, d'organisateurs et de toilettes chimiques dépassait le nombre total de fêtards dans le Vieux-Québec[91] ».

Que les mécontents se le tiennent pour dit : ces nouvelles mesures de sécurité sont là pour rester, lit-on dans la presse. Qu'on l'accuse d'avoir tué la fête, que l'on parle d'état totalitaire, les critiques n'auront pas raison du maire Labeaume.

Visite royale, accueil glacial

La visite du couple royal Kate et William à Québec, au début juillet 2011, a donné l'occasion de constater le type d'accueil réservé aux nouveaux députés élus sous la bannière du NPD.

À lire les journaux, on comprend que le NPD a tenté de convaincre la Ville de Québec d'ajouter les noms des nouveaux députés à la liste des invités de cette activité protocolaire. On indique que, habituellement, tous les députés de la région, y compris ceux du fédéral, sont invités à célébrer l'anniversaire de la ville. En l'absence de réponse, trois d'entre eux ont décidé de s'inviter à l'événement.

Si la sécurité laisse passer les trois néo-démocrates, le maire Labeaume, lui, met un terme à leurs espoirs « de façon cavalière ». Il leur lance :

« Vous n'avez pas votre place ici, je vous demande de partir. [...] Comme ça, vous vous intéressez aux affaires de Québec, eh bien[92]... »

Le maire ajoute que, pour les députés fédéraux, « ça se passe à Ottawa, puis c'est comme ça[93] ».

---

91. « Régis Labeaume a tué la St-Jean-Baptiste à Québec », *AmériQuébec.net*, 24 juin 2011.
92. « La visite royale crée un froid entre le NPD et Labeaume », Gilbert Lavoie, *Le Soleil*, 7 juillet 2011.
93. *Id.*

De quoi jeter un sérieux froid dans la toute nouvelle relation qui débutait alors entre le maire de Québec et les nouveaux élus fédéraux de la région. Irrité, Thomas Mulcair, un des leaders du NPD, a réagi en disant que le maire Labeaume devra changer d'attitude.

« Je veux travailler avec tout le monde, y compris Régis Labeaume. Mais encore faut-il avoir un interlocuteur qui est prêt à gérer des relations cordiales, et pas seulement des crises de nerfs[94]. »

Le directeur de cabinet du maire Labeaume, Louis Côté, a été piqué au vif par les déclarations de monsieur Mulcair. Dans une rare sortie publique, il déclare : « Quand il parle de crises de nerfs du maire, c'est totalement faux. Le maire a été très correct et celui qui a fait une crise de nerfs, c'est lui[95]. » Il ajoute même que le député Mulcair s'est fait plutôt menaçant.

Connaître tous les détails de cette histoire et savoir exactement qui a dit quoi et dans quel ordre risque d'être un peu complexe. À qui la faute ? Ardu de trancher. Mais selon Gilbert Lavoie, journaliste et chroniqueur au journal *Le Soleil*, citant les propos d'un spécialiste, le maire Labeaume « a commis une entorse grave au protocole en refusant aux députés fédéraux un accès qu'[on] avait toujours consenti dans le passé. Les précédents ont force de loi en protocole[96] ».

Notant également au passage les erreurs commises par les nouveaux députés fédéraux de Québec, Gilbert Lavoie insiste toutefois sur la part de la Ville de Québec dans ce dossier.

« Du côté de la Ville, on ne compte plus le nombre de personnes que le maire a insultées ou blessées dans des moments de colère ou d'impatience. Ses sorties contre Josée Verner et les

94. *Id.*
95. « Côté piqué au vif par Mulcair », Stéphanie Martin, *Le Soleil*, 8 juillet 2011.
96. « Mulcair-Labeaume : entorse grave au protocole », Gilbert Lavoie, *Le Soleil*, 8 juillet 2011.

députés et ministres conservateurs au cours de la dernière campagne électorale ont créé un froid avec le gouvernement Harper qui lui fera payer la note au cours des quatre prochaines années. M. Labeaume n'avait pas besoin de se mettre l'opposition officielle à dos[97]. »

Ne me quitte pas

Il avait fait élire presque toute son équipe. Au point où le maire assurait que l'opposition viendrait de l'intérieur. Mais, à l'évidence, hormis les deux conseillers indépendants, de l'opposition, il n'y en avait pas. Régis Labeaume donnait surtout l'impression qu'il menait sa troupe d'une main de fer. Pas d'écart de langage ni de conseiller hardi pour quitter les rangs, ne serait-ce que momentanément. L'Équipe Labeaume était soudée. Jusqu'au début du mois de décembre 2010.

Contre toute attente, des citoyens du moins, le conseiller Jean Guilbault claque la porte de son parti. On peut penser qu'il a lui aussi le sens du spectacle puisqu'il annonce son départ en plein conseil municipal, n'ayant pas pris la peine d'en faire part à qui que ce soit. Les journaux laissent entendre que personne de l'Équipe Labeaume n'a semblé surpris par cette annonce.

Le conseiller, nouvellement indépendant, fait savoir qu'il n'en pouvait plus du « régime d'intimidation ». En conférence de presse, il donne un aperçu de l'atmosphère qui règne à l'intérieur de l'équipe du maire.

En fait, dès le départ de l'aventure, à l'automne 2009, le conseiller Jean Guilbault se rend compte qu'il s'est joint à une équipe aux procédés qui lui étaient jusque-là inconnus. D'abord, on insiste, raconte Guilbault, sur l'importance de leur discrétion : « C'était

97. *Id.*

clair qu'ils ne voulaient pas qu'on parle aux journalistes. Ça faisait mon affaire, j'aime pas ça, parler à travers mon chapeau. »

Pourtant, le conseiller Guilbault risque le coup. Dans l'édition du 3 février 2010 du *Soleil*, il accorde une entrevue au journaliste Pierre-André Normandin. Il explique, en bref, la complexe situation des évaluations municipales, disant que le processus est à revoir. Une petite liberté qui ne passe pas inaperçue.

« Une fois l'entrevue publiée, je reçois un coup de fil de l'attaché de presse du maire, Paul-Christian Nolin, me disant : "Tu donnes pu d'entrevue." Même chose pour le tramway. Je n'étais pas d'accord avec le tramway. J'ai fait ma campagne contre le tramway. Le maire aussi. Mais, deux mois après la campagne, il a changé d'idée. Mais pas moi. Pour moi, c'est une bêtise, le tramway. Alors, on m'a dit : "Parle pas de tramway !" »

De manière générale, explique Jean Guilbault, la mécanique était assez simple.

« Nous, on n'avait pas le droit de dire quoi que ce soit, sans prévenir. Le chef de cabinet, Louis Côté, c'est lui qui fait les *jobs* de bras. Quand il y a un caucus nous préparant au conseil, il faut envoyer nos questions la veille, pour qu'ils sachent quels sont nos problèmes. Ils répondent s'ils le veulent. Parfois, ils ne répondent pas. Ils veulent être prévenus sur tout, il y a un contrôle là, évident. Et le caucus, c'est une mise en scène : toi, tu vas parler de ça, toi, de ça... »

Très tôt, le conseiller Guilbault doit également faire connaissance avec le « style Labeaume ». « Quand le maire dit qu'on s'est pognés une couple de fois... La première fois, c'est quand j'ai envoyé une lettre au maire et au chef de cabinet, une lettre de deux pages, qui disait pourquoi j'étais pas d'accord avec leur façon de procéder concernant la prise d'eau. "Si tu n'annonces pas une étude, je vais aller sur la place publique". »

De quoi faire réagir le maire... « Régis m'a appelé... l'enfer ! Régis, quand il dit que ça brasse... LUI, il brasse. Il sacre, il est raide, il dit n'importe quoi. Moi, j'ai été poli, je me défends gentiment. Mais c'est lui qui brasse. C'est Louis Côté qui brasse. Il crissait: "C'est moi le maire de Québec, tu me feras pas de chantage!" »

Intéressant de noter au passage le fait que le conseiller Guilbault parle de « Régis » et non pas de « Monsieur le Maire » ou « monsieur Labeaume ». Le maire de Québec a mis de l'avant ce petit côté « accessible ». Les conseillers l'ont mis en pratique. Une approche amicale, qui cache toutefois la réplique, souvent cinglante.

« Quand il ne pète pas une coche, il est *friendly*, Régis, poursuit Guilbault. Il faut faire ce qu'il veut et, quand on fait ça, il est toujours de bonne humeur. Il est bien correct avec nous autres, il est super sympathique. Le malheur, c'est qu'il ne faut pas faire ce qu'il ne veut pas. C'est là qu'il pète des coches et qu'il est en colère. Mais, deux minutes après, il est correct ! Quand il m'a pété une coche en plein caucus, il m'a dit que j'aurais dû lui dire personnellement ce que j'ai dit. Je suis allé dans son bureau ensuite, c'était *friendly*. Il n'y avait plus de problème. C'est lui qui change d'attitude ! »

Un jour, le conseiller en a assez et quitte l'Équipe Labeaume. « Indigné d'être considéré comme une plante verte », titre *Le Journal de Québec*, le mardi 7 décembre 2010, à propos du départ du conseiller Guilbault. Le maire Labeaume commente ainsi :

« J'aime l'individu, mais je pense qu'il est malheureux en politique. On s'est pris quelques fois solide. Il est venu me voir il y a trois semaines pour me dire qu'on ne s'occupait pas de ses dossiers. Il m'a dit: vous ne m'aimez pas. L'un de ses dossiers est de vouloir mettre des canalisations pour des fermes, mais ça coûte la peau des fesses. Ça fait longtemps je crois qu'il voulait démissionner. J'aurais juste aimé qu'il me le dise. »

Le conseiller Guilbault affirme que, lors du dernier conseil municipal, en décembre 2010, le verre de l'amitié ne s'avère pas très amical. « Dans le passage, dans le corridor pour s'y rendre, Régis me croise. À ce moment, il n'y a rien qu'il ne m'a pas dit. Il m'a traité d'hypocrite, il a vomi sur moi. Une hostilité extraordinaire. Il était très grossier, très méprisant. »

La diffamation, pour les nuls

On lui reproche ses coups de gueule, ses hauts cris, ses débordements. Et pourtant, la scène a de quoi amuser les cyniques : c'est le maire Labeaume lui-même qui se pose en gardien des bonnes mœurs. En effet, lundi soir, 21 février 2011, en ouverture du conseil, Régis Labeaume fait la lecture d'un document qui prend les allures d'un avertissement. Une mise en garde on ne peut plus sérieuse, des menaces au grand jour.

Le maire se plaint du traitement médiatique et des détracteurs. Il en a assez. Aussi, une mise en demeure est acheminée au président du syndicat des cols blancs, Jean Gagnon, et au conseiller indépendant Jean Guilbault. Le maire ne digère tout simplement pas les déclarations du conseiller sur les ondes de Vox, à Québec. Le conseiller est pourtant formel : « Il a déjà dit, au début, lors du premier caucus après l'élection : "Si j'en pogne un à faire quelque chose, je vais le crisser en dehors du parti pis je vais détruire sa réputation pour toujours." Il nous a prévenus. »

« Il est très intimidant, enchaîne Guilbault. Derrière les portes closes, il peut dire n'importe quoi. Il y en a, dans les conseillers, qui l'aiment. Ils pourraient lui pardonner n'importe quoi. Mais les autres... ils ont bien trop peur de se faire démolir en sortant. Avec ce qu'il a déjà dit, la personne qui sort, il faut qu'elle soit brave en maudit ! »

« Faux, archifaux », lit-on en réplique dans les journaux. Le maire Labeaume prétend que le conseiller Guilbault a plutôt mal interprété ses propos. Les journaux relatent les paroles du maire qui aurait plutôt dit que « si jamais l'un d'eux était pris en défaut, il serait expulsé de l'équipe et [le maire] verrai[t] personnellement à dénoncer tout manquement à l'éthique[98] ». Une phrase convenable, directe et bien formulée. Certains détracteurs disent douter de cette formulation, claire et polie. On parie plutôt sur

98. « Mise en demeure d'Équipe Labeaume : Labeaume refuse le détecteur de mensonges », Isabelle Porter, *Le Devoir*, 23 février 2011.

une déclaration plus impulsive, plus émotive, peut-être chargée de quelques sacres au passage...

Spéculations. Mais les deux versions, le Labeaume droit et sobre et le Labeaume colérique et virulent, s'opposent constamment. Comme s'il n'existait pas de personnage plus complexe, mélangeant un peu des deux recettes. Au contraire, chacun des camps est catégorique.

Qui dit vrai, alors? Et comment s'étonner que puisse se nourrir une sorte de « mythe Labeaume » ?

En revanche, la contre-attaque du clan Labeaume sait également marquer des points. Car la guerre de tranchée que se livrent le maire et ses adversaires crée son lot de commentaires curieux, voire inappropriés. Le conseiller Guilbault, en réponse aux prétentions du maire, a proposé que les deux hommes se soumettent au détecteur de mensonges, histoire de déterminer qui dit la vérité. « Ridicule » et « pathétique » sont les deux mots que l'on retrouve dans la presse en guise de commentaires du clan Labeaume. Mais cette réplique est à la mesure des formes que prend parfois la bataille. Rien de gracieux ou de sophistiqué. Du combat de ruelle. Du vrai.

Cependant, le journaliste Michel Hébert fait remarquer que le conseiller Jean Guilbault s'est peut-être « autopeluredebananisé » en négligeant certains aspects éthiques. En effet, il écrit :

« Honnêtement, au début, j'ai eu pitié de lui. Un poète égaré en politique, me suis-je dit. Et quand il s'est présenté devant les caméras, triste comme un épagneul, je lui ai donné d'emblée le bénéfice du doute. Mais je crois aujourd'hui que Jean Guilbault ne nous avait pas tout dit. De nos jours, vous le savez, on peut se faire baiser par n'importe qui, même par un apiculteur… [...] Début janvier, un mois après sa bruyante sortie contre le maire, il a prévenu le greffier de la ville qu'il comptait embaucher sa femme. Cela lui aurait été impossible autrement ; le maire Labeaume avait interdit l'usage matrimonial des fonds publics. [...] Comme indépendant, Jean Guilbault a droit à un budget de “recherche” d’environ 30 000 $. C’est avec cette somme qu’il paiera Madame sa conjointe… [...] Galant homme, le conseiller Guilbault ne forcera pas sa dame à travailler à l’Hôtel de ville. De toute manière, lui-même n’y va guère plus de cinq heures par semaine, selon ses collègues. La politique, au fond, ce n’est pas sa tartine préférée. M. Guilbault a fait savoir au service compétent que sa femme travaillera plutôt de la maison. C’est plus pratique pour tout le monde, y compris pour vous et moi. Comme ça, on ne les verra pas tous les jours nous prendre pour des imbéciles[99]… »

En ce qui concerne le président du syndicat des cols blancs, Jean Gagnon, Régis Labeaume n’a pas digéré du tout les commentaires en conférence de presse qui laissaient entendre que ce qui serait « coupé » dans le budget, s’il est refilé au privé par des contrats, ne sert au fond qu’à remplir les caisses électorales.

Le maire a répliqué qu’il ne pouvait laisser passer ce genre d’insinuations. En ces temps où les histoires de collusion, de malhonnêteté et de corruption sont nombreuses en politique, le maire Labeaume n’allait pas laisser la possibilité à ses détracteurs de lui accoler pareille indésirable étiquette. La mise en demeure inaugurait l’ère de la « tolérance zéro » en matière de diffamation.

Labeaume embrasse encore plus largement que le simple conseiller et le président du syndicat. Il adresse ses menaces, au fond, à quiconque osera tenir des propos qu’il jugerait diffamatoires ou offensants. Il n’hésiterait pas à poursuivre en justice la personne prise en défaut, se défendant bien, au passage, de vouloir faire taire la critique...

La conseillère indépendante Anne Guérette n’a évidemment pas vu la chose du même œil, répondant dans les journaux que « c’est étonnant que le maire exige la tolérance zéro parce qu’on

99. <http ://blogues.canoe.ca/michelhebert/general/le-miel-municipal/>, 14 janvier 2011.

pourrait presque écrire un livre sur tous les manques de respect que le maire a eus lui-même à l'égard de tellement de personnes[100] ».

En effet, nous l'avons abordé, les écarts de langage, que d'aucuns pourraient qualifier de diffamations, ont été légion : *fourreurs de système, incompétents, journaliste colonisée...*, la liste est connue. La conseillère Guérette ne le sait que trop bien. Chaque semaine, elle doit subir les répliques, souvent cinglantes, du maire. Ce fameux lundi soir de conseil où le maire distribuait ses avertissements, la conseillère indépendante a aussi attiré l'attention. Elle a quitté les lieux, « claqué la porte », lisait-on, se disant trop écœurée de la démagogie et du manque de respect du maire.

L'avertissement vaut également pour les membres de la presse. Le maire considère que certains font mal leur travail, qu'ils véhiculent des faussetés ou tiennent des propos haineux. Il a poussé l'audace jusqu'à qualifier la télévision de Radio-Canada à Québec, conventionnelle s'il en est une, de « télé-poubelle ».

Brian Myles, président de la Fédération professionnelle des journalistes du Québec, lui a donné la réplique : « Si M. Labeaume s'estime lésé, qu'il fasse ses recours au lieu de tirer avec un 12 tronçonné au-dessus de la tête des journalistes[101]. » Ici, on illustre parfaitement la confusion qui existe entre « critiquer » les médias et les « intimider ». Une société en santé démocratique permet et encourage la critique des médias. Mais l'intimidation ? Sommes-nous en train de franchir les limites ?

À juste titre, la FPJQ s'interroge sur le message que de tels agissements envoient. Si le maire d'une ville de l'importance de Québec se permet de menacer les médias, il est aisé d'imaginer les

---

100. « Tolérance zéro pour toute diffamation, menace Régis Labeaume », Pierre-André Normandin, *Le Soleil*, 22 février 2011.

101. « La FPJQ demande au maire de retirer ses menaces », Isabelle Mathieu, *Le Soleil*, 23 février 2011.

dommages collatéraux. Pourquoi cela ne deviendrait-il pas une pratique courante pour tout élu le moindrement inconfortable avec les questions des journalistes ? De quoi décourager quiconque d'entreprendre des recherches, des enquêtes et d'en dévoiler les résultats sur la place publique. C'est l'essence même du journalisme dont il est question.

Le professeur de l'Université Laval Florian Sauvageau n'accueille pas la politique de « tolérance zéro » du maire Labeaume avec le sourire.

« Évidemment, je n'aime pas ça. Je pense que, lorsque l'on décide de faire de la politique, il faut avoir une carapace solide. On sait que les médias vont nous scruter, que l'on va faire des erreurs, que l'on n'aura pas toujours raison. Ce sont là les limites de l'authenticité, si vous ne voulez plus jouer le jeu lorsque ça marche moins bien. Je pense que, si les hommes politiques authentiques vont plus loin et admettent leurs erreurs, ça continuera à marcher. Mais ils ont tous tendance, à un moment donné, à ne pas vouloir qu'on les critique, à vouloir faire avancer leurs projets. La démocratie, ce n'est pas toujours avoir raison. C'est admettre qu'on peut avoir tort. »

Monsieur Sauvageau poursuit en donnant l'exemple du président de la France, Nicolas Sarkozy : « Si vous regardez Sarkozy, ça ressemble à ça. Les gens l'ont aimé parce qu'il était authentique, allant même jusqu'à insulter des gens dans une foule. Mais lui aussi, lorsqu'il a cherché à trop contrôler les médias, à refuser les critiques, les gens s'en sont aperçus. Le public n'est pas dupe. Je ne sais plus qui disait : "On peut tromper les gens pendant un certain temps, mais on ne peut pas tromper tout le monde tout le temps[102]". »

À ceux qui pourraient s'interroger à propos de l'Équipe Labeaume à savoir si les conseillers appuient leur chef dans cette

102. Il s'agit d'une citation attribuée à Abraham Lincoln : « Vous pouvez tromper quelques personnes tout le temps. Vous pouvez tromper tout le monde un certain temps. Mais vous ne pouvez tromper tout le monde tout le temps. »

douteuse démarche, les journaux rapportent que les élus ont applaudi la politique de « tolérance zéro » du maire.

Régis Labeaume a-t-il brandi des menaces dans le simple but d'intimider ? Force est d'admettre qu'il est déterminé à aller plus loin. Le maire est passé de la parole aux actes. Il a, effectivement, intenté deux poursuites de 200 000 $ chacune contre le conseiller indépendant Guilbault et le chef syndical Jean Gagnon. Si ce dernier n'a jamais eu l'intention de se laisser intimider[103], qu'en sera-t-il de tous ceux qui, dans une situation précaire, pourraient avoir à affronter le maire ? Qu'en sera-t-il des journalistes ?

Cette mise en garde du maire Labeaume a fait dire à l'éditorialiste Élisabeth Fleury, du journal *Le Soleil* :

« Régis Labeaume est à la tête d'une administration publique, pas privée. Il est un élu au sein d'une démocratie, pas un colonel dans un régime totalitaire. À ce titre, il doit accepter que les journalistes mettent leur nez dans ses affaires. "La récréation est terminée", a dit le maire Labeaume lundi. Il faudrait qu'elle le soit pour lui aussi. S'il souhaite faire cesser ce qu'il considère comme de la diffamation envers son équipe et lui, il ferait bien de donner l'exemple, lui qui a versé dans l'insulte plus souvent qu'à son tour.[104] »

Évidemment, toute cette démarche a un coût. On a appris, dans les journaux, que Régis Labeaume allait payer de sa poche les frais engagés dans cette aventure. « "Le maire payera lui-même ses frais", a confirmé, mardi, au *Journal*, son attaché de presse, Paul-Christian Nolin, qui précise du même souffle que ce n'est toutefois pas le cas du conseiller Guilbault, qui voit ses honoraires d'avocats assumés par la Ville de Québec[105]. » Lorsque vous décidez

---

103. Le syndicat des cols blancs de Québec a tout de même renoncé à déposer une poursuite en réplique au maire Labeaume (Karine Gagnon, *Le Journal de Québec*, 31 mars 2011).

104. « Labeaume et l'adversité », Élisabeth Fleury, *Le Soleil*, 25 février 2011.

105. « Labeaume devra payer de sa poche », Geneviève Lajoie, *Le Journal de Québec*, 15 mai 2011.

d'arpenter les méandres du processus judiciaire, vous courez le risque d'y perdre votre latin. Le conseiller Jean Guilbault a évoqué la possibilité de répliquer lui aussi par une poursuite...

Même si, dans ce cas, ce n'est pas la Ville qui devrait assumer les frais du conseiller, il reste un goût amer, en bouche, de toute cette histoire et des répercussions qu'elle peut avoir, à bien des égards.

L'Empire contre les attaques

La question a été soulevée à maintes occasions. La liberté de la presse est souvent présentée comme étant absolument nécessaire, vitale pour toute démocratie qui se respecte. Il est donc tout à fait normal que des lumières jaunes s'allument lorsque la situation le commande.

Que des impératifs commerciaux existent chez les entreprises de presse, on en convient généralement, mais des inquiétudes peuvent survenir lorsque ceux-ci se mettent à déborder du côté politique. Le «chien de garde de la démocratie» est alors vulnérable.

Ce dont il est question ici, c'est bien sûr des liens qui existent entre le maire de Québec et l'homme d'affaires Pierre Karl Péladeau. L'opération séduction qui a été orchestrée par Régis Labeaume à l'endroit du patron de Quebecor a occupé beaucoup d'espace dans les médias. Le maire Labeaume, à la recherche d'un investisseur privé pour participer au financement du projet d'amphithéâtre à Québec, s'est entendu avec le géant des communications. Une proximité et une complicité qui semblent trouver écho jusque dans les salles de rédaction de l'empire Quebecor. On est conscient du partenariat et des répercussions qu'il peut avoir. Un partenariat qui pourrait pousser le journaliste, naguère audacieux, à la plus élémentaire des prudences. Quand on a une famille à nourrir...

Florian Sauvageau dit entendre souvent parler de cette prudence qui devient un réflexe de survie pour bien des journalistes.

« Probablement que je suis, moi aussi, très prudent quand je parle de ça. Mais j'ai souvent dit que Quebecor était un danger potentiel, mais je ne peux imputer de motifs à Pierre Karl Péladeau. Je ne sais pas ce qu'il a derrière la tête. Je n'ai pas de preuve. Mais une force médiatique comme celle-là est un danger potentiel énorme qu'on n'aurait jamais dû permettre. J'ai l'impression que les hommes politiques ont peur de Quebecor et n'osent pas critiquer trop fort. On a fait une enquête auprès des anciens députés, et il y a une crainte en ce qui concerne la concentration. Mais je ne suis pas sûr qu'ils seraient nombreux à aller sur la place publique dire que c'est dangereux. Pourtant, dire ça, c'est une évidence : quand vous avez le journal le plus puissant à Montréal et à Québec, la télévision la plus puissante au Québec, et les imprimés, Internet..., vous avez une force de frappe énorme. »

La convergence est un fait, réel, palpable, au Québec. Une situation qui peut pousser le journaliste à penser à son avenir en ne mettant pas nécessairement la liberté de presse au sommet de sa pyramide des valeurs. « C'est pas seulement Quebecor, il y a aussi le groupe Gesca. Imaginez un journaliste congédié par Quebecor, il ne reste plus beaucoup d'endroits où aller. Vous vous faites une mauvaise réputation parce que vous avez critiqué la direction, dans le contexte où les médias vont moins bien qu'avant... Ça ne m'étonne pas que les journalistes manifestent de la prudence. »

Malgré cette situation qui pourrait en inquiéter plus d'un, le professeur Sauvageau reste optimiste dans la mesure où il subsiste encore et toujours un espace pour la critique.

« Même si les liens entre Labeaume et Péladeau sont si forts, et qu'il peut exister une crainte à l'interne chez les journalistes, il reste que certains conservent, à mon avis, un regard critique. Il y a des journalistes du bulletin de 18 h de TVA à Québec, dans l'équipe de Pierre Jobin, qui ont du courage ! Si les liens sont si étroits entre le maire et Pierre Karl Péladeau, il doit y avoir du mécontentement en ce qui concerne l'attitude de ces journalistes qui gardent, quand même, un recul. La contrepartie de ça, c'est que ce bulletin est tellement écouté que les individus qui le font ont un certain poids. Quebecor ne peut pas faire abstraction des cotes d'écoute. Du reste, dans ce contexte, qu'ils fassent malgré tout un bulletin assez critique, je trouve ça courageux. »

C'est la raison pour laquelle, malgré tout, Florian Sauvageau n'est pas prêt à conclure que la démocratie est en péril à Québec. Il existe encore et existera toujours, dit-il, des journalistes inspirés par cette mission de « gardien de la démocratie ».

« Je n'ai pas peur pour la démocratie, parce qu'il y a autre chose. Il y a *Le Soleil*, Radio-Canada, les médias de Montréal aussi... *Le Devoir*. Et puis, si les journaux ou les médias de Québec cessaient de jouer leur rôle, les médias de Montréal prendraient le relais. Par exemple, l'affaire du comptable Bédard[106], c'est *La Presse* qui a sorti ça. Je ne suis pas très inquiet. Mais on ne vit pas dans un monde idéal, au contraire. Il y a, oui, une force de frappe avec Quebecor, mais de là à dire que la démocratie est en péril, on n'est pas rendus là. C'est clair que Quebecor se sert de la convergence pour aider ses propres entreprises. Je n'annonce rien, monsieur Péladeau le dit lui-même. S'il la fait jouer pour ses entreprises, encore ici, je ne veux pas lui prêter d'intention, mais s'il décidait de mettre toute sa machine au service du maire Labeaume, la démocratie ne serait pas en péril, mais on aurait un problème. Mais on ne vivrait pas dans un régime autoritaire, il resterait toutes les autres voies, il resterait un espace critique. »

Comment croire que la presse puisse assurer son rôle de « gardien de la démocratie » dans un contexte où, d'une part,

106. *La Presse*, 10 mai 2011. On apprend que l'Ordre des comptables agréés du Québec a amorcé une enquête sur la firme Mallette, chargée de vérifier les comptes de la Ville de Québec, à la suite d'une plainte pour des allégations de « proximité » avec le maire Régis Labeaume. Le comptable Mario Bédard avait collecté des fonds pour l'Équipe Labeaume en 2008, en plus d'être le trésorier des fêtes du 400e, alors que sa firme est payée par la Ville de Québec depuis 2002 pour vérifier ses comptes. (« Le vérificateur externe sous la loupe de l'Ordre des comptables », Fabrice de Pierrebourg)

l'empire Quebecor en mène aussi large et, d'autre part, l'opposition est presque inexistante à l'hôtel de ville ? Faut-il le rappeler, on ne trouve que trois conseillers indépendants pour faire face à l'Équipe Labeaume. Le professeur avance que « quand l'opposition est décimée lors d'une élection, il est normal, parfois nécessaire, que la presse soit davantage attentive à son rôle de *watchdog*. C'est le cas à Québec. »

Quebecor met-elle de la pression sur ses journalistes ? À l'épineuse question, le journaliste Carl Langelier répond :

« Mon employeur, c'est TVA Québec et la direction de l'information m'a toujours appuyé à 100 %. En prenant toujours soin de me demander si je savais où est-ce que je m'en allais. Quand je répondais oui, on n'a jamais remis en question mes reportages. Pour ce qui est du réseau [TVA], je dirais qu'il marche sur des œufs. Le réseau ne s'empêchera jamais de faire quelque chose sur Labeaume, mais c'est certain qu'on sait qu'il y a une relation entre Pierre Karl Péladeau et Régis Labeaume. Ils ont des projets ensemble... Il faut juste faire attention. »

Prenez garde aux liens

Le groupe d'humour Prenez garde aux chiens, dont je suis l'auteur, a déjà été victime de la censure signée Quebecor. Lors de notre deuxième saison télé à l'antenne de Vox, à l'automne 2008, nous avions préparé un sketch nous présentant Réglisse Nabeaume, Empereur de Québec, qui nous faisait la visite guidée de la Ville. La direction de Vox Québec, voyant le risque potentiel, s'est tournée vers la direction de l'antenne, à Montréal, pour recueillir son avis sur la chose. Résultat : « La corporation Vidéotron n'est pas à l'aise avec le sketch. Conséquemment, nous préférons qu'il ne passe pas sur nos ondes », m'a expliqué au téléphone le directeur des programmes, Steve Desgagnés. Soit. Nous avons obtempéré, ne voyant aucune utilité à engager une guerre contre Vidéotron. Nous avons donc été patients et choisi de mettre le sketch en ligne, une fois la saison télé terminée. Il a été mis en ligne le 31 décembre 2008, en guise de cadeau de fin d'année.

Pourquoi avoir exigé le retrait de ce sketch de l'émission ? L'envie de ne pas heurter le maire de Québec semble avoir beaucoup pesée dans la balance. Une relation privilégiée s'esquissait peut-être déjà, qui allait servir les intérêts des deux partenaires, le moment venu de parler d'amphithéâtre...

Relations de presse 101

Les journalistes qui couvrent les conférences de presse, les points de presse, *scrums*[107] ou autres du maire Labeaume savent qu'ils risquent de goûter à la médecine du bouillant personnage. La question posée peut rapidement se retourner contre le journaliste. Ceux qui couvrent les affaires municipales depuis longtemps diront cependant que la chose n'est pas inhabituelle. L'ancien maire de Québec Jean Pelletier est aussi connu pour sa façon parfois cavalière de traiter avec les journalistes. Le « style Labeaume » n'est donc pas nouveau à cet égard, mais le maire se démarque surtout parce qu'il semble faire preuve de peu de retenue. Les réponses sont catapultées au rythme de ses pulsions. Les journalistes doivent donc composer avec cette réalité.

Régys Caron, du *Journal de Québec*, a aussi constaté l'accueil que reçoivent les journalistes qui osent certaines questions.

« Si tu lui poses une question qu'il n'aime pas, ça va paraître tout de suite. La réponse sera peut-être lapidaire ou bête et méchante. Il tolère très mal la critique, c'est un fait. Qu'elle vienne des citoyens, de l'opposition ou des journalistes. Et particulièrement si elle vient des journalistes. Il tolère ça très mal. Mais c'est peut-être son talon d'Achille. Si on est populaire, c'est un moindre mal, mais, quand on est impopulaire et qu'on

107. Dans le langage journalistique, un *scrum* est un point de presse, moins formel, souvent improvisé.

ne tolère pas l'opposition, à mon avis on se tricote des lendemains qui déchantent.»

Les journalistes, comme Carl Langelier de TVA Québec, qui sont sur le terrain, à couvrir les conférences et points de presse de Régis Labeaume, observent un intéressant changement, radical, dans l'approche du maire. L'homme n'est plus le même.

«Il y a eu les points de presse au début du règne Labeaume et il y a les points de presse maintenant. Au début, c'était un personnage qui ne connaissait pas encore la politique. On voyait qu'il venait du milieu privé, on sentait son franc-parler à travers ses réponses. Il n'évitait pas les questions, il n'avait pas encore compris comment la *game* se jouait. C'était plus facile, non pas d'y avoir accès parce qu'il est encore très accessible, mais d'avoir une opinion de lui, d'avoir du contenu. Avec le temps, ça a changé. Ce n'est pas impossible, mais c'est très ardu. Un point de presse maintenant avec le maire Labeaume, c'est lui qui le dirige. Initialement, ce sont les journalistes qui le dirigeaient, qui posaient les questions. Il y avait de l'interaction, question-réponse, question-réponse... Maintenant, il n'est pas rare que ce soit lui qui le commence. Il n'y a pas de première question, mais c'est monsieur Labeaume qui commence le point de presse d'entrée de jeu pour nous dire ce qu'il a à nous dire aujourd'hui: "Voici ce que je vais dire au conseil de ville ce soir, voici ce que j'ai fait, etc." Après c'est: "Avez-vous des questions?" Mais, quand la question est pointue, elle est évitée tout de go maintenant. Et sa phrase célèbre, c'est: "Comment ça va aujourd'hui? Ça va-tu bien aujourd'hui?" Tu peux poser 22 fois la même question et il va te renvoyer cette réponse-là. C'est devenu un *running gag* entre les journalistes: qui a eu droit au "Ça va-tu bien aujourd'hui?" Nous, on est habitués parce qu'on le couvre régulièrement, mais c'est toujours drôle de voir les nouveaux journalistes débarquer, de médias locaux ou même les journalistes d'expérience qui sont au Parlement et qui en voient d'autres, et se faire rabrouer devant tout le monde de cette façon-là.»

Ainsi, le travail du journaliste est de moins en moins facile. Carl Langelier constate effectivement que « le point de presse est plus difficile, il est plus difficile d'avoir du contenu quand les questions sont pointues. Mais c'est souvent lorsque les questions sont pointues qu'on trouve l'information. Tu peux poser 1 000 questions ennuyantes, mais, s'il y a une question qui intéresse tout le monde, la nouvelle du jour, et que lui décide de ne pas répondre, tu repars bredouille. Que fais-tu alors ? Est-ce que tu joues 22 fois la déclaration "Ça va-tu bien aujourd'hui ?" parce qu'il n'a pas voulu répondre ? ».

Jérôme Landry, de Radio X, s'étonne de voir le maire choisir de ne pas répondre aux questions des journalistes, à l'occasion. « On dirait qu'il se fout des médias, des fois. Contrairement à d'autres politiciens, on dirait qu'il ne calcule pas tant que ça. Beaucoup de politiciens calculent l'impact de ce qu'ils vont dire. Lui, c'est un des seuls qui ne calculent pas du tout l'impact que ça va avoir. » Et, lorsque le maire repousse les demandes d'entrevue, Landry conclut qu'il est libre, après tout. « Honnêtement, est-ce qu'il est obligé de nous parler le matin ? Les électeurs jugeront. S'ils trouvent qu'il ne rend pas assez de comptes, il va payer pour aux prochaines élections. Si les électeurs trouvent ça correct, ce n'est pas aux médias de juger ça. »

Le journaliste du *Devoir* Antoine Robitaille a pu mesurer l'effet d'une publication qui ne rencontre pas les goûts du maire de Québec.

« J'ai fait une entrevue avec lui en juillet 2009, et il a commencé l'entrevue en disant : "J'ai pas confiance en vous puisque vous vous êtes amusé à mes dépens sur votre blogue et ça a été une des périodes les plus difficiles de ma carrière politique." Il m'a dit ça parce que moi, j'étais à l'émission de Marie-France Bazzo à laquelle monsieur Labeaume était un invité. Aux questions posées, à propos de Josée Verner, il répond : "Je l'aime bin, mais je la battrais." Et à propos de Sarkozy, qui s'en venait pour le Sommet de la Francophonie, il dit : "J'ai de la misère avec lui, il part sur des *chires*, il est difficile à suivre. Je suis pas sûr qu'il soit très cohérent." On n'est pas dans une conversation privée. L'émission est enregistrée le mardi et diffusée jeudi. Je profite donc de mon *scoop* et je transcris les propos de Labeaume sur mon blogue. Alors, je m'amuse en disant que c'est le *Red Bull Crashed Mayor* qui est prêt à tout écraser... Tout le monde a repris ça. L'été d'après, la première fois que je lui parle, il me dit qu'il n'a pas confiance. Je lui ai alors répondu qu'on pouvait arrêter l'entrevue. Il a répondu: "Non, non. Envoie-les, tes questions."»

L'entrevue d'Antoine Robitaille, publiée le 10 juillet 2009, portait sur deux édifices anciens dont on annonçait la démolition. Encore une fois, le journaliste a rapporté les paroles du maire, intégralement. «Aux propos des opposants que je lui rappelais, il me dit: "Ça n'a pas une crisse de cenne et ça ne sait pas où en trouver non plus." Depuis ce temps-là, quand il me croise dans les points de presse, il est très méfiant. Surtout que je viens du *Devoir*, là où travaille également Isabelle Porter. Il se méfie de nous. Il ne nous aime pas et il est désagréable. Mais je pense qu'il a une méfiance généralisée à l'égard des journalistes.»

Même en terrain, en principe, plus familier comme à Radio X, où il a déjà œuvré à titre de chroniqueur, Régis Labeaume est sur ses gardes. «Oui, il vient au bâton, admet l'animateur Denis Gravel, mais c'est beaucoup plus facile de faire une entrevue avec Régis Labeaume quand tu es d'accord avec lui que quand tu n'es pas d'accord.»

Le journaliste de Radio X Jérôme Landry constate qu'«on a vraiment une relation en montagnes russes avec lui. Je pense que la pire réaction qu'il a eue, c'est quand je lui ai demandé s'il était séparatiste ou fédéraliste. Après ça, ça a pris un certain temps pour rebâtir des liens avec lui, pour l'avoir en entrevue. Ça a pris le dossier des Nordiques pour qu'on réussisse à lui reparler. On est les seuls d'ailleurs à lui parler à l'antenne, ici».

L'animateur Denis Gravel enchaîne:

« Il n'aime pas se faire critiquer, il n'aime pas se faire *challenger*. Je me souviens, au Championnat mondial de hockey, on s'était croisés dans le stationnement. Dans ce temps-là, les chroniques qu'il avait faites chez nous, c'était encore frais, alors je vois Régis, on se salue... et là, il me parle d'un animateur à CHOI et il me dit: "Ton tab... d'animateur, qu'est-ce qui lui prend? Pourquoi il dit ça?" Je le vois devenir rouge. On est dans un stationnement, alors je reste *cool* et je lui dis: "Il a droit à son opinion, ça fait partie de la *game*. Comme maire, tu vas te faire brasser, ça va arriver. Il va y avoir du monde qui ne sont pas d'accord avec ce que tu fais. Ne pogne pas les mouches avec ça! Parce que t'as pas fini!" Cette fois-là, j'ai pris conscience pour la première fois que c'était un gars qui avait la mèche très courte, qui n'aime pas être *challengé*, se faire critiquer. »

La méfiance est telle que le maire Labeaume se comporte de façon complètement inusitée.

« Moi, je n'ai jamais vu un politicien comme ça, lance Carl Langelier. J'ai commencé ce métier-là en 1996, j'ai travaillé sur la scène fédérale, j'ai vu les premiers ministres canadiens, les premiers ministres québécois, tous les maires de Québec depuis 96, je n'ai jamais connu un politicien qui était aussi aux aguets par rapport à son image. Il a une alerte sur son BlackBerry: chaque fois que son nom apparaît dans un article quelque part, ça sonne. Il regarde qui a écrit ça. Et il joue du téléphone... Le maire Labeaume va prendre le téléphone et appeler le journaliste directement pour lui dire: "C'est quoi, cette affaire-là?" Ça devient de la confrontation, ce n'est plus une question journalistique. Ça devient personnel. C'est en dehors des journaux, des radios, des médias, ce n'est plus public, c'est privé. Il n'accepte pas la critique, c'est généralisé chez lui. Juste de vouloir voir tout ce qui se fait et se dit sur lui, ça démontre ce côté-là. Il va aller jusqu'à la confrontation. »

Le maire Labeaume n'hésite pas à distribuer des remontrances aux journalistes dont le travail ne lui a pas plu. La journaliste à la télévision de Radio-Canada à Québec Julie Dufresne le confirme.

« À peu près tous les journalistes qui ont travaillé sur la scène municipale peuvent dire qu'un jour ou l'autre, on s'est fait dire qu'il y avait, par exemple, une correction à faire dans ce qu'on avait dit la veille. Avec Labeaume, c'est fait en direct, devant les caméras, ou avant d'arriver à un point de presse, il dit : "Vous, faut que je vous parle." Ça m'est arrivé, c'est arrivé à d'autres, de se faire dire publiquement qu'on va se faire faire des remontrances. »

Est-on dans le registre de l'intimidation, voire de l'humiliation ? Sachant que le journaliste peut être pointé du doigt, devant les autres, on peut imaginer la tentation d'arrondir les coins pour le reporter. Ce qui ne serait pas le cas pour Julie Dufresne, qui nous dit :

« Ça ne change pas ma façon de travailler, mais ça change la préparation mentale avant d'aller couvrir un point de presse avec lui parce qu'on ne sait jamais comment ça va virer ni dans quelle disposition d'esprit il va être. A-t-il écouté notre reportage ? Oui, assurément. Et comment l'aura-t-il digéré ? Si on sait qu'on fait une histoire qui dérange, je l'ai vu chez d'autres journalistes aussi, on s'attend à avoir un *scrum* intense. Ça peut partir dans tous les sens, y compris dans les remontrances, y compris dans les insultes, à la limite. Dans mon cas, particulièrement, il y a eu un épisode concernant les dépenses des fonctionnaires de la Ville à l'étranger qui a donné lieu à la désormais célèbre déclaration de "télé-poubelle"... C'était un reportage simple, le reportage était complet avec parties et contreparties, mais le maire n'avait pas aimé ce reportage. Et, dans les jours qui ont suivi, j'en ai entendu parler quotidiennement, que Radio-Canada s'acharnait, qu'on essayait de faire dérailler les projets de Québec, qu'on était de la télé-poubelle, ça n'avait plus aucun lien avec le contenu du reportage. »

Ainsi, le maire de Québec pousse l'audace jusqu'à interpeller directement le journaliste afin de l'interroger, de l'intimider, dans un registre qui n'a plus rien à voir avec le contenu du reportage.

« Généralement, ça ne se passe pas devant les caméras, enchaîne Julie Dufresne. C'est là que c'est dérangeant. Nous, comme journalistes, s'il veut nous parler, il faut qu'il sache qu'il parle à quelqu'un qui diffuse l'information qu'on lui donne. Moi, il a fallu que j'établisse ça clairement avec lui. Justement, dans l'épisode de la télé-poubelle, il voulait me rencontrer, seule, dans son bureau. Je lui ai dit: "Si mon cameraman ne vient pas, il n'y aura pas de discussion." Ça l'a fâché, il l'a exprimé devant plein d'autres collègues journalistes. Mais c'est ça, les règles du jeu. Il n'aime pas beaucoup les règles du jeu comme ça. »

On imagine le genre de pression que peut alors subir le journaliste, conscient, rappelons-nous, de la « tolérance zéro » mise de l'avant par Régis Labeaume. Carl Langelier se demande :

« Est-ce que la démarche a un impact ? Je ne pense pas. Les journalistes font leur travail quand même et je ne crois pas qu'un journaliste s'arrêtera d'écrire à cause de ça. Mais c'est certain qu'avant d'aller en ondes, tu t'assures d'avoir les bons chiffres, ce que tout journaliste doit faire, mais, au lieu de vérifier trois fois, on vérifie quatre fois maintenant parce qu'on sait qu'il regarde. Mais, quand la poursuite est inutile, il y a d'autres façons de discréditer le travail d'un journaliste, publiquement. Ça m'est arrivé à la suite d'un reportage. La démonstration que j'avais faite dans mon reportage lui avait déplu carrément, mais j'avais les bons chiffres. Alors, il n'y a pas matière à poursuite. Qu'est-ce qu'on fait dans ce temps-là ? En plein conseil municipal, aux heures où les gens regardent, où on peut rapporter ses propos, là, il part : "Je veux mentionner, monsieur le président, que la semaine dernière j'ai écouté un reportage à TVA. C'est disgracieux d'avoir joué un reportage comme celui-là en ondes, TVA devrait avoir honte." Le *job* sale est fait, finalement. C'est sa façon de se reprendre et il le fait régulièrement. Je ne veux pas dire qu'il est rancunier, mais il n'oublie pas. À chaque occasion qu'il a de piquer quelqu'un, il rend les coups. Même très longtemps après. Et il le fait toujours publiquement.»

Langelier estime toutefois que les appels téléphoniques auprès des journalistes sont moins fréquents depuis un certain temps: « Je crois que les appels téléphoniques ont diminué grandement parce que les journalistes se parlent, et il a fini par sentir la menace. Tu ne peux pas agir comme ça, tout le temps, envers des journalistes. Les journalistes se sont parlé, il y a une sorte de concertation, et ils ont décidé de ne plus se laisser faire et je pense qu'il l'a su. Il y a donc moins de privé maintenant et plus de public. »

Julie Dufresne constate:

« Il y a certainement eu une prise de conscience commune. Il y a eu des discussions. Il y a eu constat que tout le monde y était passé, dans ceux qui couvrent régulièrement les affaires municipales, et qu'il ne fallait pas que ça perdure. Mais, au-delà des idées lancées en l'air, il n'y pas de tribune de la presse municipale. Cette idée ne s'est pas concrétisée pour toutes sortes de raisons. Mais c'est clair que, de moins en moins, les journalistes à qui ça arrive se sentent seuls. On sait que c'est arrivé à d'autres. »

La méfiance manifestée par Labeaume et sa façon de rendre les points de presse plus difficiles ont-elles un impact sur la popularité de ses sorties médiatiques? Pas du tout, répond le journaliste Langelier. Les points de presse du maire de Québec sont toujours aussi populaires et courus.

« Énormément. C'est ça qui est particulier. Je pense que tout le monde essaie de diminuer le rythme, de lui donner moins d'importance, de moins le couvrir, sauf que ça ne se fait pas. On n'est pas capables de mettre le pied sur le frein. En raison de la compétition, mais aussi en raison du contenu. Il est tellement imprévisible qu'on ne sait jamais ce qu'il va dire. J'irais même jusqu'à dire que, s'il sait que les journalistes ne sont pas là, il est bien capable de sortir quelque chose de façon volontaire pour dire: "Vous n'êtes pas venus aujourd'hui? Il y en a un seul qui est venu? Je vais lui donner un os..." Donc, tu n'as plus le choix à cause du personnage. Il y a parfois quatre ou cinq points de presse par semaine, il y en a certains dont on juge qu'ils ne sont d'aucune importance:

il va assister à un festival quelconque... Il est certain qu'en temps normal, on n'irait pas là parce qu'il n'y fait qu'acte de présence. Mais, parce que tu ne sais jamais ce qu'il va dire : au-delà du contenu, il y a le personnage, ce personnage qui attire par les mots qu'il utilise, sa façon de s'exprimer, tu ne sais jamais qui sera sa cible du jour.»

Une équipe solidaire

Les journalistes se sont régulièrement intéressés à la question de l'opposition, celle qui devait venir de l'intérieur, comme l'a évoqué le maire Labeaume. Dans les faits, ça n'a jamais vraiment été le cas. Après un an au pouvoir, suivant les élections du 1er novembre 2009, la presse révèle que seulement quatre conseillers de l'Équipe Labeaume ont osé voter contre les propositions du maire. La compilation donne ceci : sur 1 200 votes, les conseillers de Labeaume se sont opposés à huit reprises... soit moins de 1 % du temps.

Le passage suivant, tiré du même article, a de quoi faire sourire. On rappelle ce que le maire Labeaume avait dit en campagne électorale : « Je pense qu'il y aura dans cette équipe du monde suffisamment fort pour que, si j'ai tendance à prendre une mauvaise décision, ils me le disent. Ils vont m'arrêter et me changer de direction[108]. »

Par contre, l'article, fort à propos, met quelques bémols à la théorie de l'« inexistance d'opposition à l'interne ». Selon la politologue Louise Quesnel, il est impossible que les élus ne diffèrent pas d'opinion derrière des portes closes. Au fond, c'est lors du caucus que ces choses-là seraient dites. Pas en public. On serait ainsi loin de l'« opposition destructrice », ce qui ne serait pas une mauvaise chose. Discuter, puis établir des consensus avant de sor-

108. « Équipe Labeaume : peu de chicane dans la cabane », Pierre-André Normandin, *Le Soleil*, 8 novembre 2010.

tir publiquement : la démarche se défend. C'est peut-être ça, la « méthode Labeaume ».

Néanmoins, le journaliste met également en lumière une jolie contradiction du maire. En effet, en campagne électorale, celui-ci a réclamé un mandat fort afin de se libérer d'une opposition jusque-là majoritaire. Une situation qualifiée d'infernale, « pas travaillable ». Or, on rappelle que l'année précédant les élections, dans le contexte du maire face à une opposition majoritaire, 96 % des décisions prises par le conseil municipal l'ont été à l'unanimité.

Pierre Boucher, ex-PDG de la Commission de la capitale nationale du Québec, apporte cette nuance à propos de l'unanimité de l'Équipe Labeaume :

« Il n'y a jamais unanimité dans une équipe. Il y a sûrement des gens qui ont des écarts de vues. Il y en a sûrement qui sont irrités par le style Labeaume et qui doivent voir que, dans les projets qui sont mis de l'avant qu'on ne livre pas, ils vont écoper, eux aussi, dans leur district. La question est : Pourquoi restent-ils ? Ils y voient certains avantages, l'équipe du maire a un important budget de recherche, ils ont tous une enveloppe d'investissement dans leur district. Mais il y a trop de gens intelligents dans son équipe pour qu'ils acceptent tout ça sans broncher. »

Le chroniqueur François Bourque constate également le silence qui règne, bien souvent, chez les conseillers de l'Équipe Labeaume.

« On en voit un peu qui répondent aux questions, mais, règle générale, c'est certain que ce n'est pas une équipe qui parle beaucoup. Est-ce qu'ils sont muselés ? Certains répondent aux questions, mais les autres, s'ils ne sont pas muselés, ils sont terrorisés à l'idée de parler et ne prennent pas la liberté de le faire. Si tu poses la question à un conseiller, on ne le sent pas à l'aise de répondre, pas à l'aise d'exprimer ses inquiétudes. On ne sent pas cette liberté-là. C'est inquiétant. Mais je ne suis pas certain que ce soit complètement nouveau ou différent de ce qui se fait ailleurs en politique. Des partis où les soldats ont la liberté de critiquer leur chef? Je ne suis pas certain qu'il y en a tant que ça, des environnements politiques où la liberté totale de parole existe.»

Un mutisme qui a été remarqué, entre autres, par l'ancien maire de Cap-Rouge, André Juneau, qui signe un éditorial intitulé «Le silence des agneaux», en janvier 2011. Rappelant l'équilibre des pouvoirs qui doit, en principe, exister entre la mairie et le conseil municipal, et s'adressant aux conseillers de l'Équipe Labeaume, l'ex-maire de Cap-Rouge écrit:

«Votre élection à titre de conseiller municipal, même dans une situation de majorité quasi absolue, ne justifie nullement l'application automatique de la loi du silence, mais, au contraire, impose un devoir de questionnement et d'analyse publique des décisions proposées. Les médias nous apprennent qu'il y aurait "peu de chicane dans la cabane", que "deux membres du conseil auraient, en privé, interrogé le maire suite à la démission d'un cadre très apprécié" et que "les conseillers membres de l'Équipe Labeaume ont voté contre la volonté du maire moins de 1 % du temps". Mesdames et messieurs les conseillers, il ne s'agit pas uniquement de voter pour ou contre une proposition, mais de s'interroger publiquement sur sa valeur, sa portée, son coût, voire son fondement. Rappelez-vous, chers agneaux: "Qui ne dit rien consent."»

Puis, un peu plus loin, André Juneau énumère quelques décisions prises à l'hôtel de ville de Québec qui suscitent la controverse, comme l'affaire Rapaille, les affrontements avec les employés municipaux, le retrait de l'UMQ, ou le financement de l'amphithéâtre.

«Comment peut-on rester silencieux devant des dossiers aussi importants, devant une situation parfois si burlesque? Certes on peut tenter d'expliquer la situation par le manque de respect total du maire face aux conseillers de l'opposition élue démocratiquement. Un même manque de respect envers ses propres conseillers pourrait, à la limite, expliquer cette omerta. La situation actuelle dans plusieurs villes du Québec ne nous apprend-elle pas de façon brutale le danger du "silence des agneaux" qui laisse toute la place au maire[109] ? »

Après l'élection de 2009, Régis Labeaume s'est retrouvé avec une équipe largement majoritaire. Pourtant, des signaux ont été lancés dans les médias. Le chroniqueur François Bourque a écrit à ce propos.

« Moi, j'étais de ceux qui ont écrit lors de la dernière campagne que, compte tenu de la personnalité du maire, il aurait été très souhaitable qu'il y ait une opposition minimalement consistante pour faire contrepoids à un maire qui est énergique, mais qui a tendance à tourner les coins ronds et à aller vite. Je pense que tranquillement l'opposition va finir par venir de l'extérieur de la salle du conseil. Elle viendra des médias, des commerçants, des gens d'affaires, des radios qui sont plus critiques à l'endroit de Labeaume. Mais, en fait, c'était un peu naïf de penser que des gens de l'équipe de Labeaume allaient devenir les critiques de Labeaume... Il ne faut pas avoir regardé beaucoup de politique pour penser que ça allait arriver. Je ne suis pas certain que les conservateurs ont beaucoup plus de liberté de parole que les conseillers de Labeaume en ont. Pareil pour les libéraux. Entendez-vous souvent des libéraux aller contre leur chef, contre leur gouvernement ? Ça n'arrive pas en politique. C'est pour ça que l'opposition, c'est si utile et nécessaire. »

Notre source, près des milieux politiques et économiques de Québec, fait une lecture semblable.

« Si tu veux un bon gouvernement, ça prend une bonne opposition. Actuellement, le maire fait ce qu'il veut. Quand tu es tout seul sur la glace, ça peut mener à des abus. Alors que, s'il y avait

---

109. « Le silence des agneaux », André Juneau, *Journal L'écho de Cap-Rouge*, janvier 2011, vol. 2 numéro 3.

une bonne opposition, il ferait peut-être plus attention. Par exemple, si quelqu'un se fait menacer par le maire de perdre sa subvention, vers qui peut-il se tourner pour se défendre ? Alors que, si nous avions une opposition qui a de l'allure, la personne qui se fait menacer se tourne vers l'opposition, ensuite le maire se fait poser des questions au conseil de ville. Là, il aurait l'air fou parce que les journalistes se mettraient là-dessus. Mais, si personne ne le fait, ça engendre ce que nous connaissons actuellement. C'est l'omerta. »

De son côté, Marc Simoneau estime que l'expression *plante verte*, attribuée aux conseillers de l'Équipe Labeaume, dont il fait partie, est injuste.

« J'aime pas le mot. *Plante verte*, c'est trop sévère. Il y a des gens qui ne parlent pas, qui écoutent. Ils sont sur les freins, mais ça ne devait pas être plus facile avec madame Boucher ou avec Jean-Paul L'Allier. Tout le monde fait son possible, chacun à sa façon. Comme dans tout domaine, il y en a qui parlent, il y en a qui ne parlent pas. L'exécutif, avec raison, dirige la Ville. Mais ils sont assez ouverts pour expliquer ou écouter les gens, avant d'arriver au conseil municipal. »

Le caractère, parfois bouillant, du maire peut-il intimider ses conseillers ? À cela, Marc Simoneau répond :

« Il est direct et franc. Mais on ne peut pas toujours avoir raison, lui non plus. Parfois, ça sort carré, mais il n'est pas menaçant. Il y a tellement de poules mouillées, dans la vie. Mais, pour se former une personnalité, pour foncer dans la vie, il faut que tu rencontres une fois dans ta vie un gars comme Régis Labeaume, qui va t'essayer pour voir jusqu'où tu peux aller. Mais moi, je n'ai jamais hésité à poser mes questions, au caucus, ou lors des rencontres. Évidemment, avec son caractère, sa franchise..., ça a marché comme ça a marché. Mais, avec Richard Côté et François Picard, ça ne nuit pas. Il n'y a aucun doute qu'il y a des décisions qui se prennent, mais ils nous renseignent. Ils expliquent ce qui s'en vient, avant de le sortir publiquement. »

Le conseiller Simoneau affirme que les discussions à l'abri des regards peuvent être animées: « Ce que vous ne voyez pas, derrière les portes closes, c'est que c'est un gars d'équipe. Il n'aime pas la *bullshit*. Il aime savoir ce qu'on va apporter le soir au conseil. Paul-Christian [Nolin] et Louis Côté peuvent te ramener, si c'est délicat ou s'il n'a pas le temps. Et souvent il y a un dossier particulier qui est confié à quelqu'un. Mais des plantes vertes ? Non. »

L'actualité donne néanmoins matière à douter de l'existence d'une marge de manœuvre significative pour les conseillers de l'Équipe Labeaume. À la question posée par Baptiste Ricard-Châtelain, du journal *Le Soleil*, à savoir si Québec est toujours de la prochaine course afin d'obtenir les Jeux olympiques, la conseillère municipale Julie Lemieux répond avec franchise: « En 2022, non. [...] Ce n'est pas dans les plans, mais on va voir les choses aller pour la suite[110]. »

La conseillère Lemieux, membre du comité exécutif, s'est apparemment échappée puisque les réactions n'ont pas tardé. Le matin même de la parution de l'article faisant état de la position de la Ville, l'attaché de presse du maire, Paul-Christian Nolin, a été dépêché pour corriger le tir et éviter la catastrophe. Celui-ci a indiqué que Québec n'a pas abandonné la lutte olympique, contrairement à ce que la conseillère a révélé au journaliste. L'attaché de presse « a indiqué que Mme Lemieux avait exprimé une opinion personnelle qui ne reflétait pas celle des différents intervenants au dossier ».

Une opinion personnelle ?

Personne n'a été convaincu par la sortie de l'attaché de presse Nolin. On aura plutôt compris que Julie Lemieux a dit la vérité un peu trop tôt. La Ville de Québec savait bien que la pression serait énorme, notamment de la part du président du Comité

110. « Candidature olympique de 2022 : Québec abandonne la course », Baptiste Ricard-Châtelain, *Le Soleil*, 6 juillet 2011.

olympique canadien, Marcel Aubut, qui bataille pour réaliser le rêve olympique. En effet, le président Aubut n'a pas apprécié: « C'est une déception très forte pour moi de voir que l'entente n'est pas respectée[111]. »

La pauvre conseillère a bien tenté de réparer les pots cassés. Le lendemain, 7 juillet, elle fait son mea culpa, devant les membres de la presse.

« J'ai exprimé une opinion personnelle que j'aurais dû garder pour moi. Je pense que c'était une erreur de le dire parce que ça a créé beaucoup de confusion dans ce dossier-là[112]. »

Julie Lemieux a même pris soin de préciser aux journalistes qu'elle « n'a pas été réprimandée par le maire[113] ». Le principal intéressé confirme la chose. Il déclare au *Journal de Québec*: « Je ne l'ai pas disputée... Je n'ai pas eu besoin de rien lui dire, elle était tellement malheureuse. Elle a offert de s'excuser, j'ai dit si tu as le courage de t'excuser, c'est très honorable[114]. »

La tendance se maintient

L'affaire Clotaire Rapaille, la « saine crainte », l'expulsion d'Yvon Bussières, les « fourreurs de système », la « question stupide », « j'la battrais », « m'a t'en câlisser une dans l'front », les fonctionnaires incompétents, les « grands talents », la « tolérance zéro », les menaces: toutes ces déclarations, ces frasques, ces dérapages ou ces erreurs, si nombreux soient-ils, n'ont pas

---

111. « Aubut "déçu" par la sortie de Lemieux », Simon Boivin, *Le Soleil*, 7 juillet 2011.
112. « Candidature olympique de Québec: Julie Lemieux fait son *mea culpa* », Stéphanie Martin, *Le Soleil*, 7 juillet 2011.
113. « La conseillère Lemieux fait son *mea culpa* », Karine Gagnon, *Le Journal de Québec*, 7 juillet 2011.
114. « Rencontre olympique la semaine prochaine », Nicolas Saillant et Marc-André Gagnon, *Le Journal de Québec*, 9 juillet 2011.

d'emprise durable sur l'appréciation générale des gens de Québec. La chose peut étonner, mais c'est un fait : les sondages lui sont encore et toujours favorables. C'est l'« effet Labeaume ». Un phénomène qui a cependant démarré lentement.

En campagne

Lors de la campagne électorale de 2007, le candidat indépendant Régis Labeaume n'était pas le favori : c'était plutôt la chef du RMQ, Ann Bourget, qui avait les devants. Le 4 septembre, il démarrait la campagne avec 5 % seulement des intentions de vote.

Puis, un sondage Léger Marketing, réalisé pour le réseau TVA, publié le 17 octobre 2007, indique que la chef du RMQ obtient 32 % des appuis, suivie de Claude Larose à 14 % et de Régis Labeaume à 10 %[115].

La notoriété de la chef faisait alors la différence. Mais la tendance ne se maintient pas toujours...

Le 10 novembre, *Le Journal de Québec* publie un sondage Léger Marketing qui révèle que la chef du RMQ est toujours en tête, avec 34 % des intentions de vote, mais qu'elle est suivie de Régis Labeaume et de Marc Bellemare *ex æquo* à 16 %, alors que Claude Larose est en perte de vitesse et n'en a plus que 8 %.

Caroline Roy, de Léger Marketing, déclare alors que « Ann Bourget est en avance, mais Régis Labeaume a connu une progression de six points depuis le dernier sondage. En trois semaines, c'est un bond significatif[116] ».

Régis Labeaume réalise ensuite l'impossible. Le 20 novembre, il passe à 25 % des intentions de vote, à 29 % le 27 novembre 2007 puis à 45 % le 30 novembre. Enfin, il l'emporte avec un impressionnant résultat de 59 % des suffrages et 30 points d'avance sur sa rivale. Il fait face à 24 conseillers élus sous la bannière du RMQ, mais il a remporté son improbable pari. Ainsi débutait cette nouvelle ère, l'ère Labeaume.

---

115. « Ann Bourget en avance », *Le Journal de Québec*, 17 octobre 2007.
116. « Ann Bourget mène la course à la mairie », *Le Journal de Québec*, 10 novembre 2007.

En poste

Au cours des mois, les sondages vont se multiplier afin de vérifier l'humeur des électeurs de la Capitale-Nationale. Chaque fois, les résultats du maire de Québec sont bons, voire exceptionnels.

Le 30 janvier 2008, un sondage Léger Marketing–*Le Journal de Québec* démontre un appui massif au « style Labeaume ». Le nouveau maire, fougueux et coloré, récolte un taux de satisfaction de 86 % de la part des citoyens de Québec. « Exceptionnellement élevé et très rare[117] », affirme la vice-présidente adjointe du bureau de Québec de Léger Marketing, Caroline Roy. À peine 6 % se déclarent insatisfaits.

Le 23 mars 2008, UniMarketing–*Le Soleil*–Le 93,3 dévoile les résultats d'un sondage qui révèle que 84 % des citoyens de Québec se disent satisfaits de leur maire. On en est au mythique « 100 jours » après l'élection. Régis Labeaume peut respirer aisément, son travail est toujours fort apprécié : la population lui donne une note globale de 77 %.

Les jours se suivent et se ressemblent pour le maire de Québec. Le 15 juin 2009, Léger Marketing nous apprend que le taux de satisfaction à l'endroit de Régis Labeaume se maintient, et même augmente : 91 % des citoyens apprécient le travail de leur maire. Le même sondage révèle que 81 % des électeurs voteraient pour lui s'il y avait de nouvelles élections et que 81 % estiment que le maire Labeaume respecte ses engagements. De quoi ôter l'envie à quiconque de se présenter contre lui et anéantir l'espoir du seul candidat alors sur les rangs : Alain Loubier.

« D'après un sondage paru il y a deux mois, pas moins de 67 % des gens de Québec le soutiennent, contre 5 % pour le chef d'opposition Alain Loubier. Une enquête d'Influence Communications a révélé qu'il avait eu l'an dernier plus de couverture médiatique que ses confrères des dix plus grandes villes québécoises réunis.

117. « Appui massif au "style Labeaume" », *Le Journal de Québec*, 30 janvier 2008.

Sa victoire aux élections de l'automne semble si assurée qu'on s'amuse plutôt à parier sur l'ampleur du balayage[118]... »

Le 5 octobre 2009, le portrait ne s'est pas dégradé. Nous sommes alors en pleine campagne électorale. Un autre sondage Léger Marketing vient confirmer l'impression d'un peu tout le monde : le maire Labeaume file vers un nouveau mandat.

« Dans la capitale, 49 % des 507 électeurs sondés le 30 septembre dernier ont dit avoir l'intention de voter pour un conseiller de l'Équipe Labeaume, alors que 16 % préfèrent voter pour un conseiller indépendant ou d'un autre parti lors de l'élection du 1er novembre prochain. De plus, la population de Québec semble vouloir donner un mandat absolu au maire sortant. À la question : "Partant de l'hypothèse que le maire Régis Labeaume est réélu, souhaitez-vous qu'il soit majoritaire ou minoritaire au conseil municipal ?" un pourcentage très élevé, 68 %, a répondu "majoritaire" contre 24 %, "minoritaire[119]". »

Une semaine plus tard, Léger Marketing dévoile les résultats d'un sondage qui prouve que la satisfaction des citoyens envers le maire Labeaume demeure très élevée, mais enregistre tout de même une baisse. Légère. Il passe de 91 % à 89 %...

« On observe par ailleurs une diminution de la note de satisfaction sur 10, qui est passée de 8,2 en 2009 à 7,7 cette année. "Mais ça demeure quand même une note exceptionnelle et très élevée, qui perdure dans le temps", analyse Caroline Roy, chez Léger Marketing. Comparant les résultats de 2009 et 2010, Mme Roy souligne qu'"en termes de pourcentage de citoyens qui ont accordé une note égale ou supérieure à 6 sur 10, c'est encore très élevé. Ça fait partie des notes les plus élevées que j'ai vues de toute ma carrière à sonder des municipalités", souligne-t-elle[120]. »

---

118. « La recette Labeaume, un modèle exportable ? », Isabelle Porter, *Le Devoir*, 30 mai 2009.
119. « Régis Labeaume filerait vers un nouveau mandat », *TVA Nouvelles*, 5 octobre 2009.
120. « Labeaume a toujours la confiance des électeurs », *TVA Nouvelles*, 12 octobre 2009.

Le résultat est similaire lorsque Segma Recherche–*Le Soleil* publie un sondage le 26 octobre 2009 dans un article intitulé : « Presque gagné d'avance ». On apprend que le maire sortant recueille 88 % des intentions de vote. Les nouvelles sont encore meilleures pour Labeaume puisque 81 % des sondés ont déclaré qu'il était peu ou pas probable qu'ils changent d'idée d'ici le jour du vote. « Quand on isole les répondants qui affirment que leur idée est coulée dans le ciment, les appuis au maire grimpent même à 91 %[121] », lit-on dans l'article.

Le 1er novembre 2009, le maire Labeaume est donc élu, sans surprise, pour un deuxième mandat. Par contre, l'ampleur de la victoire est impressionnante : il récolte 80 % des voix et fait élire 25 conseillers de son équipe sur 27. Des coudées très franches.

On l'a déjà souligné : en avril 2010, malgré le fiasco de l'affaire Clotaire Rapaille, le maire Labeaume « récolte toujours un taux de satisfaction vertigineux de 84 % auprès de ses commettants. Un score quasi identique à celui qu'il obtenait il y a un an. La portion des gens "très satisfaits" est même en hausse de 34 % à 40 %[122] ». C'est le maire téflon sur lequel aucune frasque ne colle.

Il faut attendre jusqu'en novembre 2010 pour percevoir un « léger » changement dans l'humeur populaire. Les déclarations de Régis Labeaume à propos des « fonctionnaires incompétents » commencent à lui faire mal. Un peu. Les intentions de vote chutent de 5 % par rapport à novembre 2009. Le taux de satisfaction est de 83 %. Rien pour inquiéter le maire, lui qui a été élu avec 80 % des voix, mais le sondeur Raynald Harvey parle néanmoins de « lumière jaune ».

« Cinq pour cent, c'est significatif, même si ça demeure théorique parce qu'il n'a pas de candidat devant lui », dit le sondeur. Donnée plus troublante, 12 % des gens ayant voté pour

---

121. « Presque gagné d'avance », Ian Bussières, *Le Soleil*, 26 octobre 2009.
122. « Un blâme et un pardon, pour un "maire téflon" », Simon Boivin, *Le Soleil*, 3 avril 2010.

Labeaume en 2009 disent maintenant qu'ils voteraient pour un autre candidat. « Ce n'est pas alarmant, mais on voit qu'il y a un *pattern* de gens moins satisfaits, surtout chez les plus de 65 ans, qui voudraient plus d'opposition. Ça m'amène à conclure qu'il a perdu des plumes dans la dernière année par certaines actions[123]. »

On ne parle pas de déclin, mais simplement d'un besoin de réajustement. Il lui faut éviter de se mettre les pieds dans les plats, lit-on. Les frasques du maires expliquent que plus des deux tiers (69 %) des répondants estiment maintenant qu'une opposition plus forte le rendrait plus efficace.

Puis, en mai 2011, l'étoile du maire ne pâlit que très peu. Selon un sondage Segma–*Le Soleil*, 80 % des répondants sont satisfaits de leur maire.

« Si le taux de satisfaction du maire a légèrement fléchi, le président de Segma Recherche note au passage qu'il a obtenu son plus haut niveau de "très satisfaits" depuis son arrivée à la barre de Québec en décembre 2007, avec 48 %. Auparavant, Régis Labeaume n'avait jamais vu plus de 40 % des sondés lui démontrer une telle satisfaction. "C'est exceptionnel, s'étonne M. Harvey. J'ai déjà vu de hauts taux de satisfaction, mais un citoyen sur deux qui se dit très satisfait, c'est incroyablement élevé." À l'inverse, seulement 7 % se disent "pas du tout satisfaits" et 11 %, "peu satisfaits[124]". »

Rien de surprenant alors à lire, le 20 avril 2011 dans *Le Soleil*, que Régis Labeaume est le politicien en qui les Québécois ont le plus confiance, selon un sondage Harris/Décima réalisé pour le magazine *Sélection du Reader's Digest*. Il figure au 7e rang sur 25 personnalités publiques, devant Jack Layton (9e), Amir Khadir (10e), loin devant Gérald Tremblay (21e) et Jean Charest, au tout dernier rang...

---

123. « "Lumière jaune" pour Labeaume », Pierre-André Normandin, *Le Soleil*, 12 novembre 2010.

124. « Taux de satisfaction toujours très élevé », Pierre-André Normandin, *Le Soleil*, 24 mai 2011.

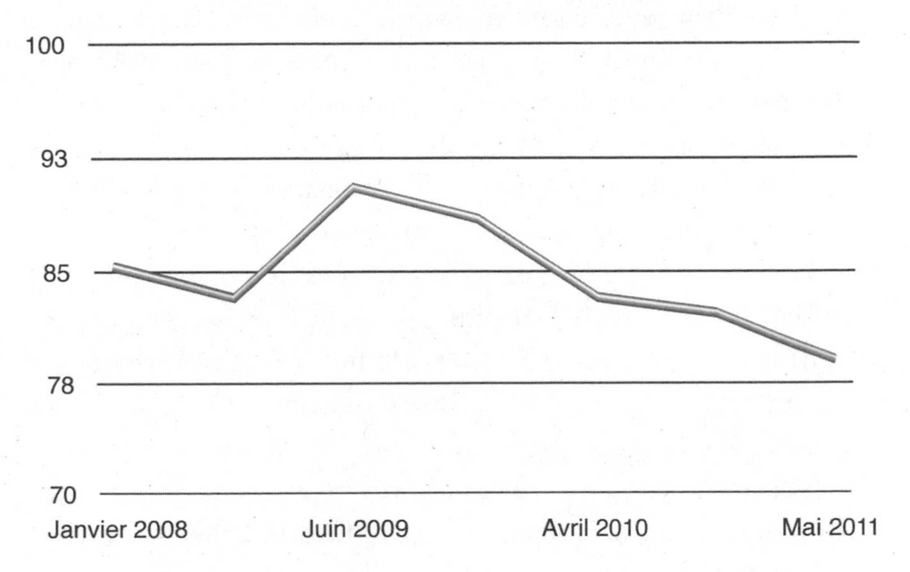

Denis de Belleval réagit aussitôt qu'on lui parle de la popularité du maire, qui ne se dément pas, de sondage en sondage.

« Kadhafi aussi était populaire, il y a 10 ans. Tous ces grands populistes, Berlusconi, Sarkozy un bon bout de temps, c'est toujours le même phénomène. Ces gars-là arrivent, ils disent : "J'ai pas la langue de bois, on va mettre les fonctionnaires au pas, on va arrêter de gaspiller votre argent..." Et, ensuite, bin ça organise des *partys*. Les succès du 400e, tu peux pas te tromper : tu fais venir McCartney, Metallica... les plaines vont être pleines ! C'est la vieille recette romaine du pain et des jeux ! Ça a toujours marché. Tout ça, à coups de millions. Il a trouvé la recette : tu prends des dizaines de millions, tu les mets dans des spectacles. Les gens confondent ça avec le dynamisme de la Ville. Mais elle ne se développe pas plus, elle perd probablement de l'argent en termes économiques, mais les gens s'amusent ! Le Festival d'été était là avant ; le 400e, il ne l'a pas inventé... Il a ajouté le Cirque du Soleil, il a prolongé le Moulin à images... L'excitation première est en train de s'amoindrir, mais il n'y a aucune analyse des coûts-bénéfices. »

L'animateur de Radio X Denis Gravel croit que « c'est un appui artificiel. Parce que, le jour où le dossier de l'amphithéâtre tombera, où le retour des Nordiques ne sera plus un beau rêve et que ça n'arrivera pas, j'ai l'impression que l'appui pour Labeaume va se replacer à un endroit un peu plus logique ».

Gravel constate néanmoins l'extraordinaire popularité du maire Labeaume auprès des citoyens de Québec :

« Quand il dit : "OK, on s'est trompés, le Forum universel des cultures, on ne le fait plus", je pense que les gens apprécient ça. Je pense que son front de bœuf quand il revire un animateur, nous autres, ça nous dérange, ça dérange les médias, mais j'ai l'impression que le monde trouve ça drôle. C'est comme ça qu'ils veulent se faire représenter. Il y a beaucoup de gens qui critiquent la façon de faire Labeaume, mais, quand on regarde les taux d'appui, il faut que ça rejoigne une méchante proportion de gens. Et, quand Labeaume se promène en ville, c'est une superstar. »

Son coanimateur, Jérôme Landry, se souvient d'avoir pu observer personnellement le phénomène.

« Je l'ai vu, à Expo Québec. Ça a pris au moins une heure. C'étaient les autographes, les photos avec les matantes, les enfants... As-tu déjà vu la mairesse Boucher ou le maire L'Allier faire ça ? Pourtant c'étaient des personnages que tout le monde connaît. C'était comme un joueur de hockey ! C'est assez unique au Québec. Il n'y a pas beaucoup de politiciens comme ça. Et lui, il se prête à ce jeu-là, on dirait qu'il aime ça ! Il y a une marge entre être réélu et être sollicité comme une *rockstar*. Gérald Tremblay a été réélu, mais ce n'est pas une *rockstar*. Il y a une méchante marge entre les deux. »

Ainsi, la popularité du maire Labeaume est indéniable. Beau temps, mauvais temps, sa cote se maintient auprès des citoyens. Rien d'étonnant alors à le voir tirer profit de la situation pour faire avancer un dossier majeur comme le projet d'amphithéâtre. Le soutien des électeurs de Québec dont il jouit lui donne sans doute le courage de pousser tout opposant dans ses derniers retranchements. La question est : Quand aura-t-il posé le geste de trop ?

Chapitre quatre

« Labeaume Center »

L'amphithéâtre : la pièce maîtresse

Plusieurs seront d'avis que le nouvel amphithéâtre de Québec constitue LA pièce maîtresse de l'œuvre en devenir du maire Labeaume. Elle fait figure de symbole. On peut penser que l'avenir politique de Régis Labeaume dépend presque de l'aboutissement de ce projet. Cette perception est peut-être exagérée, mais le politicien semble prendre un grand soin de mousser l'importance de l'amphithéâtre pour la capitale. Il est... capital.

De toute évidence, le projet est ambitieux. Les chiffres parlent d'eux-mêmes. Un projet de 400 millions de dollars (si tout va bien !), dont 187 millions provenant de la Ville de Québec. L'objectif est de se doter d'un nouvel amphithéâtre pour 2015, qu'il y ait une équipe professionnelle de la Ligue nationale ou non. Le maire fait preuve d'audace puisqu'il engage la Ville à éponger tout dépassement de coût. Autrement dit, elle assume tous les risques financiers, le gouvernement fédéral ayant refusé d'y injecter de l'argent et le gouvernement du Québec ayant limité sa participation à 50 % de la facture, pour une somme maximale de 200 millions de dollars. Le pari est énorme.

D'autant plus que, comme garantie, le maire offre... sa compétence. Pour rassurer les journalistes qui le pressent de questions concernant les risques, le maire, agacé, répond qu'ils feront bien leur travail et que l'on verra « si on est compétents ».

Mais le maire a confiance en lui et en ses moyens. Il a imposé un plan, qualifié de virage budgétaire radical, notamment en ce qui a trait à la gestion de la dette et comptant sur des compressions de plus de 200 millions de dollars sur 10 ans. Il met également dans la balance le fait que tout investissement du privé doit réduire d'autant la facture de la Ville.

Le journaliste économique Pierre Couture voit également les effets collatéraux, les retombées d'un projet d'une telle ampleur.

« C'est important parce que c'est aussi lié à la relance d'un quartier qui ne va nulle part. Selon moi, il va réussir son pari parce que beaucoup d'argent sera généré par les investissements privés, par les taxes provenant de nouveaux immeubles dans le quartier, les restaurants, les hôtels. C'est un peu ce qui s'est passé à Pittsburgh, le modèle économique que j'ai pu observer. Il y a de nouveaux bâtiments, des hôtels à proximité de l'amphithéâtre. Ça va devenir un quartier de divertissement. »

N'empêche que, si le passé est garant de l'avenir, des doutes peuvent exister. Depuis son arrivée au pouvoir, en décembre 2007, au lieu de diminuer le budget de la Ville, le maire Labeaume l'a plutôt haussé de presque 177 millions de dollars. On estime les nouvelles dépenses à 300 millions en trois ans. Il affirme vouloir mieux les contrôler.

Il a le droit de changer.

And the winner is...

Outre la question de savoir si la construction aura bel et bien lieu, l'autre point fondamental concernant l'amphithéâtre était de savoir quelle entreprise privée voudrait déplier les millions de dollars nécessaires pour avoir le privilège de voir son nom trôner majestueusement tout en haut de l'auguste édifice.

Sans grande surprise, c'est Quebecor qui remporte la mise. L'entreprise québécoise, dirigée par Pierre Karl Péladeau, gérera l'amphithéâtre, en retour de quoi elle aura le droit d'en faire le « Colisée Quebecor » pendant 25 ans.

Le contrat lui-même a ceci de particulier: il met beaucoup l'accent sur le retour d'une équipe de la LNH. Tous y voient un grand intérêt, à commencer par la Ville elle-même qui recevrait non pas 33 millions, mais 63,5 millions de la part de Quebecor si les Nordiques remettent les patins sur la glace. Selon le maire, sans club, la Ville perdra 600 000 $ par année. Avec un club, elle engrangera des bénéfices de 5 millions de dollars par année. Facile de comprendre tout cet intérêt...

Pourtant, le maire avait fait un pari un peu audacieux. Il a voulu provoquer les choses, bousculer, en annonçant la construction, sans argent du privé. Cette idée lui ressemble: ne pas rester là, impuissant, les bras croisés à attendre. Il faut agir! La stratégie a fonctionné. La pression s'est fait sentir, ce qui a sans doute poussé Quebecor à conclure un marché. Labeaume s'en tire plutôt bien, car on avance que le géant investira près de 200 millions de dollars sur 20 ans.

L'entente recueille certains avis favorables. Philippe Cantin, de *La Presse*, écrit que « le maire Labeaume avait promis aux gens de Québec la construction d'un nouvel amphithéâtre de concert avec le secteur privé. Il remplit ses engagements. Son plan financier est cohérent. Pour les contribuables de Québec, le risque semble minimal, pourvu que les avocats aient bien rédigé les contrats[125] ! »

Mais le *deal* inquiète à quelques égards. On imagine aisément les risques liés à la convergence, car le potentiel dont dispose Quebecor est énorme. Certains font des appels à la prudence.

Plus dur dans ses critiques, l'ancien directeur général de la Ville de Québec, Denis de Belleval, se montre très préoccupé par le possible conflit d'intérêts entre le maire et le patron de Quebecor. Il s'étonne de la nouvelle proximité entre les deux hommes, partenaires du futur amphithéâtre, rendue palpable grâce au voyage à Las Vegas, organisé pour aller voir un spectacle

---

125. « Quand Régis Labeaume passe la rondelle », Philippe Cantin, *La Presse*, 2 mars 2011.

de notre Céline nationale : « “[M. Labeaume] continue des relations étroites d'amitié et d'affaires avec quelqu'un avec qui il doit ensuite négocier un contrat en bonne et due forme, a dit M. de Belleval. Et ce contrat risque de donner lieu à des conflits. On connaît la réputation de M. Péladeau, ce n'est pas un négociateur mou[126].” »

Denis de Belleval a rédigé une lettre, publiée dans les journaux, dans laquelle il fait une importante mise en garde. Tout le « cirque » entourant la construction éventuelle du nouvel amphithéâtre lui laisse une impression de déjà-vu. Comme s'il revoyait des films dans lesquels il avait joué, à titre de ministre.

« Dans sa version originale, j'avais un rôle d'acteur de soutien. L'action se situait à Montréal, que des gens bien intentionnés voulaient doter d'un nouvel aéroport. Notre équipe était chargée de faire en sorte que le Québec tire le meilleur parti de ce projet qui devait créer 60 000 emplois. Nos études révélèrent qu'il n'en serait rien. Le chiffre était de zéro en longue période et de quelques centaines à court terme. Quant aux coûts, ils étaient largement sous-estimés. Pire, Montréal n'avait nullement besoin d'un nouvel aéroport, sauf politiquement parlant. Nos patrons ne l'ont pas trouvé drôle ! Dans sa deuxième version, je n'étais que figurant, le tournage de Mirabel me retenant à plein temps ou presque. Son sujet : la construction de la mère de tous les amphithéâtres pour les Jeux olympiques de Montréal. Les ingénieurs de la Ville de Montréal nous faisaient savoir discrètement que les coûts avaient été grossièrement sous-estimés, qu'il fallait interrompre sa construction sous peine de désastre. Les économistes ajoutaient, pour faire bonne mesure, que les Jeux ne créeraient aucun emploi en longue période et fort peu à court terme. Leur rapport mentionnait l'existence probable de bénéfices intangibles, tels

126. « Un ex-DG s'inquiète de la proximité entre Labeaume et Péladeau », Alexandre Robillard, *La Presse canadienne*, 21 mars 2011.

l'euphorie populaire, le sentiment d'appartenance, la fierté d'une ville, etc. Peine perdue, la raison politique l'emportait sur la raison tout court, au moment où le mot "fin" (un euphémisme) apparaissait à l'écran. [...] Pourrions-nous faire autrement, en faisant une croix sur d'hypothétiques néo-Nordiques, avec un amphithéâtre neuf de 12 000-15 000 places, bien équipé, au coût de 200-250 millions de dollars, disons ? Un équipement pour nous et non pour les autres ? Ne pas voir petit, seulement voir juste ? Pour le bien public à long terme en lieu et place d'un populisme navrant ? Pourquoi pas[127] ? »

Chose certaine, l'amphithéâtre constitue la pièce maîtresse à laquelle doit acquiescer tout élu préoccupé par le désir de longévité politique. *Honni soit qui mal y pense !* La devise de l'Ordre de la Jarretière s'applique à merveille ici. Il y a bien eu des auditeurs pour exprimer des réserves ou des craintes, par-ci par-là, surtout à Montréal, mais la bonne entente est généralement de mise. Aussi, tous les politiciens, ou presque, ont défilé pour dire à quel point ils appuyaient le projet d'amphithéâtre. Le maire de Québec a bien profité de la situation et de sa popularité pour forcer les serments d'allégeance. Tous ont pris position en faveur du projet : le gouvernement du Québec, le Bloc Québécois, le Parti québécois, etc. Les élus fédéraux de Québec aussi ont dit appuyer le projet.

Mais l'histoire peut encore nous réserver des surprises captivantes. Énormes...

La vengeance est douce

Les conservateurs de la région de Québec se sont sans doute mordu les pouces en apprenant que leur gouvernement n'allait pas contribuer à l'érection du nouveau Colisée. On imagine facilement la panique au bureau de la ministre Josée Verner, elle

127. « Un air de déjà-vu », Denis de Belleval, *Le Soleil Cyberpresse*, 12 février 2011.

qui avait pourtant fait un retentissant *photo up*[128] arborant le chandail des Nordiques de Québec, à l'instar de ses collègues Steven Blaney, Daniel Petit, Sylvie Boucher, Jacques Gourde, Bernard Généreux, Denis Lebel et Jean-Pierre Blackburn. Cette opération charme, la moins subtile du monde, s'est rapidement transformée en supplice : l'Ouest canadien n'accepte pas que le gouvernement injecte des sommes dans l'aventure. Un véritable tollé. On devine le malaise.

Dans les journaux, on laisse entendre que l'opération charme s'est déroulée à l'insu du premier ministre Harper. On indique que « le député Steven Blaney a confirmé, hier, au *Journal de Québec* que le bureau du premier ministre Stephen Harper ne savait pas qu'ils allaient revêtir ces chandails, la semaine dernière. "C'était une petite surprise", a-t-il lancé ».

Qu'il soit permis d'en douter fortement. Il suffit de revenir quelque peu sur les articles, les nouvelles faisant état de l'emprise, pour le moins forte, du conseiller Dimitri Soudas et de la très nette tendance de Stephen Harper à tout contrôler pour en conclure que jamais ces députés n'auraient osé pareille initiative. Une source, mi-sérieuse, mi-blagueuse, affirme « qu'ils doivent obtenir une autorisation pour chaque déclaration publique ». Comment imaginer qu'ils puissent faire un tel coup d'éclat dans le dos du premier ministre ?

Coincés, ils ont tout de même réitéré leur appui au projet d'amphithéâtre. Comment pourraient-ils oser affirmer le contraire, eux qui ont été la cible de Régis Labeaume, qui croyait que les conservateurs de la région de Québec allaient en payer le prix ?

En effet, en fermant la porte au financement de l'amphithéâtre, le maire a jugé que les conservateurs adoptaient une « position suicidaire ». Même le premier ministre Charest a estimé

---

128. Un *photo up* est un terme désignant une séance photo organisée pour les membres de la presse.

que le fédéral venait de manquer le train. Vraisemblablement, dans la région de Québec, ils allaient le payer très cher.

Sauf que...

La vague orange

... sauf que c'était sans compter sur ce vieux Jack. Le scénario électoral a été des plus surprenants. Les résultats ont dépassé toutes les attentes. Le maire Labeaume a vu juste, les conservateurs de Québec ont payé le prix. Mais le diagnostic n'est probablement pas le bon. Ce n'est pas tant pour venger l'amphithéâtre que les gens leur ont indiqué la sortie, mais plutôt parce qu'ils ont fait comme les autres : le tsunami orange a fait son œuvre.

Ainsi, Josée Verner, Daniel Petit et Sylvie Boucher ont été défaits. Idem pour le sympathisant conservateur, relativement indépendant, André Arthur.

C'est donc Jack Layton, le chef du NPD, qui est venu brouiller les cartes électorales. Seule la rive sud de Québec a résisté aux charmes de Jack, en réélisant Steven Blaney et Jacques Gourde.

L'influence du maire serait-elle moins forte qu'on le croyait ? Difficile d'être catégorique. Cependant, ils ont été nombreux à écrire dans les journaux que l'« effet amphithéâtre » n'était plus tellement un enjeu, au fur et à mesure que la campagne électorale fédérale avançait. Comme si, parce que Labeaume avait décidé d'aller de l'avant sans le fédéral, les gens ne voyaient plus la pertinence de chercher des coupables. « On va l'avoir, notre Colisée, de toute façon. Pourquoi se fâcher ? » pourrait-on dire.

Denis de Belleval, dont la bataille juridique est à la source de tout le remue-ménage orchestré par le maire Labeaume, affirme :

« Il s'est rendu compte qu'il s'était avancé, qu'il s'enliserait et que le fédéral, ce ne serait pas si facile que ça. Mais il a été chanceux, Jean Charest lui a donné 200 millions comme ça ! Il n'y a jamais un gouvernement qui a donné 200 millions comme ça à n'importe quel maire dans n'importe quelle ville ! C'est tout un concours de circonstances qui fait que, finalement, le type s'en tire. Labeaume se rend compte que, du côté du fédéral ça ne marche pas... C'est alors qu'entre en scène monsieur Péladeau. Il passe quasiment pour un bienfaiteur qui vient sauver Québec. Il dit que le maire est un négociateur tellement dur qu'il lui a arraché le cœur... et tout le monde embarque ! Les radios-poubelles, *Le Journal de Québec*, alors que de l'opposition, il n'y en a pas. C'est formidable. C'est ça, de la dictature. Mais ça va nous coûter une beurrée. »

Dommages collatéraux

Ainsi, Régis Labeaume profite d'une conjoncture qui lui est favorable. À l'évidence, il a pu forcer la main de bien des « collègues », plus faibles politiquement, afin d'en tirer un avantage. Jean Charest est certainement l'exemple le plus frappant. Un genou, sinon les deux, au sol, le premier ministre du Québec, fort impopulaire, a sans doute vu dans le projet d'amphithéâtre une bouée de sauvetage lancée par le maire Labeaume. Il a mordu à l'hameçon et n'a pas hésité à s'engager pour la somme de 200 millions de dollars. Pour comprendre l'état d'esprit du premier ministre, ne citons que ce sondage paru le 14 mars 2011 dans le quotidien *Le Devoir*, révélant que 79 % des Québécois sont insatisfaits de Charest. « En février, 77 % des Québécois se disaient insatisfaits du gouvernement Charest. Ils sont maintenant 79 %, soit 8 personnes sur 10. Il s'agit d'un nouveau record depuis que Léger Marketing surveille cet indice. À peine 17 % des Québécois sont heureux du travail du gouvernement[129] », lit-on dans ce sondage.

Catastrophique. Vulnérable et fragile, Jean Charest cherche depuis longtemps comment remonter dans l'estime des Québécois. L'amphithéâtre de Québec, le Plan Nord... il tendra la main aux plus offrants. « C'est sûr que Labeaume a

129. « 79% des Québécois sont insatisfaits de Charest », Alec Castonguay, *Le Devoir*, 14 mars 2011.

profité de la faiblesse conjoncturelle des libéraux, mal aimés partout dans l'opinion, éclaboussés par les scandales... et voici que le politicien le plus populaire au Québec en ce moment se met à encenser Jean Charest sur la place publique. Mais tout le monde fait des calculs, en politique. Tout le monde cherche à voir où est son intérêt. En ce sens-là, Labeaume n'est pas différent des autres politiciens », observe le chroniqueur François Bourque.

Le maire de Québec a aussi été en mesure de mettre beaucoup de pression sur les élus de la région, particulièrement les conservateurs. Ils ont tous été menacés de payer le prix électoral, advenant leur refus de soutenir financièrement l'amphithéâtre. On connaît la suite. Régis Labeaume a aussi joué dur, notamment avec la ministre fédérale Josée Verner. À de multiples reprises, ces deux-là se sont échangé quelques flèches par médias interposés.

Le résultat de ces prises de bec ? À la une des quotidiens de Québec, dont *Le Journal de Québec*, on lit que « Verner boude la région[130] ». « Mon travail ne sera pas la défense des intérêts de la région de Québec », déclare la nouvelle sénatrice, en substance. Bien sûr, on met d'abord tout cela sur le compte de l'amertume de Josée Verner, qui semble déterminée à bouder les gens de sa région qui ont décidé de lui montrer la porte, quelques semaines plus tôt lors des élections générales. Une porte de fermée, une autre qui s'ouvre pour elle, à 132 300 $ par année, plus indemnités.

La situation est un peu étrange, puisque, de son côté, l'attaché de presse du maire Labeaume, Paul-Christian Nolin, est plus positif. Il croit que la nouvelle sénatrice « va défendre les intérêts de la région auprès du gouvernement et du caucus conservateur ». Étant donné la réaction de l'ex-ministre, il est permis d'en douter...

130. (À la une), *Le Journal de Québec*, 19 mai 2011.

Outre l'amertume et l'esprit revanchard de Josée Verner, les choix stratégiques du maire Labeaume ont donc des conséquences. La sénatrice ne collaborera pas. Certes, on peut se consoler en pensant que la nouvelle fonction de Josée Verner ne lui conférera pas beaucoup de pouvoir d'action. Que pourra-t-elle réellement ? Il faudra plutôt se rabattre sur les ministres, dûment élus, au Québec pour apprécier le pouvoir d'influence du maire Labeaume. Trouvera-t-il des oreilles attentives ? Chaque politicien fait des calculs, disait-on.

Il faut peut-être simplement attendre de voir ce que les besoins du moment et la conjoncture leur dicteront...

Chose certaine, pour Pierre Boucher, adversaire connu du maire Labeaume, la stratégie consistant à mettre autant de pression sur les autres ordres de gouvernement n'est pas la façon de faire idéale.

« C'est pas comme ça qu'on traite avec les gouvernements quand on est une ville, explique Boucher. Quand on est une ville, on est proche du terrain, proche du citoyen, mais on n'a pas l'argent, à cause du système fiscal qui est le nôtre. Il faut aller chercher des fonds chez les gouvernements, il faut les mettre dans le coup. Il les pousse au pied du mur, avec l'amphithéâtre. Il a réussi avec Charest parce qu'il est tellement désespéré. Le PQ aussi. Je pense qu'ils savent que ça ne se fera pas. »

« Jean Cournoyer a comparé Labeaume à Jean Drapeau en disant que Labeaume se comporte avec les ministres du Québec et du fédéral comme Jean Drapeau se comportait avec les ministres, dans le temps. Et il sait de quoi il parle : il était ministre à cette époque », fait remarquer Marc Roland, ancien attaché politique du RMQ.

L'amphithéâtre : la saga

Le dossier qui illustre le mieux la pression que peut exercer le maire Labeaume sur ses collègues politiciens est sans contredit la construction du nouvel amphithéâtre. La saga, qui ne cesse d'évoluer de jour en jour, offrant d'incessants rebondissements, pourrait nourrir une série télévisée. *Colisée, la téléréalité...*

On sent bien l'« effet Labeaume » dans ce dossier. Sa façon de mener sa barque, contre vents et marées, pour forcer les politiciens à se compromettre est tout simplement fascinante. La députée Agnès Maltais, du Parti québécois, a accepté de porter le ballon pour le maire Labeaume, en s'offrant pour présenter un projet de loi privé à l'Assemblée nationale. Non, si puissant soit le maire Labeaume, il n'a pas le pouvoir de présenter lui-même une loi au Parlement. Il a besoin d'un député de l'Assemblée nationale. Puisque l'hôtel de ville de Québec est dans sa circonscription, Agnès Maltais s'est avérée un choix logique.

Logique, mais inusité. Pas qu'en soi le geste soit inusité, mais la situation, elle, laisse perplexe. Le Parti québécois a saisi l'occasion pour monter au front et appuyer le maire Labeaume avec un caucus « unanime ». Pourtant, dans les journaux, on prend soin de relever le malaise qui semble exister chez certains élus péquistes. Calcul politique ? Évidemment. Ils pourront toujours se défendre en disant que c'est ce que la population souhaite. Or, un représentant, élu, est là pour exaucer les vœux de la population. Non ?

Certes.

L'opposition à l'hôtel de ville dénonce depuis le début l'entente Quebecor/Ville de Québec. Il va sans dire que l'épisode du projet de loi privé a suscité de vives réactions chez les trois conseillers indépendants. Ils l'ont qualifié de « loi matraque ».

En somme, ce que souhaite Régis Labeaume, c'est mettre l'entente conclue avec Quebecor à l'abri de la contestation en empêchant toute poursuite concernant sa validité. « Nous ne permettrons pas à une minorité de gâcher le rêve de la majorité de la population[131] »,

131. « Amphithéâtre de Québec : une loi pour sécuriser l'entente ? », Karine Gagnon, *Le Journal de Québec*, 17 mai 2011.

a expliqué le maire de Québec. On l'aura compris, la minorité a un nom. La démarche vise à écarter les Denis de Belleval de ce monde du chemin menant à la LNH. C'est que l'ancien directeur général de la Ville de Québec estime que l'entente est illégale, qu'elle viole la Loi sur les compétences municipales. Il a demandé à la Ville d'annuler le contrat, sans quoi il s'adresserait aux tribunaux.

Le maire a donc pris le bâton de hockey de pèlerin et entrepris de convaincre l'Assemblée nationale de s'interposer afin de mettre en échec les opposants. Puisque le projet de loi doit emprunter le chemin rapide, Régis Labeaume n'a d'autre choix que d'obtenir le consentement unanime des députés à son dépôt.

En bref, demander à des démocrates d'interdire la contestation. La situation laisse sans voix !

Le projet a suscité des réactions. Le chroniqueur Michel David a écrit que « le PQ a coiffé le bonnet d'âne pour avoir accepté de parrainer le projet de loi spécial du maire Labeaume visant à mettre son entente avec Quebecor à l'abri de toute poursuite judiciaire, mais c'est toute l'Assemblée nationale qui est maintenant victime d'un chantage éhonté[132] ». Il déclare maintenant que le maire de Québec est un « maître chanteur ».

De son côté, le blogueur Patrick Lagacé a servi quelques pointes aux députés du PQ. Dans son billet intitulé « Les moutons », il écrit :

« Aujourd'hui, je lis la déclaration du député de Drummond, à qui on a demandé de rester dans le troupeau, dans le dossier Régis/Quebecor : "Je suis d'accord pour être solidaire de mon caucus. Je suis en faveur de ce que mon caucus décide et je n'ai pas envie de discuter de ça davantage."

Pis, Yves-François, t'aimes ça, être un mouton ?

Il y a d'autres moutons, dans le feuilleton du Colisée II.

Nous tous.

---

132. « Le maître chanteur », Michel David, *Le Devoir*, 21 mai 2011.

Nous, qui acceptons que l'argent de nos taxes serve à subventionner la construction d'amphithéâtres pour des équipes de sport professionnel. En cela, le troupeau est grand comme l'Amérique : du Missouri à la Californie, les contribuables sont heureux de payer les amphithéâtres du sport professionnel.

[...]

Moi-même, je suis un de ces moutons. À ma petite honte, je suis d'accord pour que 200 millions de nos taxes servent à financer un amphithéâtre qui pourrait un jour accueillir une équipe de la LNH.

Mais si ce n'est pas trop demander, j'aimerais qu'on me respecte dans mon intégrité de mouton. J'aimerais qu'on me flatte un peu avant de me tondre. J'aimerais savoir qui va me tondre, qui aurait aimé me tondre, à qui on vendra ma laine, selon quels termes...

Régis Labeaume, maire postmoderne, citoyen assumé de ce monde non idéal où on fait des cadeaux au sport professionnel, a géré la sélection de Quebecor comme le PDG d'une multinationale qui ne reçoit d'ordres de personne.

Puis, un citoyen de Québec, Denis de Belleval, mouton noir, a commencé à bougonner. Cette entente entre la Ville de Québec et Quebecor est immorale et illégale, a-t-il jappé, je songe à la contester en cour.

Le maire-PDG a pris peur. Des tractations judiciaires pourraient faire peur à la LNH, pourraient mettre en péril l'implantation d'une équipe à Québec. La LNH n'aime pas quand les moutons rechignent, comme à Phœnix, tiens...

D'où sa demande d'obtenir, de toute urgence, un condom législatif qui permettra de faire avorter toute contestation juridique des moutons noirs[133]. »

Le « charme » et la détermination de Régis Labeaume sont tels qu'il a finalement réussi à amadouer les parlementaires de

---

133. Patrick Lagacé, *Cyberpresse*, 20 mai 2011.

l'Assemblée nationale: « L'opération séduction qu'a menée le maire Labeaume cette semaine a porté [ses] fruit[s], tous les élus de l'Assemblée nationale ayant accepté, contre toute attente, que soit déposé son projet de loi privé sur l'amphithéâtre[134]. »

Le député Amir Khadir, chef de Québec solidaire, s'était d'abord opposé à la démarche en se montrant peu sympathique à l'endroit de Quebecor et de la teneur de l'entente entre le géant des communications et la Ville de Québec. Puis, à force d'arguments, on a pu faire changer le député de cap. Décision qu'il explique ainsi: « Comme démocrate, [je pense] qu'au moment où on se parle, après toutes ces journées d'attente, bien des gens ont des questions. Ce serait opportun qu'on puisse étaler tout ça de manière démocratique, devant les représentants du peuple à l'Assemblée nationale. Cette possibilité de bloquer la loi entière n'a pas été perdue[135]. »

Là réside la stratégie du maire: son argumentaire est établi autour du fait que l'on doive d'abord permettre aux parlementaires de poser toutes les questions. Ensuite, on juge...

Régis Labeaume n'a pas manqué d'écorcher au passage les députés indépendants Éric Caire et Marc Picard qui s'étaient eux aussi d'abord opposés au dépôt de cette loi privée: « Ils jouent une *game* politique, c'est condamnable. Je demande à toute la population de les convaincre de revenir sur leur décision. Ils font une grave erreur. Ces gens-là sont en train de nuire à la région en ne permettant même pas qu'on puisse s'expliquer devant les parlementaires[136]. »

On imagine la pression extraordinaire qu'ont ressentie les deux députés...

Les deux hommes sont finalement revenus sur leur décision. Parce que, soutiennent-ils, le communiqué émis par le ministère

---

134. « Labeaume remporte son pari », Karine Gagnon et Geneviève Lajoie, *Le Journal de Québec*, 20 mai 2011.

135. *Id.*

136. *Id.*

des Affaires municipales expose l'avis des juristes du ministère qui ne considèrent pas, contrairement à ce que le ministre Laurent Lessard avait pourtant laissé entendre quelques jours plus tôt, que l'entente est illégale. Extrait du communiqué émis le 19 mai 2011 :

« Dans ce dossier, deux interprétations juridiques peuvent être soutenues. D'une part, celle de la Ville de Québec qui consiste en une combinaison de contrats de gré à gré et des baux de location à long terme, tous conformes aux lois municipales. D'autre part, celle du ministère qui consiste en un contrat global de services pour assurer la gestion et l'exploitation de l'ensemble de l'amphithéâtre qui aurait dû être assujetti à un processus d'appel d'offres public en vertu de la Loi sur les cités et villes.

En ce sens, le ministère considère que l'approche de la Ville de Québec semble s'apparenter à une mise en concurrence et ne peut être qualifiée d'appel d'offres public, cependant une telle approche pourrait être valable. En effet, la Cour d'appel a déjà considéré qu'une mise en concurrence qui ne répondait pas strictement aux exigences prévues pour les soumissions publiques pouvait tout de même respecter l'esprit de la loi. »

À la suite de quoi, Régys Caron, du *Journal de Québec*, déclare :

« Moi, ça m'inquiète de voir la façon dont le maire agit. Il a négocié une entente avec une entreprise privée. Une entente qui, de toute évidence, mérite d'être examinée par des avocats parce que ce n'est peut-être pas légal. Le ministre des Affaires municipales a émis de sérieux doutes sur la légalité de l'entente. Fort d'un appui populaire important, le maire Labeaume agit dans ce dossier en se disant : "Je ne suis peut-être pas légal, mais j'avance quand même et une fois rendu à la limite, je demanderai au gouvernement de me mettre à l'abri." C'est ce qu'il a fait. Quand il a vu que ça tiraillait, il a dit : "Si vous ne me donnez pas raison avec le projet de loi 204, je n'en fais pas, de Colisée." C'est un autre de ses ultimatums, en disant au gouvernement du Québec : “Si je n’ai pas la protection légale que je vous demande, oubliez le Colisée.” Mais le gouvernement venait de promettre 200 millions de dollars. Je pense que ça va finir par miner sa crédibilité, si ce n’est pas auprès de la population, ce sera auprès des pouvoirs publics. Et ça s’appelle du chantage. On fait chanter un gouvernement et un Parlement en entier. »

Le *morning man* de Radio X, Denis Gravel, sait que, malgré tout, l’attachement des citoyens de Québec envers les Nordiques est tel que « les gens sont prêts à faire beaucoup de sacrifices sur leurs propres valeurs pour aller au bout de ce dossier. Je le vois. Des gens qui ne veulent jamais que leurs impôts montent vont dire : “OK, au pire ça coûtera 100 millions de plus et on le payera avec nos taxes !” ». Son coanimateur, Jérôme Landry, est du nombre : « Moi, c’est ça. Je suis prêt à ce que mon compte de taxes augmente pour payer le Colisée. C’est fou ! »

Ce coup de cœur fait faire à l’animateur Denis Gravel une amusante comparaison :

« C’est le gars, dépendant affectif, dont la blonde est partie, qui, pour la reprendre, est prêt à faire n’importe quoi. C’est un peu ça, la relation de Québec avec les Nordiques. Même s’il y a quelque chose de malsain, c’est la volonté du peuple. Tu ne peux pas vraiment te battre contre ça. Alors qu’on est très bons pour être 50-50 sur tous les débats et les dossiers à Québec et au Québec, en voilà un dans la région pour lequel tout le monde est prêt à pousser dans le même sens. Même nous, on s’est retrouvés avec de drôles d’alliés, par moments. Des Pierre Karl Péladeau à CHOI, c’était techniquement impossible ! Des conversations amicales avec Agnès Maltais... C’est pour ça que c’est un dossier extraordinaire pour Régis Labeaume, ça permet d’aller au-delà de tout : des erreurs, des dépassements de coût... Ça mobilise trop de monde. Tant que les gens auront espoir que les Nordiques reviennent, ils vont avoir de la misère à enlever Régis Labeaume. C’est *all in*. Ça prend des couilles de béton pour faire ça. Tu vas vivre ou mourir à partir de cette décision-là, tous nos œufs dans le Colisée. Et, en même temps, c'est conséquent avec ce qu'il nous a vendu pendant la campagne électorale. »

Le journaliste Régys Caron concède :

« Tout le monde s'entend pour dire qu'il en faut, un Colisée à Québec. Ça fait consensus. Tout le monde souhaite avoir une équipe de hockey, les Nordiques de Québec, comme cerise sur le sundae. Mais on s'y est pris d'une façon telle qu'on se retrouve encore une fois dans un psychodrame, alors que je pense que l'on aurait pu éviter ça. Winnipeg a son équipe, son aréna, mais il n'y a pas eu de psychodrame. Mais on se retrouve ici dans un psychodrame où les parlementaires, les législateurs sont mis au pied du mur. Il y a une urgence nationale. Mais l'urgence n'a pas été démontrée. Et on fait chanter un Parlement au complet. Moi, je trouve que c'est dangereux pour l'institution qu'est le Parlement, notre institution par excellence qui représente la démocratie ; c'est le législateur. Là, on se retrouve avec une Ville — ce n'est pas une *business*, une Ville, en passant — qui fait des affaires avec une entreprise privée. C'est tout à fait légitime, mais il y a des lois. Les villes doivent observer les lois, elles obligent les citoyens à les respecter. Si les lois ne sont pas bonnes, qu'on les change ! Si monsieur Labeaume a eu l'oreille du gouvernement du Québec pour obtenir 200 millions de dollars pour un Colisée, pourquoi il ne l'obtiendrait pas pour changer les lois ? Pourquoi ne pas les changer au lieu d'agir à l'avance et de se retrouver à mettre tout le monde dans l'eau bouillante, parce qu'il y a plein de monde qui ont mal paru là-dedans : des ministres, des députés, le premier ministre, des gens qui ont passé pour des empêcheurs de tourner en rond, alors que ces gens-là, ils ont une légitimité ? »

Selon notre source, qui connaît les milieux politiques et économiques, à force de pousser ses partenaires à bout, Régis Labeaume risque de faire payer la Ville de Québec pour ses méthodes.

« Les désirs de Régis semblent moins prioritaires... avec le projet de loi 204, monsieur Charest l'a reporté à l'automne, puis Sam Hamad qui dit que le TGV passe avant le tramway... ce qui veut dire que Labeaume n'aura pas un sou pour ça. Et les conservateurs, en lui disant non, ont probablement gagné 15 sièges en Ontario. Et s'il y a de nouveaux besoins qui nécessitent de l'investissement, les gouvernements diront qu'il faut maintenant servir la région de Montréal. Donc, là, il n'y a plus de rapport de force, à mon avis. Il fait de l'ombre à bien des gens, mais ça ne plaît pas. Même l'UMQ a commencé à interférer avec le projet de loi 204. Le plan de mobilité, pourquoi il ne le présente pas ? J'ai l'impression que de grosses *games* se jouent présentement. Si au moins Labeaume était respectueux, s'il travaillait en équipe. Il faut négocier avec ses partenaires, mais lui, il envoie promener tout le monde. »

Ils réagissent à Régis

Et la population dans tout ça ? Régis Labeaume profite de sondages toujours favorables, disions-nous ? Cette fois ne fait pas exception. *Le Soleil* a publié, le 24 mai 2011, un sondage afin de connaître la perception des gens de Québec par rapport aux démarches du maire pour protéger l'entente avec Quebecor. Résultat : ils l'appuient sur toute la ligne ! Les faits saillants sont :

Les deux tiers (65 %) des 1 830 personnes sondées estiment que l'Assemblée nationale devrait adopter le projet de loi privé présenté la semaine dernière par Régis Labeaume afin d'empêcher toute contestation judiciaire de l'entente.

Les deux tiers (67 %) des sondés estiment que les négociations avec Quebecor ont été menées avec suffisamment de transparence.

Plus de la moitié (56 %) des répondants croient plutôt que l'accord est gagnant-gagnant pour la Ville et Quebecor.

Près des trois quarts (72 %) des répondants pensent que les critiques nuisent aux chances de Québec d'attirer une nouvelle équipe.

Les deux tiers (65 %) des sondés croient toujours que la Ville devrait aller de l'avant avec son investissement de 187 millions de dollars dans la construction d'un nouvel amphithéâtre[137].

« Les gens rejettent au passage les principaux arguments des opposants au projet, estimant que les négociations ont été faites avec suffisamment de transparence et que l'accord obtenu est "gagnant-gagnant" », lit-on dans l'article. On fait également mention du fait que « le sondeur y voit un tour de force du maire, qui a réussi à convaincre sa population que les règles et lois en place empêchent la Ville de brasser des affaires de manière efficace, comme dans le privé ».

Visiblement, les citoyens ne sont pas du même avis que Philippe Cantin, de *La Presse*, dont la chronique du 2 février 2011 portait le titre : « Nouveau Colisée : une opacité inquiétante ».

« Il est fascinant de constater combien le projet est mené différemment à Edmonton. Quatre réunions du conseil municipal ont permis aux citoyens d'obtenir des informations de première main sur le dossier. Les modèles de financement envisagés sont connus et débattus publiquement. Le propriétaire des Oilers, Daryl Katz, a effectué une présentation aux élus et répondu à leurs questions. Il n'existe aucune raison pour que les choses se déroulent de façon diamétralement opposée à Québec[138]. »

Le tour de force est impressionnant. Régis Labeaume a réussi à convaincre la majorité des gens de Québec de la légitimité de sa démarche et de sa façon de faire. Faisant référence aux députés indépendants Caire et Picard, le même chroniqueur Cantin écrit : « Aujourd'hui, ils s'interrogent sûrement sur le prix politique à payer s'ils maintiennent leurs réserves face au projet de loi. Le tribunal de l'opinion publique réserve des pièges aux politiciens.

---

137. « Amphithéâtre : la population appuie le maire Labeaume sur toute la ligne », Pierre-André Normandin, *Le Soleil*, 24 mai 2011.
138. « Nouveau Colisée : une opacité inquiétante », Philippe Cantin, *La Presse*, 2 février 2011.

S'opposer à ses conclusions est très risqué.» Le tout-puissant maire de Québec dispose de l'espace dont il a besoin pour mener les choses comme il l'entend, malgré les détracteurs.

Derrière cet appui inconditionnel se cache l'affection profonde pour l'ancienne équipe de la Ligue nationale qui occupait le Colisée. Afin de profiter de l'engouement des citoyens, la Radio X de Québec a créé la *Nordiques nation*. Même l'animateur Denis Gravel est surpris de la réponse du public: «Je ne m'attendais pas à ça. On a créé la *Nordiques nation*, on s'est dit: "On va avoir 32 *rednecks* nostalgiques des Nordiques, ça va être drôle", mais non... il y a 85 000 membres, c'est quelque chose! C'est un dossier sportif, culturel, religieux, politique, et un paquet de gens qui ne s'intéressent pas à la politique, à la culture ou aux sports vont s'intéresser à ce dossier-là. Tu rejoins une foule de gens qui ne le sont pas autrement. Il a touché la fibre émotive.»

Si la population de Québec rêve du retour des Nordiques, le projet de loi privé, quant à lui, en dérange certains. Le 19 mai 2011, *Cyberpresse* publie des commentaires à ce sujet. On y trouve des réponses cinglantes.

«Régis Labeaume ne respecte pas la loi, il fait la loi! Combien de temps encore aurons-nous à supporter un maire qui monte à la tribune pour accuser un peu tout le monde de "grand talent", de farfelu, de stupide ou d'incompétent? Combien de temps aurons-nous à "subir" ce premier magistrat qui brandit la menace d'une mise en demeure à quiconque ose dénoncer ses façons de faire? Combien de temps devrons-nous endurer celui qui sollicite l'aide des élus provinciaux pour bâillonner les citoyens qui questionnent une entente conclue sous le couvert de la confidentialité pour la gestion d'un amphithéâtre qui engloutira 400 millions de dollars de fonds publics?»

– Pierre Simard, professeur à l'École nationale d'administration publique à Québec

«Régis Labeaume est un peu le Jean Drapeau du XXIe siècle. Tout comme lui, il ne tolère pas que l'on s'oppose à ses projets grandioses. En ce qui me concerne, sa demande de projet de loi privé ayant pour objet l'interdiction de toute contestation judiciaire de l'entente entre la Ville de Québec et Quebecor sur la gestion du futur amphithéâtre est d'une absurdité consommée, d'autant plus que les avocats du ministère concerné croient que ladite entente pourrait être illégale. [...] "J'ai vu les détails. Alors, faites-moi confiance, car je ne peux les divulguer." Jean Drapeau avait perdu de sa crédibilité en fin de règne pour avoir agi de la sorte. Si Régis Labeaume continue à vouloir régner en dictateur, la même chose pourrait lui arriver. »

– Gaétan Frigon, président exécutif de Publipage inc. et ancien président-directeur général de la Société des alcools du Québec et de Loto-Québec

« Le bourgmestre de Québec demande à l'Assemblée nationale, avec l'aide du caucus péquiste dont il est un membre honoraire, de priver les citoyens de leurs droits fondamentaux pour tuer dans l'œuf l'opposition à son rêve de ramener les Nordiques à Québec afin de "sécuriser la LNH". Cette requête témoigne d'un mépris de la démocratie indigne d'un élu et constitue un outrage aux contribuables. Le droit des citoyens de consentir aux taxes et de demander la vérification des dépenses gouvernementales remonte à la Grande Charte de 1215. Il serait grotesque qu'on les en prive pour satisfaire à la monomanie d'un édile. La chose est d'autant plus choquante que la nécessité de bâtir un nouvel amphithéâtre n'a toujours pas été démontrée de manière satisfaisante. »

– Marc Simard, professeur d'histoire au collège François-Xavier-Garneau à Québec

« Pour la société civile, le recours aux tribunaux demeure bien souvent l'ultime moyen pour faire reconnaître ses droits, on l'a vu dans de nombreux cas reliés à l'environnement. Par sa démarche, ce que propose le maire Labeaume, c'est de bâillonner toute opposition de la part de la société civile par rapport à une entente qui, pour certains, serait douteuse. Position discutable, compte tenu des enjeux en présence. »

– Daniel Gill, professeur agrégé à l'Institut d'urbanisme de l'Université de Montréal

L'éditorialiste de *La Presse*, François Cardinal, adopte sensiblement les mêmes propos dans un texte intitulé « Le maire-roi », dont voici des extraits.

« [...] Prochaine étape, la Loi sur les mesures de guerre ? Ne rions pas. Il ne semble plus y avoir de limites à la mégalomanie du maire de Québec, pas plus qu'il ne reste de jugement aux élus provinciaux lorsqu'il est question de la capitale et de ses caprices. [...] Suspendre le droit d'ester en justice est un geste d'une extrême gravité, un acte exceptionnel qui doit le demeurer. [...] Dans le cas qui nous occupe, cette manœuvre est d'autant plus déplacée qu'il s'agit d'un immense projet frôlant le demi-milliard, financé à même les poches de l'ensemble des contribuables du Québec. Ces "actionnaires" ont donc, tout à fait légitimement, le droit de poser leurs questions, de s'interroger sur le processus, de creuser l'entente en détail avant qu'on leur soutire autant d'argent. [...] Un tel geste d'à-plat-ventrisme paverait évidemment la voie à toutes les dérives potentielles, des dérives contre lesquelles le système judiciaire est justement censé s'ériger[139]. »

« *I have a dream...* »

Il est également possible de mettre de la pression sur la population au grand complet. Il faut se rappeler qu'à l'aube de la campagne électorale municipale de 2009, le maire Régis Labeaume a fait un pari : l'élection référendaire. « Pas de mandat fort, pas de nouveau Colisée », dit-il. L'avertissement très clair a été lu et entendu partout. Ce n'est pas une menace à peine voilée. Elle n'est pas voilée du tout.

---

139. « Le maire-roi », François Cardinal, *La Presse*, 18 mai 2011.

« Le maire de Québec explique qu'il veut un message clair de la population à l'effet qu'elle l'appuie et appuie son projet. Et, pour lui, un mandat clair se traduit par une majorité confortable et par un taux de participation supérieur à 30 %, aux élections municipales. Sinon, dit-il, il se retrouverait dans une position intenable lorsqu'il irait demander aux gouvernements les 350 M $ qu'il veut les voir investir dans le projet de nouvel amphithéâtre.

Cette déclaration du maire Labeaume a fait bondir la chef de l'opposition, Anne Beaulieu. Selon elle, après avoir voulu gérer son personnel par la crainte, le maire veut maintenant manipuler la population de Québec et gouverner la Ville par la crainte[140]. »

Le procédé est fort. Il peut sembler légitime, mais paraît presque brutal présenté ainsi : « C'est toujours le danger quand tu veux faire une élection référendaire, répond François Bourque. Quand tu votes pour quelqu'un, ce n'est pas pour une seule idée mais pour l'ensemble de l'œuvre. C'est sûr qu'il y avait un côté démagogique à forcer la note pendant la dernière campagne en disant : "J'ai besoin d'un mandat fort, sinon oubliez votre rêve." »

Pas de mandat fort, pas de Colisée. Pas de Colisée, pas de beau rêve. Pas de beau rêve... le cauchemar.

L'animateur Denis Gravel, de Radio X, note l'audace dont le maire Labeaume a fait preuve, en se lançant en campagne électorale en misant tout sur le Colisée de Québec.

« Il avait mis le Colisée dans la balance. Et ça, ce n'était pas juste. C'est devenu l'enjeu électoral, tout le reste est passé en dessous. Le développement à Québec, le tramway, les écoquartiers... Il y a un paquet de choses qui sont cachées par le monstre du Colisée. Et, pendant la campagne, il l'a dit : "Si vous voulez le Colisée, c'est moi et mon équipe." C'est conséquent. Il a fait des élections là-dessus. Je le lui donne : c'est pour ça qu'il nous a

140. « Pas de mandat fort, pas de nouveau Colisée, dit le maire Labeaume », *TVA Nouvelles*, 19 octobre 2009.

demandé de voter et c'est pour ça qu'il travaille. Vite, tout croche, peut-être, légalement ou illégalement, mais c'est le dossier qu'il a choisi de mettre de l'avant. Il a été conséquent avec le chantage qu'il a décidé de faire, qui n'était pas très juste pour les électeurs. Mais on a le résultat de ce pour quoi on a voté. »

Là est tout le « génie » du maire de Québec. Il a fait de l'amphithéâtre un dossier phare. S'en est servi pour pousser ses collègues dans leurs derniers retranchements. Une façon de faire qui agace, sans doute, et qui a fait dire, par exemple, que les gens de Québec ont été kidnappés par le maire pour mousser le projet de nouveau Colisée. Le chroniqueur François Bourque n'est pas de cet avis.

« Si les gens de Québec ont été kidnappés, ils ont l'air de souffrir tous en même temps du syndrome de Stockholm, parce qu'ils ont l'air de bien vivre avec ça. Je ne pense pas que Labeaume pousse le projet d'amphithéâtre contre la volonté des citoyens de Québec. Il a flairé quelque chose. C'est sûr que le phénomène de la radio est important à Québec. Les radios les plus bruyantes à Québec, ce sont des radios de gars, d'amateurs de hockey, de sports. Ces gens-là ont été très vite sensibles à l'idée de ramener une équipe de hockey. Et un amphithéâtre, c'est pour quoi ? Pour du hockey et des *shows* rock. On est en plein dans le créneau de cette clientèle-là. Labeaume l'a très bien saisi. Ces radios ont adhéré à son projet et en ont fait la promotion. À une certaine époque, les radios tapageuses allaient systématiquement contre le pouvoir public à Québec, alors que là, c'est plutôt le contraire. Donc, il profite de ça, et les citoyens, en majorité, ont adhéré au projet d'amphithéâtre. »

Marche bleue, *Nordiques nation*, manifestations diverses de support au projet : on sent effectivement un soutien à la construction de l'amphithéâtre à Québec. Unanime ? Certainement pas. Nous l'avons vu, le sondage du *Soleil* le prouve en parlant d'un appui de 65 %. Alors posons la question fondamentale : Les gens veulent-ils l'amphithéâtre ou pas ? Bien entendu, si le maire perçoit que c'est là le souhait populaire, il fait le choix de tenter le coup. Comme s'il se disait : « Pourquoi on ne peut pas faire plaisir aux gens ? Est-ce qu'on va me blâmer de leur donner ce qu'ils veulent ? » En démocratie, on a aussi le droit de se tromper, diront les cyniques. Et si les gens de Québec avaient raison ?

Pour Jérôme Landry, de Radio X, avec le Colisée, le maire de Québec fournit la preuve qu'il n'est pas comme les autres.

« C'est la première fois que j'ai l'impression qu'un maire m'écoute, qu'un maire écoute les gens ordinaires, la classe moyenne, le payeur de taxes, qui réussit à parler aux familles... Avec le Colisée, il a réussi à parler à ce monde-là, à faire vibrer la classe moyenne. À mon avis, c'est la première fois en 30 ans à Québec. Même si ça ne marche pas, et là il va trouver le moyen de mettre ça sur le dos de quelqu'un d'autre, je pense que les gens vont toujours lui être un peu reconnaissants d'avoir au moins essayé. »

Chose certaine, « l'effet Labeaume » est bien concret : « Il a réussi à faire changer le discours de la Ligue, note le journaliste Pierre Couture. Lorsqu'on appelait à la Ligue nationale, on ne nous rappelait même pas. Même le commissaire de la Ligue, Gary Bettman, parle de Québec comme étant une possibilité où on pourrait voir évoluer une équipe pendant deux ans dans un vieux Colisée, le temps que la construction du nouvel amphithéâtre se fasse. Ce sont des choses qu'on n'entendait plus depuis plusieurs années. »

Ultimatums

Le public peut avoir envie de quelque chose, mais il est également possible de lui forcer la main. On peut, à force de persuasion, le convaincre qu'il le désire vraiment. Le dossier de l'amphithéâtre met en lumière ce qui constitue, peut-être, la stratégie de négociation privilégiée de Régis Labeaume. Le maire de Québec, plus souvent qu'autrement, impose des ultimatums.

Pendant la campagne électorale, en 2009, il s'était servi de l'attachement des gens de Québec au projet d'amphithéâtre pour leur balancer un ultimatum limpide : Régis Labeaume a déclaré vouloir obtenir une majorité claire au conseil municipal, une « majorité solide », sans quoi il abandonnerait le projet d'amphithéâtre. Il est revenu sur sa déclaration, par la suite, mais il est permis de croire que les électeurs de Québec ont bien compris le message : ils lui ont offert 25 conseillers sur 27.

« Quand il a fait la dernière campagne électorale, autour du Colisée, explique l'animateur Denis Gravel, nous, on voyait déjà le genre de personnage. En ondes, on disait que le meilleur scénario serait d'avoir Régis Labeaume comme maire, mais entouré de beaucoup de conseillers indépendants pour casser les décisions qui n'auraient pas de sens. Nous, on a fait campagne assez ouvertement en disant : "Votez pour des indépendants, *challengez* Labeaume autour de sa table." Mais les gens ont décidé de voter Labeaume majoritaire avec son équipe majoritaire. »

Il a également exploité la méthode pour forcer les politiciens à prendre position avant le 31 décembre 2010, toujours à propos de l'amphithéâtre. C'était, disait-il, à prendre ou, autrement, c'est lui qui allait nous laisser. « Après le 31 décembre, trouvez-vous un autre maire », a-t-il abondamment répété. La stratégie était plutôt un bluff puisque le maire Labeaume a finalement repoussé son ultimatum afin de se laisser le temps nécessaire pour convaincre les investisseurs privés d'embarquer dans l'aventure du nouvel amphithéâtre.

L'ultimatum s'adressait principalement au gouvernement fédéral, qui laissait planer le doute quant à sa participation financière à la construction. On connaît la suite. Le fédéral a dit non. Le premier ministre Stephen Harper a peut-être pressenti la « vague orange » avant tout le monde, car il a préféré ne pas froisser son électorat de l'Ouest.

Le maire de Québec n'allait pas s'arrêter ici. Il a choisi de diriger son ultimatum vers les membres de l'Assemblée nationale. « Le temps presse, il faut aller vite, vite. » Il ne faut surtout pas laisser le temps au commissaire de la LNH, Gary Bettman, de douter de la candidature de Québec. Le Bonhomme Sept Heures menace de s'enfuir avec notre équipe...

Le maire-roi, le PDG de Québec, le dictateur... La « méthode Labeaume » donne à plusieurs l'impression que le maire dirige sa ville comme s'il était à la tête d'une entreprise. Elle provoque, certes, son lot de critiques, mais donne par contre à plusieurs l'impression que Régis Labeaume se tient debout. Il ne fait aucun doute que ce trait de caractère est beaucoup mis de l'avant. Nombre de commentateurs et de gens l'ont évoqué.

Or, parmi les détracteurs, il s'en trouve pour parler de ses ratés. Régis Labeaume, disent-ils, a pris soin de ne pas froisser le fédéral lors des célébrations du 400e de la Ville de Québec. Les connotations nationalistes ont été proscrites. Le fleurdelisé était un participant plus que discret, rappelle Denis de Belleval, ex-directeur général de la Ville de Québec : « Au 400e, il a fait un super Festival d'été. Mais toute la partie appartenance, historique, sociale, d'où l'on vient et où on va ? Escamotée. On est la capitale du Canada, de l'Amérique française. On n'en a pas parlé. Au contraire, on a laissé le gouvernement fédéral récupérer l'affaire et le maire n'a pas dit un mot. »

Les commentaires contre la présence du Britannique Paul McCartney ont été enterrés. On s'est contentés d'une fête. Gentille. Voilà pourquoi les détracteurs du maire Labeaume se plaisent à lui rappeler que ses efforts n'ont pas empêché le fédéral de refuser de participer à la construction du nouveau Colisée.

Ainsi, qu'il soit docile ou qu'il emploie les ultimatums, force est de constater que le maire Labeaume n'a pas autant d'ascendance qu'on pourrait l'imaginer auprès du gouvernement fédéral.

Est-ce que l'on craint le maire de Québec ? Chaque politicien fait des calculs...

Comme le maire Drapeau

Cette saga du nouveau Colisée et la « méthode Labeaume » a fait faire au chroniqueur Réjean Tremblay une intéressante comparaison, mentionnée précédemment. Il voit, lui aussi, chez le maire de Québec certaines ressemblances avec Jean Drapeau. Le chroniqueur remonte au printemps 1971, moment où le jeune journaliste qu'il était rencontre le maire de Montréal. Il voit dans la réponse de Jean Drapeau un modèle d'opération similaire à celui du maire de Québec. « Les Montréalais m'ont élu pour quatre ans. Ils m'ont élu pour gouverner et pour prendre des décisions. Dans quatre ans, je leur rendrai des comptes et s'ils ne sont pas satisfaits, ils me mettront dehors. Mais en attendant, ce n'est pas le FRAPRU [Front d'action populaire en réaménagement urbain], la CSN [Confédération des syndicats nationaux], la FTQ [Fédération des travailleurs du Québec] ou les éditorialistes qui vont me dire quoi faire. Qu'ils se fassent élire s'ils veulent former l'opposition[141]. »

Réjean Tremblay n'est pas le seul à avoir songé à cette comparaison. Elle a même été évoquée, de temps à autre. Il est difficile de ne pas retenir les idées négatives qui y sont cependant associées. En effet, comment ne pas penser au Stade olympique et au gouffre financier sans fond qu'il fut pour Montréal — et le Québec tout entier — et ne pas s'inquiéter de voir la scène se répéter avec le projet d'amphithéâtre ? Bien entendu, on présume que l'être humain apprend de ses erreurs. Mais un politicien récidiviste, est-ce que ça existe ?

Denis de Belleval l'a pourtant écrit, dans les journaux, qu'il y avait là une sorte de déjà-vu.

Qui m'aime ne me suive

Toute cette énergie, tous ces coups d'éclat n'auront pas été perdus. Le maire Labeaume a finalement réussi, jusqu'à un certain point, à convaincre les élus de le suivre, à l'unanimité, dans son aventure.

Les députés de l'Assemblée nationale ont convenu, comme le souhaitait le maire de Québec, d'accepter que le projet de loi, la « loi Labeaume », fasse l'objet d'un traitement accéléré le conduisant

141. « Les méthodes du maire Drapeau », Réjean Tremblay, *La Presse*, 2 mars 2011.

devant une commission parlementaire. Le processus ne garantissait cependant pas son acceptation, au bout du compte. Au contraire, la commission parlementaire devait permettre aux intervenants, notamment ceux qui s'opposent au projet de loi, de se faire entendre. La démarche a notamment fait dire au maire Labeaume, en point de presse, qu'il « y a des spécialistes à cinq cennes qui vont avoir beaucoup de couverture, qui vont devenir des *stars* d'un jour[142]. »

L'espoir de ces opposants s'est pourtant avéré vain. Puisque les rebondissements sont monnaie courante dans cette saga, le ministre des Affaires municipales, Laurent Lessard, avait un lapin dans son chapeau. Il a décidé d'inclure la loi visant à protéger l'entente entre la Ville de Québec et Quebecor (la « loi Labeaume ») dans la loi omnibus de fin de session. La tactique, souvent employée, s'appelle le « bâillon ». Du coup, les délibérations devenaient inutiles. « L'affrontement sanglant entre le pourfendeur de l'entente et ses promoteurs, qui devait permettre de vider la question, n'aura jamais eu lieu[143]. » *Le Journal de Québec* a qualifié la chose de « *show* de boucane », à la une de son édition du 3 juin 2011.

Mais le *show* n'était pas terminé...

Le malaise à l'intérieur du Parti québécois allait bientôt s'avérer insoutenable, au point d'éclater au grand jour. Le chef libéral ne pouvait rêver mieux pour voir son adversaire perdre de la vigueur. On dit souvent que le Parti québécois est celui qui a la plus forte tendance aux crises internes et aux déchirements en public. Bref, il n'a pas besoin d'ennemis, le PQ sait très bien se faire mal lui-même. L'épisode de la « loi Labeaume » en est une autre parfaite illustration. Les effets ont été des plus inattendus.

La chef du Parti québécois, Pauline Marois, a fait un bien coûteux pari, celui de suivre le maire de Québec, tête baissée. En

---

142. Entendu sur les ondes de CHOI FM, le 31 mai 2011.

143. « Par décision partagée », François Bourque, *Le Soleil*, 3 juin 2011.

exigeant de son caucus un appui unanime, en imposant la ligne de parti, elle a provoqué le départ de quatre de ses députés : Louise Beaudoin, Pierre Curzi, Lisette Lapointe et Jean-Martin Aussant. Ils seront suivis, deux semaines plus tard, par Benoit Charette. Si le député Aussant affirme que l'appui inconditionnel à l'amphithéâtre n'est pas la raison de son départ et que le député Charette part parce que le PQ met de côté la question nationale, les trois autres ont clairement admis que le type de direction préconisée par la chef du PQ et son entourage ne leur était dorénavant plus supportable. Si la « loi Labeaume » n'est pas l'unique raison, elle en est certainement le prétexte.

Le plus dur à encaisser pour la chef du PQ est peut-être la décision qu'a prise, habilement, son adversaire Jean Charest. « À la surprise générale, le premier ministre Jean Charest a annoncé qu'il refusait de forcer l'adoption du projet de loi avant l'ajournement des travaux parlementaires, demain. Il est hors de question d'aller jusqu'à imposer le bâillon, a-t-il affirmé. Il a reporté tout le débat à l'automne, laissant planer un doute sur le sort du projet de loi 204[144]. »

Même si, selon les dires du ministre Lessard, l'adoption du projet n'est qu'une formalité, l'aventure aura été désastreuse pour Pauline Marois. Forcer le jeu pour favoriser l'adoption de la loi lui aura coûté des appuis, des députés et aura miné sérieusement son leadership.

Le chroniqueur Michel David écrit, dans *Le Devoir* :

« De toute évidence, quelque chose échappe toujours à Mme Marois. Son seul regret semble être la façon dont elle a géré le dossier de l'amphithéâtre à l'interne. Sur le fond, elle semble toujours penser qu'elle avait raison de vouloir bétonner l'entente entre Quebecor et la Ville de Québec, dont l'éthique et la légalité sont également discutables. Elle en est même rendue à accuser le premier ministre Charest de "trahison" parce qu'il refuse d'imposer

144. « Le projet de loi 204 sera adopté tel quel », Tommy Chouinard, *La Presse*, 9 juin 2011.

le bâillon pour forcer l'adoption du projet de loi du maire Labeaume. Trouvez l'erreur[145] ! »

L'« effet Labeaume » est donc dévastateur pour Pauline Marois qui, bien entendu, n'avait pour intention que de profiter de la popularité du projet du retour des Nordiques de Québec et de la construction de l'amphithéâtre pour faire le plein de votes qui lui manquent cruellement dans la Capitale-Nationale. Le sondage CROP–Gesca publié le 8 juin 2011 démontre que le PQ a perdu huit points pour se retrouver alors à égalité avec le Parti libéral du Québec (PLQ). Ironie du sort : Marois gagne au passage des points dans la région de Québec, son parti prenant les devants dans les intentions de vote ! Trop mince consolation pour celle qui, selon le sondage, est invitée à quitter son poste par près des deux tiers des Québécois (62 %).

Le maire de Québec a, une fois de plus, fait ici usage de son arme préférée : l'ultimatum. Il avait à nouveau menacé de laisser tomber le projet de nouveau Colisée si l'Assemblée nationale n'adoptait pas d'ici le 10 juin une loi pour protéger son entente avec Quebecor. Avec le report à l'automne de l'adoption du projet de loi, le maire s'est trouvé coincé : il a donc choisi de continuer le combat. « Messieurs-dames, on se retrouve à l'automne[146] », a-t-il déclaré dans une courte, très courte allocution devant la presse.

Le chroniqueur François Bourque affirme que c'est le point de presse le plus expéditif qu'il ait vu, « toutes époques et tous élus confondus. Signe des temps et de sa mauvaise humeur du jour, sa déclaration in extenso aurait pu tenir dans un message Twitter de 140 caractères[147] ».

Jean Charest n'a pas cru l'argument d'urgence avancé par le duo Péladeau-Labeaume. Il a, dit-on, voulu éviter que son propre caucus lui fasse le même spectacle que celui auquel la chef

145. « Le quatrième larron », Michel David, *Le Devoir*, 9 juin 2011.
146. « On se retrouve à l'automne », Pierre-André Normandin, *Le Soleil*, 8 juin 2011.
147. « Pourquoi Charest a dit non », François Bourque, *Le Soleil*, 8 juin 2011.

péquiste a eu droit. Voilà pourquoi on a beaucoup dit dans les médias que la chef du PQ avait réussi l'exploit, avec ses mésaventures, de ramener à la vie le premier ministre le moins populaire du Canada en la personne de Jean Charest...

Le report à l'automne de l'adoption du projet de loi concernant l'amphithéâtre fut donc une surprise de taille. L'actualité ne cesse cependant d'offrir de nombreux rebondissements. Le 16 juin 2011, on apprend que le commissaire au lobbyisme, après vérification, « a des "motifs raisonnables" de croire qu'il y a eu infraction lors des négociations. Il a déclenché jeudi une enquête plus approfondie[148] ». Les premières recherches de l'équipe du commissaire François Casgrain donnent à croire qu'il y a eu des « manquements à la Loi sur la transparence et l'éthique en matière de lobbyisme ».

« Si des manquements sont constatés, un citoyen pourrait se plaindre au ministère des Affaires municipales que la Ville n'a pas respecté sa propre politique de gestion contractuelle. » Ce qui nous ramène à la bataille entre la Ville et l'ex-DG Denis de Belleval.

Mais la saga du nouveau Colisée sera sans doute le théâtre de nouveaux revirements, surtout quand on cultive l'art de se faire des adversaires. Labeaume, qui a tourné le dos dramatiquement à l'UMQ, a vu cette dernière lui rendre la monnaie de sa pièce. En apparence, du moins. Le 17 juillet 2011, la *Presse canadienne* révèle que l'UMQ considère le projet de loi 204 comme inéquitable, tel que proposé.

« L'UMQ réclame en effet que des changements permanents à la Loi sur les cités et villes soient arrêtés avant que les députés votent le projet de loi privé 204, réclamé par le maire Régis Labeaume pour son édifice multifonctionnel de 400 millions de dollars. Le président de l'UMQ, Éric Forest, a déclaré qu'il serait

---

148. « Amphithéâtre : le commissaire au lobbyisme en mode enquête », Simon Boivin, *Le Soleil*, 16 juin 2011.

inéquitable d'adopter une législation spéciale pour une ville, sans accorder également les mêmes pouvoirs aux autres[149]. »

L'article confirme que le cabinet du ministre des Affaires municipales prendra la demande en considération. Or, « des modifications permanentes à la Loi sur les cités et villes pourraient devoir cheminer à travers la procédure parlementaire avant d'être débattues en commission par les députés. Dans le cas où le gouvernement se plierait à la demande de l'UMQ, cela pourrait donc retarder l'échéancier avancé par le premier ministre ». Certains pourraient y voir une forme de règlement de compte. Est-ce que les membres de l'UMQ ont souhaité mettre une poignée de sable dans l'« engrenage Labeaume » ? Le président Éric Forest prend bien soin de spécifier qu'il ne s'oppose pas au projet de loi 204 mais en fait une question d'équité. Ce qui est bon pour un est bon pour l'autre.

« "Pourquoi y aurait-il deux poids, deux mesures? Pourquoi ne pourrait-on pas bénéficier des mêmes privilèges?" a demandé M. Forest. Selon lui, il est temps de corriger, pour l'ensemble des municipalités, l'ambiguïté entourant certains éléments de la Loi sur les cités et villes. "La démonstration est assez claire qu'il y a une dimension de la loi sur ce type de contrat-là qui n'est pas assez précisée. Il faut profiter de la situation pour clarifier ou moderniser la loi pour que ça s'applique à l'ensemble des municipalités et qu'on puisse gouverner en toute transparence", a-t-il plaidé.[150] »

Est-ce que les choses se seraient passées autrement si l'UMQ avait encore compté le maire Labeaume parmi les siens ? Chaque politicien fait des calculs, disions-nous. Parfois, il est tentant d'essayer de profiter du pouvoir d'influence du maire de Québec. Parfois, il vaut mieux l'éviter.

149. « Le projet de loi 204 est inéquitable, selon l'UMQ », Alexandre Robillard, *La Presse canadienne*, 17 juillet 2011.

150. « L'UMQ veut un projet de loi 204 pour tous », Kathryne Lamontagne, *Le Journal de Québec*, 17 juillet 2011.

Car suivre aveuglément le maire Labeaume n'est pas automatiquement synonyme de gain politique, si attrayante la chose soit-elle. Pauline Marois l'a constaté, tout comme les députés conservateurs de la région de Québec. Ces derniers ont eu beau déclarer et répéter leur appui à la construction de l'amphithéâtre, ils n'ont pu résister à la vague orange signée NPD. Ont-ils été battus parce que leur gouvernement n'a pas accepté de financer le Colisée ? Difficile d'être catégorique à cet égard. Cependant, une chose est sûre : ne pas avoir suivi Régis Labeaume n'a pas empêché les conservateurs d'obtenir la majorité qu'ils espéraient.

Quatre ans de pouvoir majoritaire : *priceless...*

Le maire Labeaume peut néanmoins inspirer sur d'autres plans. L'inspiration « administrative », par exemple. Le journal *La Presse* a révélé, le 9 juin 2011, que la Ville de Laval, pour sortir de l'impasse son projet de complexe sportif et culturel, s'est inspirée « du montage imaginé par Régis Labeaume, puis est allée l[e] présenter discrètement au ministère des Affaires municipales ». Dans un article, le journaliste Fabrice de Pierrebourg explique :

« À la suite du précédent créé par Régis Labeaume, tant Jean Charest, son ministre des Affaires municipales Laurent Lessard, et l'Union des municipalités du Québec (Gilles Vaillancourt est membre de l'exécutif de l'UMQ), veulent effacer les "zones grises" de la loi pour permettre aux municipalités de négocier semblables ententes avec un partenaire privé. Paradoxe alors qu'en même temps le gouvernement multiplie les vérifications dans les villes et resserre les règles d'octrois de contrats pour favoriser une saine concurrence[151]. »

Le calcul politique permet, en effet, de tels paradoxes. Électoralisme et clientélisme sont des clés régulièrement utilisées par les politiciens. Régis Labeaume ne fait pas exception. Il a fait la

151. « Amphithéâtre : quand Laval s'inspire de Québec », Fabrice de Pierrebourg, *La Presse*, 9 juin 2011.

preuve qu'on peut, à la fois, être perçu comme un homme d'affaires, un social-démocrate, proche des X, et être capable de séduire l'élite culturelle. Une telle habileté crée, on l'imagine, le réflexe de l'inspiration, le mimétisme, en quelque sorte. Est-ce que l'on copie Régis Labeaume ? Le journaliste du *Devoir* Antoine Robitaille répond : « Je ne sais pas. Mais j'ai entendu madame Marois se "labeaumiser" en disant : "Faut arrêter de niaiser." Et, dans la forme et dans le fond, je trouvais que c'était très Labeaume. Je ne sais pas si c'est un courant, il faut un certain tempérament qui mène à ça. On dit que son tempérament n'a pas changé depuis qu'il est au pouvoir. Je connais certains de ses amis qui disent : "Il a toujours été comme ça, Régis. C'est une personnalité assez particulière." »

Chapitre cinq

« Labeaumistan »

> ***Le meilleur argument contre la démocratie est une conversation de cinq minutes avec l'électeur moyen.***
> (Winston Churchill)

Québec : un exemple à suivre

Winston Churchill, qui fut premier ministre de la Grande-Bretagne, ne manquait pas d'humour et de cynisme. Cette citation met en relief un principe qui pourrait bien inspirer la philosophie politique du maire Labeaume. Du moins, les cyniques le diraient...

Il existe à Québec ce que l'on appelle les conseils de quartier. Il en existe un dans chacun des secteurs, autant la ville-centre que les banlieues. La paternité de ces « créatures » démocratiques revient à l'ancien maire de Québec Jean-Paul L'Allier. Elles sont l'aboutissement logique de décennies de bouillonnement à Québec, au cours desquelles les citoyens ont cherché à occuper une place dans l'espace politique. D'intenses débats ont eu lieu à l'époque du maire Gilles Lamontagne qui, alors sans un seul conseiller d'opposition devant lui, aurait dit « qu'une véritable opposition n'est pas nécessaire pour le progrès de la capitale[152] ». Mais le principe de participation citoyenne allait se développer, en dépit de la vision du maire Lamontagne.

---

152. « Le cheminement du projet de conseils de quartier à Québec (1965-2006) », Laurence Bherer, *Société québécoise de science politique*, vol. 25, n° 1, 2006, p. 38.

L'idée, proposée par le Rassemblement populaire de Québec (RPQ) dès 1977, était de favoriser la participation des citoyens, qui pourraient ainsi s'impliquer dans les décisions, en dehors du processus électoral. Le conseil de quartier « donne aux citoyens le moyen de se prémunir contre des décisions arbitraires des autorités municipales[153] ». Cette volonté citoyenne est compréhensible. L'article du professeure Laurence Bherer, de l'Université de Montréal, aborde ainsi l'état d'esprit de l'époque :

« Les thèmes de la participation et de la transparence deviennent des leitmotive de la scène politique locale dans le deuxième versant de la décennie 1980, avec l'opposition à plusieurs projets du PCQ [Progrès civique de Québec] et les accusations confirmées de malversation portées contre le maire Jean Pelletier. Les demandes de plus en plus pressantes pour une participation accrue atteignent un sommet en 1987, au moment où cinq citoyens poursuivent en Cour supérieure les autorités municipales pour favoritisme et non-respect des règles d'aménagement. L'argumentaire du groupe s'appuie principalement sur le droit à la consultation. Le juge rejette la plaidoirie des citoyens, mais les retombées de l'affaire portent préjudice au PCQ et consolident le paradigme participatif. Le discours que défend le RPQ depuis 1977 est du coup légitimé : une ville ouverte à la contestation doit offrir des espaces de participation à ses citoyens[154]. »

Avec le conseil de quartier, finalement créé au milieu des années 1990, le maire L'Allier a donc doté les citoyens d'un outil formel et concret. Ainsi, les gens de Québec profitent d'un système mixte qui intègre le modèle représentatif conventionnel (les élus) et un modèle participatif, qui permet au citoyen de s'exprimer. Une sorte d'idéal, bref.

On comprend donc que le citoyen peut intervenir, débattre, forçant le politicien à se justifier régulièrement, sans avoir à

153. *Ibid.*, p. 40.

154. *Id.*

attendre jusqu'au verdict électoral. On comprend également que la chose peut irriter les épidermes sensibles. Car, si la démocratie participative captive l'intérêt de nombre de chercheurs et scientifiques, elle n'en est pas pour autant parfaite. Un conseil de quartier a beau être seulement consultatif et non pas décisionnel, il peut tout de même déranger.

Or, l'« effet Labeaume » sur les conseils de quartier laisse plutôt songeur.

« Déconseille » de quartier

Boris Merickskay est doctorant en géographie, au Département de géographie de l'Université Laval. Sa recherche porte justement sur le processus de consultation publique à Québec. Il est particulièrement intéressant d'entendre de la bouche d'un Français, venu chez nous spécifiquement pour étudier notre processus de consultation publique, à quel point il est vrai que nous servons de modèle. Québec est beaucoup étudiée par les universitaires de ce monde, confirme le jeune chercheur.

Sa collecte d'informations lui permet de tracer un portrait assez précis de la situation actuelle : « Un conseil de quartier sert à tâter le pouls de la population, pour savoir ce que les gens en pensent, avoir leur avis. Logiquement, ça devrait servir aussi à aller chercher des idées, mais ce n'est plus tellement ce qui se passe, depuis l'administration Labeaume. Il y a eu un renversement de l'approche des conseils de quartier. »

Un conseil de quartier, en principe, ne fait pas de politique. Il est apolitique. Or, Boris Merickskay fait remarquer que certains d'entre eux ont tendance à se poser en une forme de contre-pouvoir. La chose s'explique sans doute en grande partie par le fait qu'on trouve, en certains membres de conseils de quartier, d'anciens adversaires des conseillers actuels. C'est le cas de Silva Weis (Pointe-de-Sainte-Foy), de Réjean Martel (Aéroport), de Christiane Trudel (Sillery) et de Michel Champoux (Loretteville), tous défaits lors des dernières élections. « Ces personnes se rabattent sur le conseil de quartier, pour conserver une certaine présence dans le quartier. Ça pervertit la mission du conseil de quartier, il y a dérive. La réforme, souhaitée par la mairie de Québec, concerne notamment ce point précis. Et ils n'ont pas tort», note le chercheur.

La politique s'immisce donc, l'opposition prend forme : on imagine facilement le genre de réaction que la situation provoque chez le maire Labeaume. Chose certaine, la Ville est déjà en « mode solution ». Mais on ne parle pas ici de solution finale, car le conseiller Sylvain Légaré, de l'Équipe Labeaume, promet que l'abolition des conseils de quartier n'est pas envisagée. C'est du moins ce qu'il a affirmé au journal *Le Devoir*, qui a révélé que l'administration Labeaume planchait sur une réforme. Le quotidien rapporte également les propos de ceux qui doutent de la démarche. « Le conseiller indépendant de l'opposition Yvon Bussières reproche à l'administration en place de ne pas consulter plus tôt dans le processus. Dénonçant "le comité fantôme" qui élabore le projet de réforme "en secret", le conseiller reproche à l'administration Labeaume "d'imposer des choses qui viennent d'en haut[155]". »

Monsieur Mericskay poursuit.

« Sylvain Légaré a lancé une réflexion pour restructurer les conseils de quartier, mais sans consulter les conseils de quartier. C'est comme... pas logique ! Tu fais une réflexion sur la démocratie participative, sans impliquer les premiers concernés. Qu'ils veulent modifier le fonctionnement de la démocratie participative, en même temps, ils n'ont pas tort. Je crois qu'il faut moderniser les conseils de quartier, pour impliquer davantage les gens, pour les rendre plus efficaces. Je pense que ce qui gêne, dans certains quartiers, c'est cette relation de filiation entre le conseil de quartier et les comités citoyens, qui sont quant à eux des organismes de contre-pouvoir, donc politiques, et il faut mettre

155. « Les conseils de quartier ne seront pas abolis, promet Québec », Isabelle Porter, *Le Devoir*, 4 mai 2011.

une distance entre les deux. Cette réflexion qui est faite au sein de la Ville est importante, mais il faut qu'ils aillent voir les gens des conseils de quartier. C'est obligatoire. Ils ne peuvent pas faire ça de leur côté. »

La « méthode Labeaume » à ce chapitre provoque des réactions. Au cours de ses entrevues, Boris Mericskay a eu droit à des confidences.

« C'est toujours *off the record* qu'on me confie ces choses. Je leur demande, on me dit ne pas aimer tellement le maire Labeaume, ils n'aiment pas l'équipe en place, non pas tant ce qu'elle fait que la manière dont les choses sont faites. Ils se sentent non désirés. Ce qu'on me dit, de manière générale, c'est qu'avant, sous l'administration L'Allier, c'était mieux. On nous écoutait plus, on nous prenait plus en compte. Je leur ai demandé : "Est-ce que vous avez l'impression d'être un citoyen écouté ?" La réponse est oui. "Est-ce que vous avez l'impression que votre avis est pris en compte ?" La réponse est : "Quand ça fait l'affaire de la Ville, oui. Sinon, non." »

Ces plaintes concernent également l'attitude même du maire, souligne le chercheur. « J'ai eu plusieurs de ces témoignages de membres de conseils de quartier, au fil des conversations ils me disent : "J'ai croisé le maire Labeaume, je me suis présenté à lui comme président de conseil de quartier, et lui, il répond : 'Ah, c'est vous, le chialeux !'" Ce sont des choses qui me viennent aux oreilles régulièrement. »

Ce qui frappe Yvon Bussières, conseiller indépendant, est que, selon lui, l'administration Labeaume n'a pas tendance à se servir adéquatement des outils qui sont à sa disposition, sur le plan démocratique.

« Il n'a pas utilisé les moyens qui existent, la politique de consultation publique, les instances qui existent... Si on ne faisait que mettre en application la politique sur les aînés, celle sur la sécurité urbaine, celle sur la famille, juste prendre ce qui a été fait et le mettre en œuvre, on en aurait pour 10 ans. Or, ce n'est pas de lui. Il faut que ce soit un vin de son cru, un cru Labeaume. Il veut avoir la paternité de toutes les initiatives. S'il la veut, la paternité de tout, on peut la lui donner. En autant qu'il y ait des résultats.»

La conseillère Anne Guérette ajoute:

«Monsieur Labeaume a été parachuté à la mort de madame Boucher. La Ville avait des projets, des programmes que monsieur Labeaume ne connaissait pas. Il arrive, il veut tout reconstruire. Il n'est pas capable de s'inspirer, ce qui ne veut pas dire de faire exactement comme avant, mais au moins de tenir compte de ce qui a été fait avant, simplement parce qu'il ne le connaît pas. Il a son préjugé, sur la surface des choses. Le PDAD, le Plan directeur d'aménagement et de développement, qui est un dossier majestueux, qui est un peu la vision de notre ville pour les 20 prochaines années, je suis certaine que monsieur Labeaume ne l'a pas lu.»

L'audience... publique?

Si le conseil de quartier représente, à l'occasion, une épine au pied, l'administration Labeaume lui préférera un exercice beaucoup plus retentissant et plus facile à contrôler: l'audience publique.

Il suffit de garder à l'esprit le fait que l'audience publique est gérée... par le Service des communications de la Ville, rappelle Boris Mericskay.

«Ça en dit long sur la démarche! Aujourd'hui, c'est clair, l'audience publique, c'est un exercice de communication. Il n'y a qu'à voir le Plan de mobilité durable. La chose a été faite en octobre 2010, et le rapport de consultation publique, qui est logiquement obligatoire, qui rend compte de qui a participé, qui a dit quoi, n'est toujours pas rendu public. Bientôt, ils vont déposer le document final du Plan de mobilité durable, sans avoir fourni l'étape intermédiaire qu'est le rapport de consultation publique. Et ce dernier explique ce que les citoyens ont dit. Mais, dans la décision finale, l'avis des citoyens n'est pas pris en compte.»

Changez de type d'exercice, poursuit le chercheur, vous arriverez sensiblement au même résultat. Par exemple, le Programme particulier d'urbanisme de la colline Parlementaire, dont les propositions pourraient transformer le visage de ce secteur, au cœur de la Haute-Ville.

« Dans le cas du Programme particulier d'urbanisme de la colline Parlementaire, tous les gens que j'ai rencontrés, qui ont investi du temps à produire des recommandations et des avis, dans le document final on n'en retrouve pas grand-chose. Donc là, on est vraiment dans la consultation publique, mais qui dévie vers la communication : on va utiliser l'argument de consultation publique pour communiquer autour du projet. Comme dans le cas du Plan de mobilité durable. Il y a la presse, la télévision, on dit qu'on consulte, mais en fait on ne consulte pas : on présente un document déjà ficelé. On va aller chercher quelques idées des citoyens, mais il n'y a pas d'implication en amont des citoyens. Ils disent qu'ils ont consulté, mais ce n'est pas ça. On aurait pu se servir des conseils de quartier ou des organismes communautaires. C'est ça, le problème. Il y a d'autres façons de faire. »

À bas le référendum !

Le citoyen n'est tout de même pas complètement démuni. Au contraire, la Ville de Québec peut se vanter de son ouverture à la participation citoyenne. Il existe, effectivement, des mécanismes qui permettent au citoyen de se faire entendre et même de contester. Le processus référendaire est l'exemple le plus évident. Le référendum local permet de mettre son nez dans les changements de zonage. Sauf quand l'administration en place ne l'apprécie pas...

Les journaux ont fait état de la tentative de Régis Labeaume de convaincre ses collègues de l'Union des municipalités du Québec d'abolir les référendums. Ces derniers permettent aux citoyens de s'opposer et donc de bloquer des projets dans leur quartier. La réponse du maire : « Ce qu'on dit, c'est qu'il est antidémocratique que quelques voisins puissent avoir un droit de vie et de mort sur un projet, alors que nous, on doit penser la Ville pour tout le monde[156]. »

On reconnaît là le style du maire. Catégorique, faisant fi de la plus élémentaire des nuances. Le chroniqueur François Bourque, du *Soleil*, y est allé de ce commentaire :

« Cela dit, il ne faut pas dramatiser la menace. Le maire Labeaume a beau élever le ton, la Ville de Québec n'a quand même pas été paralysée par les référendums de quartier. La Ville de Québec dispose d'ailleurs d'outils légaux pour soustraire à la "tyrannie" des référendums les grands projets qui ont une véritable incidence sur la vie de la ville. [...] Les programmes particuliers d'urbanisme (PPU) permettent aussi d'échapper aux référendums. [...] En d'autres mots, la Ville se donne les coudées franches lorsque ça compte vraiment, ce qui relativise la "menace" des référendums. Abolir le droit au référendum, c'est s'attaquer à un symbole fort de la vie démocratique locale, pour ne pas dire à une vache sacrée. Le référendum est perçu comme un rempart contre l'arrogance, les ratés ou les oublis des administrations municipales. Les citoyens ne considèrent pas qu'ils ont signé un chèque en blanc à leurs élus ou administrateurs publics. Ils veulent pouvoir intervenir en cours de route. La "menace" d'un référendum a le mérite de forcer les élus et les promoteurs à mieux expliquer les projets, à les bonifier et à en atténuer les impacts dans la vie des quartiers[157]. »

Ces outils légaux, dont parle le chroniqueur du *Soleil*, comme le programme particulier d'urbanisme, sont des mécanismes qui n'ont pas échappé à l'œil de Boris Mericskay.

« Le programme particulier d'urbanisme permet d'aller au-delà du processus référendaire, qui permet aux citoyens de se

156. « Labeaume plaide contre les référendums », Pierre-André Normandin, *Le Soleil*, 13 mai 2010.

157. « Pour en finir avec les référendums », François Bourque, *Le Soleil*, 20 mai 2010.

prononcer. À partir du moment où on a produit un programme particulier d'urbanisme, on parle de modifications de zonage en passant par-dessus les conseils de quartier. Après on ira avec un règlement omnibus, et en consultation publique on va dire au citoyen: "Voilà, c'est fait." On va pouvoir modifier des zonages sur un grand territoire, incluant de nombreux items, avec un seul document, en une seule consultation publique. Aujourd'hui, le problème du PPU, c'est un peu ça. On nous le présente comme un outil utile, on s'en sert d'ailleurs de plus en plus à Québec, tout comme à Montréal, parce qu'il permet, par ce biais de la consultation publique, d'aller au-delà du processus référendaire. »

À ceux qui s'inquiètent de l'avenir des référendums locaux, bonne nouvelle: le gouvernement du Québec a rejeté la demande de Régis Labeaume et désire les maintenir. Le maire de Québec n'a pas tout perdu: le ministère des Affaires municipales veut limiter les sujets pouvant faire l'objet de référendums et élargir le bassin des citoyens admissibles à y voter. L'idée est d'éviter qu'une poignée de citoyens puisse empêcher un projet d'intérêt public, lit-on dans les journaux. Mais la meilleure nouvelle pour le public, outre le maintien des référendums, est peut-être ceci: les villes auront l'obligation d'informer davantage les citoyens avant de changer les zonages.

Marchand de rêves: prise deux

Il existe une multitude de moyens de consulter la population ou, du moins, de donner cette impression. Sur le site Internet de la Ville de Québec, on nous fait une jolie présentation de l'exercice intitulé « Rêver notre capitale ».

« Près de 700 personnes ont partagé leur rêve avec le maire de Québec lors de sa tournée automnale de rencontres avec la population. Atmosphère détendue, gens qui aiment leur ville et en parlent avec fierté et enthousiasme, projets et rêves ambitieux, tous les ingrédients étaient réunis pour faire de ces rencontres un succès[158]. »

Sympa.

Les médias ont, bien entendu, couvert l'événement étalé sur une dizaine de séances. Les photos dans les journaux, les images à la télévision avaient tout pour charmer le public. Des enfants, souriants, avec leur bricolage à la main, des gens heureux : difficile de ne pas y voir une certaine forme de spectacle.

Pour les observateurs, il n'est pas question de verser inutilement dans le cynisme. Après tout, rencontrer les citoyens dans un contexte qui n'a rien de conflictuel n'est pas mal en soi. La question est davantage sur le plan de l'interprétation de l'exercice. Est-ce réellement de la consultation ?

Il en va de même pour le gigantesque dossier de l'amphithéâtre. Les réunions publiques sont, et la chose est évidente, des séances d'information, à la base. Le vice-président du comité exécutif de la Ville de Québec, Richard Côté, a confié ceci aux médias : « C'est pas évident de comprendre tout le plan financier, vu quand même que c'est un gros montage, on parle de 400 millions. Ce qu'on veut faire, c'est montrer à la population où on s'en va et c'est quoi sur les 20 prochaines années, le plan financier[159]. »

On spécifie pourtant que les citoyens pourront s'exprimer et poser des questions sur le projet. Ce qui n'en fait pas une consultation publique pour autant, selon Boris Mericskay.

« "Rêver notre capitale", ce n'est pas une consultation publique. Ça n'a rien à voir. J'y ai assisté. C'est de la communication. Il y a la presse, on prend des photos. Les gens interviennent et, quand ça ne fait pas l'affaire du maire, ça s'arrête là. Il y a eu des réunions publiques. Mais il faut faire une distinction : une réunion publique, ce n'est pas de la consultation. La consultation, ça suit

---

158. <www.ville.quebec.qc.ca>.

159. « Le maire va rencontrer les citoyens pour expliquer le projet de l'amphithéâtre », *Radio-Canada*, 18 mars 2011.

un cadre législatif. Avec "Rêver notre capitale", on discute avec les gens de l'amphithéâtre. J'ai regardé sur le site de la Ville de Québec, les échéanciers de l'amphithéâtre, il n'y a aucune date, aucune consultation publique. Je pense que les élus vont nous dire qu'on a déjà consulté. Ce qui est faux. J'ai assisté à une réunion, c'est une réunion d'information pour nous vendre le projet. Et la réunion était noyautée, remplie par des personnes qui étaient "pro-projet". Dès que quelqu'un opposé au projet voulait parler, on chahutait. On ne s'entendait plus. »

Effectivement, sur le site Internet de la Ville, on voit les différentes étapes à franchir, et ce, jusqu'à l'automne 2015. Ce qui inclut notamment la réalisation des plans et devis préliminaires au printemps 2012, la réalisation des plans et devis et du devis de performance au printemps 2013, la construction de l'amphithéâtre au printemps 2013 puis la mise en service... mais aucune place prévue pour la consultation publique.

La chose a été effectivement entendue. Le chroniqueur Gilbert Lavoie en a fait mention sur son blogue.

« Le maire de Québec, Régis Labeaume, ne sent plus le besoin de tenir un vote ou de faire une consultation sur le projet d'amphithéâtre. Il craint que ce processus ne nuise aux démarches de Quebecor pour obtenir une franchise de la Ligue nationale de hockey. M. Labeaume fera une tournée des arrondissements pour informer la population. Il dit espérer que les citoyens en profiteront pour le convaincre de ne pas faire de consultation[160]. »

Pour le chercheur Mericskay, on aurait tort de négliger l'apport du public.

« Il faut impliquer les gens en amont. Plus on implique les gens, plus ce sera accepté socialement. On évitera des erreurs, ça ira plus vite, on bonifiera les projets. Tout le monde sera content.

160. « Pas de consultation sur l'amphithéâtre ? Labeaume vous prie de l'en convaincre », Gilbert Lavoie, *Cyberpresse*, 4 mars 2011.

Les citoyens, ils ont plein de bonnes idées. Ils vivent sur les lieux, ils connaissent leur milieu. Les experts peuvent être déconnectés du terrain. Le citoyen est alors nécessaire pour la planification urbaine. Si on continue avec la piste de la communication, ça ne marchera pas. »

Avec « Rêver notre capitale », la conseillère indépendante Anne Guérette croit que le maire Labeaume a raté l'occasion de se servir des conseils de quartier : « Le maire consulte la population pour connaître ses rêves. Il aurait pu mandater les conseils de quartier pour consulter leur population. Les conseils de quartier, ce sont 250 citoyens, bénévoles, amoureux de leur ville, experts de leur territoire, qui veulent donner de leur temps. Il y a là une ressource à exploiter. Il y a des gens de qualité, là-dedans. Malheureusement, on n'exploite pas cette ressource-là. »

Étonnamment, la conseillère Guérette ne considère pas que la Ville ne consulte pas suffisamment la population.

« Moi, je trouve qu'on consulte trop, et on consulte mal, répond-elle. Ça fait huit ans que je suis assise à tous les mois au conseil de quartier, que je participe à des consultations publiques, que je rédige des mémoires, que je participe à des journées de travail. J'en arrive donc à la conclusion, même Jean-Paul L'Allier en arrive à cette conclusion dans son rapport sur l'histoire des processus référendaires, qu'il faut consulter les citoyens en amont du processus. Aujourd'hui, on arrive avec un projet fait en vase clos, entre des promoteurs, des fonctionnaires ou des élus. Mais il faudrait consulter en amont. Ce que ça veut dire, c'est qu'il faut identifier des zones sensibles, comme le bassin Louise, le patrimoine, et consulter les gens AVANT qu'il y ait des projets. Demander aux gens ce qu'on devrait faire. Les gens exprimeraient leurs idées, avec leur compétence, et les élus auraient pour rôle de saisir l'essence de ce qui est dit et de le transposer dans un règlement-cadre. Ainsi, lorsqu'on fait affaire avec un promoteur qui présente un projet, il devrait en tenir compte. Je suis convaincue que, si on consultait en amont, on consulterait moins, mais mieux, et il y aurait moins de confrontations et de frustrations. Et même pour les promoteurs qui sauraient à quoi s'attendre, alors qu'ils perdent un temps fou. On gaspille du temps, de l'argent et de l'énergie. »

Red Bull : résidants sur la glace

Il existe des exemples, concrets, où les citoyens se butent à la « méthode Labeaume ». Les résidants du Vieux-Québec en savent quelque chose. Le théâtre de ces affrontements : la fameuse compétition de patinage extrême appelée le Red Bull Crashed Ice.

L'événement est fameux, notamment parce que le maire, emballé et conquis, a brandi, en plein conseil municipal, une canette du célèbre breuvage fortement dosé en caféine en suggérant à tous les citoyens d'en acheter afin de témoigner publiquement leur appui à la tenue de la compétition à Québec. Quelques radios de Québec ont effectivement encouragé les citoyens à acheter massivement du Red Bull pour manifester leur soutien à l'événement sportif et éviter qu'il ne se tienne ailleurs dans le monde.

C'est que les résidants du secteur se sont plaints de cette présence envahissante qui dure quelques semaines dans l'année. Que l'on soit d'accord avec eux ou non, ce qui frappe, c'est la vigueur des échanges et la férocité de la riposte. Les « vieux chialeux » du Comité de citoyens du Vieux-Québec ont été insultés par le maire, lui-même, tout en étant la cible de courriels « bouillants », lit-on dans la presse : « "*Gang* d'innocents que vous êtes, vous êtes pathétiques" ; "[Vous faites] passer les Québécois pour des calisses de tarlas ! ! ! (c'est ce que vous êtes et je suis trop poli)" ; "Vous avez juste à déménager ailleurs" ; "Réveillez-vous, tueurs de ville ! ! !", sont quelques exemples[161]. »

---

161. « Le débat concernant Red Bull Crashed Ice prend un virage agressif », Baptiste Ricard-Châtelain, *Le Soleil*, 28 février 2009.

Denis L'Anglais est président du conseil de quartier du Vieux-Québec–Cap-Blanc–colline Parlementaire. Il raconte cette anecdote concernant des compétitions cyclistes qui se déroulent dans le Vieux-Québec pour illustrer la perception du maire de Québec :

« On avait eu le Tour de Beauce, on s'était plaints parce que ça avait mal été géré. Puis le ProTour, aussi dans le Vieux-Québec. Plus tard, je me trouve dans une activité, je me présente au maire Labeaume et il répond, du tac au tac : "Ah, la *gang* de chialeux !" J'ai dit : "Non, au contraire. Je veux vous féliciter parce que le ProTour, tel qu'il a été organisé, félicitations ! On s'est plaints à propos de l'organisation du Tour de Beauce, et puis vous avez corrigé. Aujourd'hui, c'était absolument impeccable. Les policiers étaient courtois, ils ouvraient le passage, ça baignait dans l'huile." Pourquoi cette attitude de dire qu'on est des chialeux, alors qu'on met en place des mesures qui rendent effectivement les choses nettement plus acceptables ? Alors, comment on est reçus et perçus ? Exactement comme ça, comme des chialeux. »

Curieuse façon, disent les résidants, de traiter ceux qui se sont établis dans le Vieux-Québec. D'autant plus surprenante que la Ville elle-même souhaite voir un nombre de plus en plus grand de gens et de familles choisir ce secteur historique pour y mener leur vie. « Ce n'est pas en faisant ce genre d'événement qu'on va ramener les familles, estime Denis L'Anglais. C'est plutôt le contraire. Certains quittent le secteur pour un endroit plus calme. Parce qu'il y a un effet dissuasif, ça porte atteinte à la qualité de vie. Et, si on veut qu'il y ait encore des citoyens dans le Vieux-Québec dans 50 ans, il faut réfléchir à une perspective pour ramener ces familles. »

Jacques Lévesque est résidant du Vieux-Québec. C'est un ex-président du Comité de citoyens de Notre-Dame-des-Victoires Vieux-Port. Il insiste pour dire que les résidants du secteur ne sont pas contre l'événement sportif comme tel, mais plutôt contre les conséquences de la tenue de cette compétition dans un endroit aussi particulier et fragile. « Les gens ne connaissent pas la réalité des choses, assure Jacques Lévesque. Cette année, ça a été 43 jours de problèmes : le bruit, les inconvénients, le travail en dehors des heures normales, les tests, la fermeture des routes... la rue ici a été fermée pendant presque un mois. Il n'y a pas de respect de leurs engagements. Ce n'est pas comme le *party* de voisin qui dure une soirée, deux soirées..., c'est un *party* qui dure 43 jours. »

Le chroniqueur municipal François Bourque s'est prononcé sur ce « dossier chaud », sur fond de glace. Il croit important de tenir compte du contexte où l'on organise l'événement, du lieu en particulier :

« Mais n'oublions jamais que le charme et la richesse du Vieux-Québec reposent sur la cohabitation des fonctions résidentielles, touristiques, institutionnelles et commerciales. Contrairement à d'autres quartiers historiques du monde, le Vieux-Québec n'est pas un décor de carton-pâte qu'on range une fois les touristes partis. C'est un vrai quartier habité par des citoyens dont la présence dépend de notre capacité à y maintenir une qualité de vie raisonnable[162]. »

Ces résidants affirment avoir choisi consciemment le secteur, le sachant pourtant fort achalandé par périodes, accueillant de nombreux événements touristiques et culturels de toutes sortes. « Je veux bien croire qu'on vit dans un quartier historique, réplique Jacques Lévesque, mais ça ne veut pas dire qu'on n'a pas le droit à une qualité de vie minimale. J'ai fait le choix de venir rester ici, je savais que c'était un quartier vivant, mais ça ne veut pas dire que, parce que j'ai fait ce choix, j'accepte dorénavant de ne plus dormir. Il faut encadrer cet événement-là. »

Le comité de citoyens n'a pas le beau rôle, à l'évidence, dans cette histoire. Pour éliminer, sinon réduire les risques liés à la sécurité du secteur, ainsi que les désagréments, les résidants du Vieux-Québec proposent des solutions. Mais, aujourd'hui, ils ont

162. « La course vers l'intérêt public », François Bourque, *Le Soleil*, 3 mars 2009.

plutôt l'impression qu'on ne désire plus les écouter. Après tout, le contrat pour la tenue du Red Bull Crashed Ice a été renouvelé, le 7 mars 2011, pour trois ans. « Je ne me fais pas d'illusion. Je pense que le seul moyen, c'est d'aller devant les tribunaux », conclut Jacques Lévesque.

Denis L'Anglais est cependant réaliste, car « il faut une injonction interlocutoire, qui coûte 40 000 $, d'abord, puis il faudrait se faire autoriser un recours collectif. C'est une grosse opération. On essaie de faire entendre raison par les moyens qui sont à notre disposition, mais ça pourrait aller jusqu'aux tribunaux si on ne cesse de prendre de l'ampleur avec l'événement ».

Il y a tout lieu de croire que la compétition de patinage extrême est là pour rester. Le maire l'a dit, il l'a répété, canette à la main. À la question de savoir s'il est concevable qu'une autorité publique, telle qu'un maire, puisse encourager l'achat de Red Bull, le chroniqueur François Bourque écrit :

« On comprend la bonne intention, mais je suis de ceux qui trouvent que ce n'est pas le rôle d'un maire d'inviter ainsi à la consommation d'un produit. Surtout si le produit ne fait pas l'unanimité sur le plan de la santé. Et puis, y avez-vous pensé ? Une caisse de Red Bull pour le maire Labeaume. La dernière chose dont il a besoin, c'est de boissons énergisantes. Il est tombé dans la marmite quand il était petit. Il me semble qu'une tisane à la camomille servirait mieux l'intérêt public[163]. »

Le maire, lui, a répondu qu'« [à] chacun son point de vue [...]. Le mien, c'est que ce n'est pas la dernière fois que je vais le faire. Quand il y a des gens qui investissent dans la communauté, il faut les encourager. Ça aurait été un peu couillon de ma part, une fois que toute l'affaire est démarrée depuis lundi, de ne pas le faire[164]. »

---

163. *Id.*

164. « Le maire Labeaume ne regrette rien », Jean-François Cliche, *Le Soleil*, 5 mars 2009.

Chose certaine, la volonté politique de tenir l'événement est bien réelle. Le ministère du Tourisme injecte 170 000 $, le Bureau de la Capitale-Nationale, 150 000 $, l'Office du tourisme de Québec, 63 000 $ et la Ville de Québec y investit 75 000 $, en plus de 183 000 $ en biens et services, pour un total annuel de 258 000 $. Quant aux retombées pour la région, Denis L'Anglais émet des réserves.

« On met à leur disposition un patrimoine de l'humanité dont on est chargé d'assurer la défense et la pérennité, et on le donne, sans discussion, à un vendeur de boisson énergisante, dont les effets sur la santé publique sont discutables, pour quelles retombées ? Je me promène un peu dans le monde, j'étais à Shanghai, et j'ai vu une publicité de Red Bull, sur la China channel TV, et, dans la pub, on voit l'image du château Frontenac, la descente, et en bas on voit la canette. On ne dit pas une seule fois le mot Québec. Ils font la promotion du produit, pas de la Ville. C'est la socialisation des coûts, privatisation des profits. »

Cas d'entorse

Il arrive aussi, à l'occasion, que des citoyens se manifestent afin de préserver, par exemple, un boisé ou un secteur historique. C'est exactement le cas de l'arrondissement historique de Sillery. Ce type d'engagement peut, parfois, rencontrer une certaine opposition de la part des autorités municipales.

L'arrondissement historique de Sillery est un cas classique à Québec. En commission parlementaire, le 10 février 2011, à l'Assemblée nationale, la Société d'histoire de Sillery[165] a pris soin de rappeler les vertus historiques, culturelles et récréotouristiques de l'arrondissement concerné qui, dit-elle, « possède la plus forte concentration au Canada de villas d'époque » et dont les espaces boisés méritent d'être conservés. Les citoyens ont

165. Selon le mémoire déposé en commission parlementaire, la Société d'histoire de Sillery, fondée en 1984, compterait plus de 200 membres.

donc proposé la création de ce qu'ils ont appelé le parc des Grands-Domaines. Par cela, ils ont voulu prioriser l'accès public à la privatisation des lieux.

Or, la Ville de Québec a décidé de suivre les recommandations de la firme Patri-Arch[166]. L'étude fait une série de recommandations à propos, entre autres, de lotissement et de morcellement des propriétés religieuses de Sillery à la faveur du développement immobilier. Des citoyens ont répliqué qu'une telle perspective est en complète contradiction avec le principe de conservation et de développement durable du secteur.

L'insatisfaction des citoyens s'explique aussi par le fait que l'étude de Patri-Arch, dont s'inspire l'administration Labeaume, a été publiée au printemps 2006. Elle ne tient donc aucunement compte des commentaires, des opinions, des idées ou des recommandations exprimés par les citoyens lors des trois consultations tenues par la Ville entre le printemps et l'automne 2006. L'étude, ainsi, ne tient également aucun compte des pétitions et des actions menées par différents groupes de citoyens.

La Société d'histoire de Sillery a même fait valoir, en commission parlementaire, qu'il fallait modifier le projet de loi, alors à l'étude, de telle sorte qu'un plan de conservation, « de mise en valeur et de développement durable soit élaboré et déposé pour chacun des arrondissements historiques avant que toute modification puisse être envisagée[167] ». En somme, les citoyens réclament des balises claires et souhaitent que la concertation guide l'action entreprise.

---

166. Patri-Arch, lit-on sur leur site Web, est une firme de consultants en patrimoine et en architecture qui conçoit des outils de connaissance et de gestion du patrimoine architectural, et prodigue des conseils et avis sur des questions de conservation du patrimoine bâti.

167. *Journal des débats de la Commission de la culture et de l'éducation*, jeudi 10 février 2011, vol. 41, n° 52. Consultation générale et auditions publiques sur le projet de loi n° 82 – Loi sur le patrimoine culturel.

Le 14 février 2011, le maire Labeaume a répondu, par lettre, à ces citoyens. Il indique, notamment, avoir suivi la recommandation de son Groupe de travail sur le patrimoine religieux pour élaborer son projet de programme particulier d'urbanisme (PPU). Ce groupe a suggéré de retenir les recommandations du rapport de la firme Patri-Arch. Le maire ajoute que ni le cadre de gestion du ministère de la Culture ni le PPU de la Ville n'excluent la possibilité de construire, dans la mesure où celle-ci sera rationnelle, en respect des caractéristiques de l'arrondissement historique.

Pour Johanne Elsener, administratrice de la Société d'histoire de Sillery, l'objectif de la Ville est clair.

« C'est aller de l'avant avec une volonté, un désir de développer l'arrondissement historique de Sillery à des fins immobilières pour augmenter les revenus fonciers de la Ville. Pour nous, c'est clair comme ça. La Ville se cache derrière une vision noble de lutte contre l'étalement urbain et de densification. Sauf qu'on identifie beaucoup de lieux à proximité où il pourrait y avoir de la densification pour nous permettre d'épargner ces sites historiques. Par exemple, le côté nord du boulevard Laurier a un très fort potentiel de densification. Commençons par densifier là où il faut absolument densifier de façon prioritaire : toutes les surfaces bétonnées et asphaltées de la ville qui sont à un ou deux étages. La volonté populaire, c'est de développer la ville en le faisant bien et de façon intelligente. Et nous, ce que l'on voit, c'est une densification aveugle et uniforme de la Ville, sans égard aux sites patrimoniaux, aux milieux naturels d'intérêt ou à la forêt urbaine. »

Derrière l'arbre se cache...

Autre cas intéressant : le boisé Neilson, qui montre des caractéristiques, semble-t-il, remarquables. Or, un plan d'aménagement d'ensemble basé sur une étude de caractérisation a été présenté en consultation publique en octobre 2008. En somme, le plan d'aménagement d'ensemble prévoit la destruction de 60 % du boisé et la sauvegarde du milieu humide et des massifs forestiers ayant la plus grande valeur écologique et esthétique dans les 40 % qui restent.

Le Comité des arbres de Sainte-Foy–Sillery a cependant obtenu une copie de l'étude, en 2009, pour découvrir qu'elle avait été faite par un ingénieur géologue et un agronome, tous deux à l'emploi de BPR, une société spécialisée dans les infrastructures. Ils ont même consulté différents experts indépendants qui ont confirmé la présence d'erreurs dans l'étude, des erreurs qui entraîneraient de fâcheuses conséquences pour ce milieu naturel fragile.

L'Ordre des ingénieurs du Québec et l'Ordre des agronomes du Québec ont tous deux convenu qu'il y avait matière à enquête concernant la conduite des deux professionnels chargés de l'étude.

Le Comité a donc demandé à la Ville de refaire ses devoirs et d'opter pour des experts indépendants. Refus de la Ville. Tous les efforts suivants de ces citoyens pour faire valoir le conflit d'intérêts potentiel et les erreurs factuelles ont été vains, explique Johanne Elsener, qui préside le Comité.

« Du côté de la Ville, on a répété le 14 juin, lors de la consultation sur le plan métropolitain d'aménagement et de développement, que la Ville entrevoyait toujours de conserver 40 % du boisé Neilson... donc d'en détruire 60 %. On n'a pas bougé du tout. À titre de citoyenne, je trouve ça tout à fait révoltant. La Ville s'appuie sur une étude qui contient des erreurs, ça a été prouvé par des experts dans chacun des domaines. La Ville est au courant de ces erreurs, elle a basé sa consultation publique sur une étude qui contient des erreurs, elle a donc présenté des erreurs aux citoyens et la Ville n'a pas bougé d'un iota depuis. C'est toujours la même philosophie : c'est un site à fort potentiel foncier qu'ils y voient. Nous, on poursuit nos démarches, les pétitions. On a même discuté avec l'Industrielle Alliance, qui possède 4,5 hectares dans ce boisé, pour leur faire comprendre que, pour leur image publique, il serait mieux de ne pas détruire une forêt ancienne. Mais ils ne sont pas sensibles à ça. Ce qu'ils nous ont répondu, c'est qu'ils entendaient collaborer avec la Ville de Québec qui est leur principal interlocuteur dans ce dossier. On comprend que c'est plus rentable économiquement parce que le maire Labeaume soutient le développement immobilier de ce terrain. »

Le développement de ce boisé serait envisagé sérieusement, au point de nous offrir une anecdote dont se souvient Johanne Elsener. Même si cela peut paraître anodin, il s'agit d'un cas intéressant où la voix populaire semble avoir fait les frais d'une opération de gestion des priorités.

Le 9 avril 2009, le conseil de quartier de Pointe-de-Sainte-Foy tient une séance de remue-méninges, version anglaise *brainstorming*, pilotée par la conseillère en consultation de la Ville, Valérie Drolet. La dame explique le fonctionnement de la séance. Les participants sont invités à indiquer leurs priorités en attribuant des points, de un à six, aux différents éléments au moyen d'autocollants. Johanne Elsener raconte :

« Environ 35 personnes y ont participé, réparties en quatre ou cinq tables. Je dirigeais une de ces tables de consultation. À la fin de la soirée, l'élément appelé "conservation du boisé Neilson" de notre carton était constellé d'autocollants, résultat de mes choix, ainsi que notamment de ceux de l'avocat Jean Maranda et de deux autres citoyens. À la séance suivante du conseil de quartier, le 14 mai 2009, la Ville a déposé son rapport de consultation. À mon grand étonnement, le boisé Neilson n'avait plus que huit points. J'ai alors demandé qu'on nous montre les cartons pour recalculer les points... La conseillère en consultation nous a dit qu'ils avaient été jetés ! Les urbanistes de la Ville nous ont par la suite montré la version préliminaire du Plan directeur du quartier élaborée à la suite de la séance de remue-méninges. En page huit, la Ville y présente le boisé Neilson comme un terrain vague et l'élément boisé Neilson est totalement disparu des éléments identifiés par la population, car il n'aurait pas récolté suffisamment de points ! »

Une étonnante conclusion pour un exercice qui, en principe, est une fenêtre ouverte sur les préoccupations citoyennes. Johanne Elsener résume : « Si tous les projets sont menés comme ça... au secours ! »

Revoir les structures... à son avantage ?

Régis Labeaume a vendu sa candidature à la mairie de Québec en empruntant, notamment, le discours *business*. Il était nécessaire de procéder à un important dégraissage de l'appareil municipal. Un classique.

Parmi les solutions proposées, on retrouve celle de réduire la taille du conseil municipal qui comptait 37 élus. Aussi, Labeaume a-t-il suggéré de supprimer une dizaine de personnes pour se retrouver avec un conseil de 27 membres. L'objectif était, entre autres, de permettre des économies d'environ 1 million de dollars par année en effaçant 10 conseillers du tableau municipal.

L'idée a été très bien accueillie par la population. Un sondage UniMarketing–*Le Soleil*–Le 93,3, daté du 23 mars 2008, a démontré un appui très fort à la réduction du nombre de conseillers municipaux[168]. En effet, 80 % des répondants se sont dits en faveur de la proposition du maire Labeaume. L'impulsion était donnée.

L'ancien attaché politique du RMQ, Marc Roland, se souvient d'une réunion où le sort du conseil municipal a été réglé. C'est, pour ainsi dire, Régis Labeaume qui aurait tout décidé.

« Il y avait, dans le bureau, Louis Côté, Jean-Marie Matte [chef de l'opposition du RMQ], Régis Labeaume et moi, raconte Marc Roland. On a accepté le principe de réduire le nombre de conseillers,

---

168. <www.unimarketing.ca/Sondages/RapQc23-03-08.pdf>.

ce qui était contre notre intérêt. Mais nous acceptions l'idée de réduire les dépenses. Tout ce qu'on a demandé, c'est d'en avoir 28 et non pas 27. Nous avions travaillé à refaire la nouvelle carte électorale avec le greffier, Denise Trudel, bref, un comité. Et nous disions qu'il en fallait un 28e dans le secteur de Sainte-Foy. Mais Labeaume avait décidé que c'était 27. Nous avions un mandat de négocier avec lui, mais il a mis son poing sur la table: "Christ, ça va être 27, c'est pas négociable!" Il est comme ça, il sacre comme un charretier. Louis Côté était là. En partant, Labeaume me dit qu'il a des choses à me dire. Je le connaissais bien. Jean-Marie Matte et moi l'avions appuyé contre Claude Larose, en 2005. Il m'a dit: "Marc, l'hôtel de ville, c'est un petit milieu. Je le sais, ce que tu penses de moi. Fais attention à ce que tu dis, parce que tu vas être dans le trouble." Il m'a fait des menaces... »

Marc Roland affirme même que sa formation politique, le RMQ, a eu une lueur d'espoir de pouvoir faire changer d'avis le maire Labeaume.

« J'ai eu une rencontre avec le chef de cabinet de la ministre des Affaires municipales. Il nous dit: "Le député Hamad [Sam] pense comme vous, le ministre responsable, Philippe Couillard, pense comme vous, l'opposition pense comme vous." Il nous dit: "Laissez-moi ça, je m'occupe de ça." On s'est dit: "Ça y est, on a gagné notre point." Une semaine plus tard, la ministre est avec Labeaume. Elle laisse entendre que la réforme du maire Labeaume sera acceptée comme telle. On nous explique que le petit monsieur a fait une colère. Avec 2008 qui s'en vient... Le maire fait ce qu'il veut. Il met son poing sur la table. »

Pour l'ex-attaché politique, Marc Roland, il est évident que le maire Labeaume « a tout fait pour nous détruire. Il ne voulait rien nous laisser. Même le DGE l'a dit, que 27 conseillers, ça n'avait pas de bon sens[169]. Mais le maire a tout fait pour réduire le nombre de

169. En janvier 2009, la Commission de la représentation électorale du Québec, présidée par le DGE Marcel Blanchet, a écrit au greffier de la Ville de Québec, Sylvain

conseillers». Si le maire a fait valoir que cette réduction entraînerait d'importantes économies, Marc Roland répond que le maire Labeaume «s'est ensuite constitué un cabinet de 2 millions de dollars. Il a critiqué le maire L'Allier qui avait dépensé 1 million, à l'époque... On lui avait dit: "Si tu diminues le nombre de conseillers, tu vas augmenter le personnel." C'est exactement ça qui est arrivé. Comme à Toronto, comme dans les grandes villes. Labeaume s'est constitué une équipe de communications, il a augmenté le personnel et diminué le nombre de conseillers. Le maire est en train de se constituer un pouvoir absolu.»

Le conseiller indépendant Yvon Bussières abonde dans ce sens.

«Par exemple, la gouvernance à la Ville de Québec. Lorsque Labeaume est arrivé, il a dit vouloir diminuer le nombre d'élus et d'arrondissements. Il fonctionne toujours comme ça: il va chercher à l'externe de la Ville et pour arriver à un rapport qui n'atteint pas les objectifs d'équité. Même le DGE l'a dit. Malgré ça, il a imposé ce qu'il voulait, malgré que le conseil ait voté contre la proposition. Le gouvernement n'était pas tenu de suivre la recommandation du conseil. Il a donc imposé ça, il n'y a pas eu de débats.»

La conseillère municipale Anne Guérette se souvient de la période où on révisait l'architecture de la gouvernance à Québec. «Il s'est levé au conseil municipal, il a dit: "J'ai décidé que... mon idée est faite. De toute façon, ce que vous pensez, ça m'intéresse pas. J'ai consulté mes avocats. J'ai pas besoin de résolution du

---

Ouellet, pour lui rendre compte de la décision de la commission à l'effet qu'elle maintenait la division du territoire mise de l'avant par la Ville, qui réduit de 37 à 27 le nombre de districts électoraux. Cependant, elle soulevait également un cas de déséquilibre pour l'arrondissement Sainte-Foy–Sillery, dont la répartition du nombre de districts ne correspondait pas au poids électoral. L'année suivante, un réexamen de la situation a plutôt confirmé le contraire. À la lumière des chiffres dont il dispose, le DGE estime désormais que, sur le plan démographique, la situation tend à se corriger d'elle-même. Si la tendance se maintient, le secteur de Sainte-Foy connaîtra une décroissance, alors que d'autres secteurs seront en croissance. Il lui apparaît donc inutile pour le moment d'ajouter un 28e district à la faveur du secteur Sainte-Foy–Sillery. Le prochain examen de la situation devra cependant confirmer la tendance.

conseil de ville. C'est entre moi et la ministre Nathalie Normandeau." Légalement, c'est vrai qu'il n'avait pas besoin de résolution. Il a donc passé par-dessus tout le monde. »

De l'avis de la conseillère Guérette, tous convenaient de l'importance de redessiner la ville, à la suite des fusions municipales. « Cependant, dit-elle, on n'a pas pu en débattre pour faire le meilleur dessin possible de notre ville, en fonction des réalités géographiques et socioéconomiques. Lui, de toute façon, parce que c'est un homme de pouvoir, son objectif était d'avoir plus de pouvoir aux prochaines élections. Aujourd'hui, on se retrouve avec des problèmes sur le plan de la démocratie des quartiers. Mon district couvre trois conseils de quartier. Il aurait fallu regrouper des noyaux qui vont ensemble et non pas tracer des lignes aux mauvais endroits. Alors, on a des problèmes avec les conseils de quartier. »

Pourtant, le chroniqueur François Bourque a écrit que la nouvelle carte électorale était « viable ». Il s'est même montré surpris de l'allure des débats, signalant que « l'exercice s'annonçait difficile et émotif. Plusieurs élus s'opposaient au départ à une réduction du nombre de districts. Passer de 37 à 27 districts signifiait que les membres actuels du conseil n'auraient plus tous leur place autour de la table. Étonnamment, le débat fut serein, plus qu'on l'avait imaginé. Trente-trois conseillers sur les 35 présents lors du vote ont fini par approuver le projet[170]. »

Comme quoi l'« effet Labeaume » avait fait son œuvre. Il est permis de penser qu'il aurait été mal perçu qu'un conseiller municipal cherche à défendre l'indéfendable face à un appui populaire aussi large. Autant se résigner. Insatisfait, le conseil municipal a pourtant voté contre le projet du maire de Québec, y préférant un autre scénario. Qu'à cela ne tienne, Labeaume n'avait pas besoin de son approbation. Seule la signature de la ministre des Affaires municipales suffisait. Celle-ci lui donne

170. « Une carte électorale viable », François Bourque, *Le Soleil*, 16 septembre 2008.

finalement son aval avec la présentation du projet de loi 93. Dans *Le Soleil* du 5 juin 2008, on lit que « la ministre des Affaires municipales, Nathalie Normandeau, endosse sans retenue la réduction du nombre de conseillers et d'arrondissements à Québec, reprenant mot pour mot la proposition du maire Labeaume dans un projet de loi déposé hier[171] ».

Quant aux économies anticipées, le journaliste Pierre-André Normandin refroidit quelque peu les ardeurs des plus optimistes dans un article publié le 23 janvier 2008, dans *Le Soleil*. En se basant sur les cas de plusieurs villes, dont Calgary, il démontre que lorsqu'on réduit le nombre de conseillers, en toute logique, la tâche de ceux qui demeurent augmente. Leur nouvelle tâche, plus importante, les pousse à embaucher du personnel supplémentaire afin de les épauler. Enfin, on constate que les salaires des conseillers municipaux ont tendance à augmenter en raison de la nouvelle donne. Le journaliste écrit donc que « réduire le nombre de conseillers municipaux n'assure en rien des économies, préviennent deux spécialistes de la politique municipale. Mais chose certaine, une telle mesure entraîne assurément un déficit... démocratique[172] ».

Interrogés sur l'initiative du maire Régis Labeaume de réduire la taille du conseil municipal, deux spécialistes n'y voient pas d'avantages. « Les études en politique municipale vont plutôt dans l'autre sens. Avec très peu d'élus, une ville a une vision plus limitée des enjeux », note Caroline Andrew, directrice du Centre d'études en gouvernance à l'Université d'Ottawa.

Arrondir l'opposition

Le projet de loi 93 incluait, effectivement, non seulement la réduction du nombre de conseillers municipaux, mais également la diminution du nombre d'arrondissements.

---

171. « Normandeau endosse le plan Labeaume », Pierre-André Normandin, *Le Soleil*, 5 juin 2008.

172. « Pas d'économies assurées », Pierre-André Normandin, *Le Soleil*, 23 janvier 2008.

On pourrait y voir une forme d'acharnement, mais la démonstration du conseiller indépendant Yvon Bussières est fort instructive. Sur le plan technique, le nombre d'élus retenus pour prendre en charge chacun des arrondissements n'est peut-être pas tout à fait innocent.

« La population a élu des conseillers et conseillères qui forment les conseils d'arrondissement, explique Yvon Bussières. Le maire n'est pas membre du conseil d'arrondissement. Alors, ce qu'il a fait, c'est que, lors de la fusion des arrondissements, il les a constitués de manière à avoir un nombre pair de conseillers sur chaque conseil. Partout, dans toutes les municipalités, dans une dynamique de groupe, on s'organise toujours pour avoir un nombre impair. Pourquoi a-t-il plutôt choisi un nombre pair ? C'est parce que, si le vote est égal, c'est le maire qui tranche. Il peut donc entrer dans chaque arrondissement. Mais conserver l'autonomie de l'arrondissement, c'était un principe démocratique, de responsabilisation, à mon avis. »

De fait, sur le site de la Ville de Québec, on trouve facilement la composition des actuels conseils d'arrondissement. Seul l'arrondissement Sainte-Foy–Sillery–Cap-Rouge échappe à la règle du nombre pair :

Beauport :	4 conseillers
Charlesbourg :	4 conseillers
La Cité–Limoilou :	6 conseillers
La Haute-Saint-Charles :	4 conseillers
Des Rivières :	4 conseillers
Sainte-Foy–Sillery–Cap-Rouge :	5 conseillers

Il s'agit d'un changement par rapport à la pratique habituelle. Autrefois, la majorité des arrondissements avaient un nombre impair de membres au sein de leur conseil[173]. Est-ce une volonté consciente d'en arriver à une structure plus facile à contrôler ?

173. 2001-2005 : 39 élus/8 arrondissements = (6 élus X 1 arr. + 5 élus X 5 arr. + 4 élus X 2 arr.)

En tout cas, le conseiller Bussières souligne qu'« à l'époque de madame Andrée P.-Boucher, l'arrondissement de la Haute-Saint-Charles avait un nombre pair d'élus et elle a voulu imposer son vote pour l'élection du président d'arrondissement, et ce, entre messieurs Raymond Dion et Steeve Verret. C'est elle qui a demandé un changement dans la charte de la Ville de Québec afin d'avoir, comme à Montréal, le droit d'intervenir lors d'un vote égal dans les arrondissements au nombre pair de membres ».

Pour en arriver à ce scénario, le maire Labeaume avait mis sur pied, en janvier 2008, un comité chargé de revoir la gouvernance municipale. Le Comité Mercure, du nom de sa présidente, l'avocate Françoise Mercure, s'est attaqué à cette tâche, complexe, pour en arriver à une proposition bien accueillie par l'éditorialiste Jean-Marc Salvet, du journal *Le Soleil*. Le 18 mars 2008, il conclut que « la démocratie ne sera pas mise en péril à Québec[174] » :

« Sur le fond, populaire ou pas, le scénario retenu par le Comité Mercure tire Québec vers le haut. Il place la capitale au niveau de ce qui se fait ailleurs. Mais le plus important est qu'il complète le travail inachevé des fusions municipales. Voilà pourquoi ce rapport sur la gouvernance de la Ville de Québec est intéressant. C'est davantage pour ces raisons que pour les économies qu'il fait miroiter que nous l'appuyons. »

Selon Salvet, le rapport « met cependant parfaitement en évidence l'arbitraire de la situation actuelle ». Par exemple, rien n'explique la décision de diviser la Ville en huit arrondissements

---

(Arrondissements en nombre pair d'élus : Laurentien, La Haute-Saint-Charles et La Cité–Limoilou)

2005-2009 : 37 élus/8 arrondissements = (5 élus X 5 arr. + 4 élus X 3 arr.)

(Arrondissements en nombre pair d'élus : Laurentien, La Haute-Saint-Charles et La Cité–Limoilou)

2009-2013 : 27 élus/6 arrondissements = (6 élus X 1 arr. + 5 élus X 1 arr. + 4 élus X 4 arr.)

(Arrondissements en nombre impair d'élus : Sainte-Foy–Sillery–Cap-Rouge)

174. « Pour l'équité et la logique », Jean-Marc Salvet, *Le Soleil*, 18 mars 2008.

et en 39 districts au lendemain des fusions[175]. « Le législateur a simplement voulu plaire au maximum de gens », écrit-il.

Certains mettent cependant en lumière le fait que la consultation publique a été occultée dans tout ce processus. Il y a bien eu deux journées d'information sur le contenu de la proposition, mais pas très courues. « À peine une vingtaine de citoyens ont assisté hier à la première séance d'information sur la réduction du nombre d'élus, organisée par la Ville de Québec[176] », lit-on dans les journaux. Exercice de communication ou exercice démocratique ? Les verdicts vont varier, selon le camp.

Dans une lettre publiée le 15 mai 2008, les représentants de Québec solidaire Jean-Yves Desgagnés et Serge Roy considèrent que le processus prévu dans la Politique de consultation publique de la Ville de Québec « n'a pas été respecté[177] ».

De son côté, la conseillère indépendante Anne Guérette concède toutefois qu'au « niveau de l'arrondissement, je trouve qu'il y a une certaine démocratie. Ça va bien. C'est dur, parfois, mais on gagne nos points. Au district, à l'arrondissement, on peut gagner des choses. Mais on n'en parle pas assez, c'est toujours Régis ! »

La fonction publique

Elle est une cible de choix lorsque vient le temps, pour le politicien en campagne ou à l'aube d'un nouveau mandat, de marquer l'imaginaire et de convaincre la population du ménage que l'on entend faire. La fonction publique est, bien souvent, synonyme de « gaspillage de fonds publics », d'« empêcheurs de tourner en rond » ou, plus simplement, d'immobilisme. Bref, c'est le bouc émissaire.

---

175. Le nombre de districts a été ramené à 37 après le départ de L'Ancienne-Lorette et de Saint-Augustin-de-Desmaures.

176. « Séance d'information peu courue », Daphné Dion-Viens, *Le Soleil*, 6 avril 2008.

177. « Sans consultation valable ni consensus : prudence », Jean-Yves Desgagnés et Serge Roy, *Le Soleil*, 15 mai 2008.

À ce chapitre, le maire de Québec n'est pas unique en son genre. Il faut croire que, pour faire de la politique, il faut savoir dénicher le bouc émissaire idéal. Les républicains américains misent sur l'État, le président Sarkozy, sur les étrangers, le Parti québécois blâme Ottawa, le Parti libéral mise sur le PQ, les conservateurs, sur la démocratie... Régis Labeaume ne fait pas exception à cette règle nécessaire au succès. Le maire a multiplié les cibles, mais il semble que les fonctionnaires de la Ville aient été rapidement choisis comme boucs émissaires de premier choix. Toujours avec humour, mais beaucoup de justesse, le chroniqueur Jean-Simon Gagné écrit, dans *Le Petit Labeaume illustré*:

« Vous avez sans doute remarqué qu'en matière de bouc émissaire, Régis Labeaume a un petit faible pour le fonctionnaire. Au fil des mois, il a utilisé avec un certain succès nos modèles de fonctionnaire "syndiqué-crosseur-de-système", "permanent-incompétent", et "cyber-flâneur-dégueulasse". Notons que l'efficacité de ces boucs émissaires apparaît particulièrement élevée à Québec, ville étatique par excellence, où la chasse au fonctionnaire est permise douze mois par année[178]. »

Or, s'en prendre aux fonctionnaires, pour certains, est un cliché facile qui ne résiste pas à la réalité. Denis de Belleval connaît bien la fonction publique de la Ville de Québec. Il a été directeur général pendant une dizaine d'années. À son avis, traiter avec mépris le personnel est totalement contre-productif. « Tout le monde sait que, dans une économie moderne, si tu veux avoir une entreprise performante, ça repose sur la main-d'œuvre, sur tes ressources humaines. Labeaume, il s'est mis les ressources humaines à dos, sans aucun résultat. Il a amélioré les conventions collectives marginalement et il les aurait améliorées quand même. Il n'était pas obligé de leur sauter au visage. Alors, la fonction publique est désorganisée et démoralisée. »

---

178. Jean-Simon Gagné et André-Philippe Côté, *Le Petit Labeaume illustré*, *op. cit.*, p. 45.

Claude Cantin, ancien maire suppléant, y voit un effet sur la population elle-même.

« Il n'a pas de respect à l'égard des fonctionnaires. Et ça, c'est plus nocif parce que les fonctionnaires, ce sont eux qui donnent les services de la ville aux citoyens. Et, quand on les rabroue, quand on se fait du capital politique sur leur dos, ce qui est facile, on mine le moral et on augmente l'agressivité des citoyens à l'égard des fonctionnaires. Moi, j'ai eu des témoignages de fonctionnaires qui me disent que des citoyens les agressent verbalement ! "Christ de fonctionnaires ! On vous paye, faites votre job !" Ce qui n'était pas le cas autrefois. Et, dans les administrations publiques, c'est la tête qui donne la note. Quand vous avez un chef de gouvernement qui est respectueux à l'égard des citoyens, les fonctionnaires se doivent de l'être. Quand le chef de gouvernement envoie promener les citoyens, les fonctionnaires le font. Quand on est arrivé à l'hôtel de ville, en 1989, monsieur Pelletier [Jean Pelletier, le maire sortant] envoyait promener les citoyens. Et les fonctionnaires aussi. Et ça nous a pris quelques années pour convaincre les fonctionnaires que les citoyens ne sont pas des emmerdeurs, que ce sont eux qui paient leur salaire, que c'était pour eux qu'on existait et eux qu'on devait servir. On avait fait ce virage, mais là, je crois que l'on va perdre tout ça. »

Pour sa part, Régys Caron, du *Journal de Québec*, ajoute :

« On aime ça manger du fonctionnaire à Québec, et je pense que c'est bien reçu par la population. Et, en plus, ils sont bien payés, les fonctionnaires de Québec. Mais c'est drôle, quand j'étais au *Média Matin*, j'ai mis la main sur une lettre de monsieur Marcoux [Alain], envoyée aux employés de la Ville, qui disait : "Félicitations ! Nous avons fait un sondage auprès de la population de Québec et les taux de satisfaction varient entre 70 et 90 %." J'ai appelé à la Ville. Le sondage avait coûté 45 000 $, en fonds publics, un taux de satisfaction des services de la Ville très élevé, et c'est occulté, ça ! On a demandé d'avoir copie du sondage, mais on a dit que ce n'était pas public. Comment ça, pas public ?

On l'a finalement eu par la Loi d'accès à l'information. Pourtant, le discours ambiant, c'était: "Les employés sont trop payés, les services sont déplorables." Soudainement, on avait un taux de satisfaction très élevé. J'ai posé la question au maire Labeaume: "Les citoyens de Québec en ont-ils pour leur argent?" "Oui, ils en ont pour leur argent." Pourquoi vous ne le dites pas? S'ils en ont pour leur argent, s'ils sont satisfaits, c'est grâce à ceux qui rendent les services: les employés. Mais les employés ont été dénigrés systématiquement par le maire. C'est malheureux. Ils font les frais d'une stratégie de communication.»

Les effets négatifs sont ressentis par les conseillers d'opposition, comme Yvon Bussières: «Quand tu dis que la mobilisation est à son plus bas chez les employés à la Ville de Québec... Je pense que le climat a été généré à la suite des déclarations malheureuses du maire. Il s'est excusé, mais le mal était fait.»

«Avec ce que fait le maire, explique le conseiller indépendant Jean Guilbault, il les *blast* tout le temps. Il est haï. L'équipe est haïe. Quand j'ai changé de bord, j'ai senti le changement d'attitude des fonctionnaires à mon égard.»

Le mal dont parle le conseiller Bussières, c'est le climat généré, notamment, par des sorties fracassantes. Les «fonctionnaires incompétents» fut un épisode célèbre. Mais la déclaration qui a fait le plus de dommages est sans aucun doute les «fourreurs de système».

François Bourque, du journal *Le Soleil*, n'a pas oublié les effets des «fourreurs de système» sur le climat à l'hôtel de ville de Québec.

«Il vit encore avec les dommages collatéraux de cette déclaration. Il ne veut plus en parler, mais c'est certain que ça lui nuit encore et c'est peut-être la pire déclaration qu'il a faite depuis son arrivée à la mairie de Québec. Il y en a d'autres. Ça relève souvent de l'anecdote, des sautes d'humeur. Il s'excuse et finit toujours par recommencer, mais il n'y a pas tant de dommages. Concernant les employés de la Ville, le dommage a été plus lourd. Ça fait peut-être partie de la naïveté du gars du privé qui arrive dans une machine publique et qui s'imagine qu'il suffit de lui botter le cul pour que ça se mette à fonctionner autrement. Mais une machine, c'est plus lourd et, parfois, il y a de bonnes raisons pour lesquelles les choses ne vont pas aussi vite qu'il le voudrait. Mais, quand on ne connaît pas la problématique, les contraintes, etc. Il découvre en cours de route que ce n'est pas toujours si simple que ça, et ce n'est pas nécessairement parce que les fonctionnaires sont paresseux que les choses n'avancent pas si vite, c'est parce que des fois les problématiques sont plus complexes que ce qu'il avait imaginé. Mais il apprend. Il s'échappe encore, mais les citoyens sont prêts à pardonner beaucoup de choses à quelqu'un qui parle vrai. C'est un populiste, mais il est un peu comme tout le monde. Personne n'est parfait. Mais lui, il est très spontané, on sent qu'il n'y a pas de calcul à tout moment sur son image. Je ne dis pas que tout est naïf, mais il n'est pas obsédé par son image publique. Est-ce que c'est un rôle qu'il joue ? Moi, je ne crois pas. Je pense qu'il y a une part de lui qui est comme ça. »

« C'est surprenant que les gens lui pardonnent ça. Ça laisse des traces, les *fourreurs de système*, commente la conseillère indépendante Anne Guérette. Je leur en ai parlé, aux employés. Même les policiers. Je leur ai dit : "Mais madame Boucher aussi était dure avec vous." Ils m'ont répondu : "Oui, mais au moins madame Boucher aimait ses policiers. On le sentait. Ça faisait toute la différence. Si au moins il s'était excusé, profondément." »

Le journaliste Régys Caron s'interroge sur les effets que peut avoir le traitement réservé aux employés municipaux sur l'intérêt public.

« Le maire fait beaucoup appel à des ressources externes, pour le conseiller sur différents dossiers importants. Il fait des comités, avec beaucoup de monde. La fonction publique, là-dedans, qu'est-ce qu'elle devient ? Est-ce qu'on veut réduire la fonction publique, fermer des postes, pour s'en remettre à l'externe ? Ce n'est pas mauvais, l'externe. Mais il faut que la Ville conserve sa capacité d'évaluer elle-même les choses. Un ancien haut fonctionnaire m'a déjà dit, pour la collecte des ordures, qu'il ne restait qu'un secteur qui était à la charge des employés de la Ville. L'administration Labeaume a décidé d'aller au privé. C'est fait. Ce haut fonctionnaire m'a dit que, si c'est un secteur témoin, on est en train de se priver de ça et on ne saura plus combien ça nous coûterait si on le gardait. On laisse tout au privé. Et c'est dangereux, ces choses-là. Se priver d'une capacité d'évaluer à partir de ses propres moyens. Et la Ville, ce n'est pas une *business*. C'est une ville. C'est là pour donner des services, d'abord, et pour activer le développement économique. Si on décide de négocier comme si on était une entreprise privée, on mélange peut-être les genres et je ne suis pas certain que l'intérêt public soit servi là-dedans. »

L'État, c'est moi !

Régis Labeaume cherche à tirer le maximum de chacune des situations. Par exemple, il sait se montrer convaincant avec le gouvernement Charest lorsque vient le temps d'appuyer la construction d'un nouveau Colisée, ou convaincant de manière générale pour obtenir l'assentiment de la population. Ses taux de satisfaction le prouvent. Même s'il a peiné, et échoué, à convaincre les conservateurs de le suivre dans l'aventure de l'amphithéâtre, les relations avec les différents ordres de gouvernement sont nombreuses, tout autant que les divers besoins financiers. Il faut donc savoir « manier la rondelle » du politicien en quête de moyens.

Mais la collaboration a ses limites, tout comme la capacité à obtempérer des collègues politiciens. Quelle solution s'offre alors au maire d'une ville en mal de marge de manœuvre pour réaliser ses rêves ? Il faut chercher à obtenir plus de pouvoir.

Le 17 décembre 2009, *Le Devoir* publie un article dans lequel on apprend que le maire Labeaume prône le retour d'un concept assez particulier. « Citant en exemple les "cités-États" de la Renaissance, le maire de Québec, Régis Labeaume, estime qu'il faudra un jour envisager de transférer des pouvoirs importants des gouvernements vers les municipalités pour permettre à ces dernières d'assurer leur avenir[179] », lisait-on.

Le maire fait valoir que ce ne sont plus les États qui sont en compétition dans le monde d'aujourd'hui selon lui, mais plutôt les villes. D'où l'idée de revenir à la vieille notion de « cité-État », le genre de créature administrative qui a besoin de plus d'espace, de marge de manœuvre, de pouvoir. Un type de villes qui existe aux États-Unis. Pour le maire de Québec, inutile de se fier au gouvernement. « Moi, je compte de moins en moins sur les gouvernements supérieurs pour gérer cette ville-là, a-t-il déclaré. Je ne me fie plus au gouvernement pour l'avenir de la Ville[180]. »

À peine deux ans plus tard, le maire Labeaume a profité d'une visite à Rome pour ramener sur le tapis le concept de « cité-État ».

« Rome sera la seule et unique maître de ses règlements d'urbanisme. C'est ce qui a particulièrement emballé le maire Labeaume. "Ça, c'est magnifique", s'est-il enthousiasmé. Car pour lui, Québec a tous les moyens pour se gérer sans l'intervention du ministère des Affaires municipales, d'autant plus qu'elle a le statut unique de ville patrimoniale. "Moi, idéalement, j'aimerais que le gouvernement nous permette de nous gouverner avec nos règles d'aménagement", a-t-il affirmé aux journalistes à la sortie de la rencontre[181].

Pourquoi pas l'indépendance, tant qu'à réclamer plus de pouvoir ? *Le Devoir* lui a posé la question : « Lorsque *Le Devoir* lui a demandé ensuite s'il entendait bientôt "proclamer l'indépendance de la ville de Québec", le politicien a répondu en boutade

179. « Labeaume prône le retour aux "cités-États" », Isabelle Porter, *Le Devoir*, 17 décembre 2009.
180. *Id.*
181. « Faire comme les Romains... à Québec », Stéphanie Martin, *Le Soleil*, 28 juin 2011.

qu'il en parlerait à Jean Tremblay, le maire de la ville de Saguenay, région où à une époque pas si lointaine, on aspirait à devenir un "royaume[182]". »

De quoi rappeler à l'esprit cette phrase célèbre qu'aurait prononcée Louis XIV, le 13 avril 1655, devant le Parlement de Paris : « L'État, c'est moi ! »

---

182. « Labeaume prône le retour aux "cités-États" », *loc. cit.*

Chapitre six

L'« EFFET-MAIRE »

Le « maire-veilleux »

On parle souvent du caractère impulsif du maire, de ses envies spontanées, de ses reculs, de ses nouvelles idées, de cette manie de butiner de projet en projet, de ses batailles et de ses déceptions. Du moins, ses adversaires aiment à le rappeler. Tout cela peut donner l'impression que Régis Labeaume est un maire brouillon, qui improvise. Une gestion qui s'apparente peu, en principe, à l'idée que nous nous faisons de ce qu'est un visionnaire. La question se pose : Labeaume est-il un visionnaire ? Réponse de François Bourque :

« Je pense qu'on a raison de percevoir que Labeaume est de tous les débats et de toutes les idées. Il occupe tous les terrains. Et il a coupé l'herbe sous le pied de ses adversaires lors de la dernière campagne électorale en allant les battre sur leur propre terrain. Il était perçu comme issu du milieu des affaires, avec un discours plus conservateur sur le plan de l'investissement public, alors qu'une fois au pouvoir il apprend. On a vu sa réticence à des projets de transport en commun. C'était non au tramway, alors qu'il est maintenant le champion de la défense du tramway. Il est donc allé battre ses adversaires sur leur propre terrain. C'est un parcours qui, à certains égards, peut avoir l'air erratique, mais je pense que c'est quelqu'un qui a appris. C'est quelqu'un qui ne connaissait pas la Ville, les enjeux, il les connaissait moins. Il a appris ça et il est encore en train d'apprendre. Je pense que, derrière ça, il finit par y avoir une vision assez cohérente. Le Plan de mobilité durable, qui est sur la table, qui pourrait inspirer Québec pour les 15, 20 ou 25 prochaines années, je regrette : il y a une vision, il y a une direction très claire. »

Thierry Giasson ajoute : « Les gens l'aiment. Il a un haut taux de satisfaction à 80 %... Pour l'heure, c'est encore un plus. Pour le développement de la Ville, c'est un visionnaire, quelqu'un qui n'a pas peur de penser grand. Il veut faire des choses pour une ville qu'il voit exceptionnelle. Mais la manière est un peu boiteuse. »

Le journaliste Régys Caron perçoit également ces qualités de visionnaire chez le maire de Québec.

« Il touche une fibre sensible des gens de Québec, c'est clair. Ça lui sert, et tant mieux pour lui. Monsieur Labeaume a des qualités de leader, il a une vision d'avenir qui n'est pas dénuée de sens. C'est un homme dynamique, mais il ne s'enfarge pas dans les fleurs du tapis et il bouscule beaucoup de monde à la fois. Ça plaît, mais ça ne plaît pas à tout le monde. Des fois, il va bousculer des gens de pouvoir qui vont peut-être se retourner contre lui, et contre la Ville. Monsieur Labeaume est à la tête d'une ville de 500 000 habitants. Il doit défendre les intérêts de la Ville avec toute la diplomatie et le doigté que ça demande. Actuellement, il est admiré partout. Tant mieux pour lui, tant mieux pour nous. Mais je me dis *trop fort casse*. Je m'inquiète pour les institutions, pour la démocratie à Québec et pour les intérêts de la Ville. »

Chose certaine, pour le journaliste Antoine Robitaille, le « style Labeaume » pousse à la réflexion, à se remettre en question.

« Parfois, je me demande si on peut mener à bien certains projets aujourd'hui sans se comporter ainsi. Je me pose la question. Est-ce qu'on aurait pu faire la Révolution tranquille aujourd'hui ? Il y a peut-être des projets qui auraient été soumis à une suspicion continuelle et qui n'auraient pas débouché. Je ne dis pas que les journalistes sont trop durs avec lui. Mais peut-être qu'un homme d'action doit se comporter comme lui pour arriver à ses fins. C'est ça que je me dis avec le projet de loi sur l'amphithéâtre. C'est peut-être ça que ça prend, des fois. Remarquez, ça peut avoir toutes sortes de conséquences. Ça peut être positif, ce style de gestion, ou le contraire. Pensez au maire Drapeau. La construction du Stade olympique, par exemple, est la quintessence d'un projet qui a été mal mené. Ça peut avoir du bon et du mauvais.»

Le bilan

Quelles réalisations concrètes est-il possible d'attribuer à Régis Labeaume ? La question peut sembler cruelle, à ce stade-ci. En effet, le maire n'est pas en poste depuis suffisamment longtemps pour avoir collectionné les faits d'armes. Malgré cela, Marc Roland, ex-attaché politique, répond sur-le-champ que, parmi les succès du maire Labeaume, il y a « les grands événements. Je pense qu'avec Robert Lepage, le Cirque du Soleil, il a apporté quelque chose d'original, comme un prolongement du 400e ».

Le journaliste économique Pierre Couture répond, quant à lui : « Le Cirque du Soleil, la prolongation du Moulin à images et le Colisée qui s'en vient, ainsi que le possible retour de la LNH.»

Le professeur Claude Cossette, expert en publicité, constate ce vent nouveau qui souffle sur Québec depuis l'arrivée au pouvoir du maire Labeaume. « Peut-être que ça va déboucher sur quelque chose de bien. Cette espèce de pessimisme dans lequel vivait la Ville de Québec, ça disparaît. Il a réussi à faire rêver les citoyens, et c'est une bonne chose, parce que, parmi ce public, il y a des gens capables, des jeunes qui verront l'occasion de se lancer dans un projet. La communication persuasive, c'est faire une promesse crédible. Alors, à cet égard, il fait du bien à la Ville.»

Pierre Boucher, ex-PDG de la Commission de la capitale nationale, s'est lancé, flanqué de deux collègues, dans une virulente critique du maire Labeaume qui n'est pas passée inaperçue. « Le roi est nu » est le titre de la lettre, publiée dans les journaux, cosignée par Francine Lortie, ex-conseillère municipale de

Québec, Michel Héroux, ex-chef de cabinet du recteur de l'Université Laval, et Pierre Boucher.

Extraits de la lettre critiquant le bilan Labeaume, publiée le 13 janvier dans *Le Soleil*:

« [...] Ainsi, il a prolongé le Moulin à images et amené le Cirque du Soleil sous les bretelles d'autoroute dans Saint-Roch, mais on ne connaît pas les chiffres d'affluence pour 2010. Pour le reste, la loterie Québec? Ratée. Clotaire Rapaille? Ridiculisé et discrédité. Le mont à Liguori? Pas d'homologation internationale, et la Ville de Québec ne sera probablement pas sur le podium pour l'obtention des Jeux olympiques de 2022, ni même après. Le maire a laissé tomber le Forum universel des cultures et imposé à l'Université Laval de renoncer aux Universiades de 2017.

Le nouvel amphithéâtre multifonctionnel? Le gouvernement fédéral a fait fi de l'ultimatum du 31 décembre pour confirmer sa participation et il a maintenu sa position: pas d'argent fédéral sans contribution du privé. Le maire avait dit au peuple de "se chercher un autre maire si le fédéral ne s'était pas engagé dans l'amphithéâtre le 31 décembre". Bien sûr, il ne démissionnera pas. Ses mots ont encore une fois dépassé sa pensée.

[...] Les gens de Québec aiment leur maire, en grande majorité. C'est cela de pris pour lui. Ils lui accordent le crédit du succès du 400e de Québec en 2008, oubliant que les héritages permanents et l'essentiel de la programmation étaient acquis bien avant son élection, puisque des gens y travaillaient depuis près de 10 ans.

Toutefois, reconnaissons-lui quelques choix administratifs et opérationnels judicieux au moment opportun. Rendons à César ce qui lui appartient: le maire Labeaume veut que ça marche.

Pourra-t-il apprendre en 2011 à ménager ses excès, à contrôler son impulsivité, à parler moins et à écouter un tout petit peu? On en doute. Il est ce qu'il est, et on voit mal comment il pourrait changer. Son populisme et sa démagogie l'ont bien servi jusqu'ici.

Dommage, car on commencera de plus en plus à dire qu'il aurait pu être un grand maire de Québec, mais qu'il aura été un grand parleur et un petit faiseur[183]. »

Pierre Boucher explique.

« Si cette critique ["Le roi est nu"] lui est adressée, ce n'est pas parce qu'on ne reconnaît pas qu'il faut un certain temps pour faire les choses. Trois ans, ce n'est pas suffisant. Je crois qu'on ne peut pas laisser sa trace comme maire si on n'est pas là huit ans. Prendre une décision peut être rapide, mais livrer le produit, en bout de piste, ça prend du temps. Il faut donc laisser du temps au maire avant de porter un jugement final. Mais ce pourquoi on se permet de critiquer Labeaume sur sa faible performance, c'est qu'il sème à tout vent. Il promet à gauche et à droite, comme si, du fait qu'il est maire, il pouvait s'abstenir de faire des priorités, d'établir des choix et d'écarter des choses qui lui sembleraient intéressantes, mais qui ne sont pas primordiales.

Quand tu es maire, surtout dans une ville comme la nôtre, qui est la capitale du Québec, qui doit être exemplaire, il faut que tu aies une vision assez claire de ce que tu veux réaliser à terme. Et il faut un plan de match pour y arriver et que tu te contiennes à l'intérieur de ce plan de match, malgré les diversions auxquelles t'es appelé au quotidien. Or, là, il n'en a pas. Il va dans toutes les directions. Tous ces projets-là, qui peuvent être bons en soi, expriment une sorte de dynamisme que je reconnais. Il veut faire des choses, il n'attend pas que ça lui tombe du ciel. C'est le côté très positif du personnage Labeaume. Mais je pense que sa grande faiblesse, c'est de trop promettre, de trop faire rêver et de ne pas être capable de livrer des produits, petits, moyens et grands, de façon régulière. Mais un jour, qui approche, les gens vont dire : "Oups, il nous a promis ci, il n'a pas livré, il nous a promis ça, il n'a pas livré." Et il y aura un jugement.

183. « Le roi est nu », Francine Lortie, Michel Héroux et Pierre Boucher, *Le Soleil*, 13 janvier 2011.

Et il appartiendra à ceux qui vont le concurrencer dans l'arène de faire valoir ça. »

Denis de Belleval abonde dans le même sens.

« De toute évidence, le maire ne sait pas où il s'en va. Il multiplie les coups de cœur, il ne vit que sur le mode passionnel. Les gens traitent ça comme si c'était drôle. Mais ça ne l'est pas. Il n'a aucune vision. C'est grave ! Le maire dans une ville, ce n'est pas un personnage de folklore, c'est un personnage important. On a fusionné ces villes-là [les banlieues de Québec] pour faire une ville plus forte, mieux équipée pour faire face à l'avenir, et ce qu'on a comme maire tout à coup, c'est une espèce d'histrion qui s'enflamme pour n'importe quoi, qui passe d'un projet à l'autre, qui peut avoir de bonnes idées, mais c'est comme une peinture sans perspective. Tout est au premier plan : ça peut être une grande roue, un plan d'eau, un carrousel, un gratte-ciel, un TGV, un tramway, un nouveau Colisée, n'importe quoi... tout a l'air sur le même plan. Au début de son mandat, il dit que le TGV est une chose extrêmement importante. Il a nommé le recteur de l'Université Laval en charge d'un groupe de travail là-dessus. Il n'y a personne qui a demandé au recteur, trois ans plus tard, ce qu'il a fait de ce dossier. Est-ce que monsieur Labeaume lui a demandé des comptes ? On l'a nommé, il est reparti, on n'en parle plus. Mais tu ne sens pas qu'il y a une véritable stratégie pour expliquer tout le dossier. Il a demandé une étude à la Société nationale des chemins de fer français (SNCF), mais, au bout de trois ans, il n'y a rien de fait. »

En fait, il faut savoir que le groupe de travail en question s'appelle le Comité stratégique d'accès à la région[184]. Il est

---

184. Un communiqué émis par la Conférence régionale des élus de la Capitale-Nationale, le 15 juin 2009, résume ainsi le mandat du comité : « Rappelons que c'est lors de la rencontre des leaders économiques de la région du 25 mai 2007 que la Conférence régionale des élus de la Capitale-Nationale s'est vu confier par le premier ministre du Québec le mandat de se pencher sur la question de l'accès à la région. À cette fin, un comité stratégique présidé par M. Denis Brière et réunissant des leaders de la zone éco-

effectivement présidé par le recteur de l'Université Laval, Denis Brière. Si le comité a démontré une certaine activité pendant un an ou deux, la réponse fournie en juin 2011 par la Conférence régionale des élus, de qui relève le comité, est limpide : « Actuellement, le comité n'est pas actif. »

À propos du « bilan Labeaume », la conseillère indépendante Anne Guérette déclare :

« Il est un plus, sur le plan de l'énergie. Tout est possible maintenant à Québec. On peut voir grand. Ça, c'est sa grande force, que de nombreux politiciens n'ont pas. C'est un passionné et ça manquait en politique. Par contre, on dirait qu'à cause de ça, les gens sont prêts à pardonner n'importe quoi. Moi, je m'inquiète vraiment pour les finances publiques, à moyen et à long terme. Parce que sa gestion est émotive. Il va trop vite. Trop émotif. Il ne prend pas assez le temps d'analyser, de discuter et de réfléchir avant de décider. Oui, il fait bouger les choses, mais parfois il détruit tout sur son passage. »

Mais la conseillère Guérette, un peu comme Pierre Boucher, considère que Régis Labeaume a davantage parlé qu'agi. « Je ne vois aucune réalisation concrète, dit-elle. Le Colisée, peut-être... mais moins dû à sa fougue qu'à son sens du *timing*, à ses stratégies politiques. Il a le sens du *timing*, il faut lui donner ça. »

Le conseiller de l'Équipe Labeaume Marc Simoneau croit, au contraire, que la Ville doit beaucoup à Régis Labeaume. Lui qui s'est toujours intéressé aux questions sportives réplique d'entrée de jeu qu'il lui doit le nouveau centre sportif de Beauport. « C'est un maire sportif qui n'a pas hésité à faire des réparations dans 15 des 17 arénas de la région, ce qui n'avait pas été fait depuis des années. Il en veut, du sport à Québec : SportAccord, les Olympiques, les Championnats du monde, les arénas, les centres

---

nomique Québec Chaudière-Appalaches a été formé. Ce comité a principalement pour mandat d'identifier les initiatives et les projets susceptibles d'assurer un accès optimal à la région. »

sportifs pour le soccer, on a des compétitions internationales ici. Moi, le maire, je l'aime. »

C'est surtout lorsqu'on évoque le dossier de l'amphithéâtre et le possible retour des Nordiques de Québec que les yeux du commentateur sportif-politicien s'illuminent. « Avec l'amphithéâtre, le maire, il met ses culottes. Il l'avait promis, en campagne électorale. »

Depuis plus d'un an, Marc Simoneau combat un cancer de la moelle osseuse. Affaibli par la maladie, incurable, il s'est résigné à accrocher son micro et a décidé de vendre plusieurs de ses petits trésors sportifs, collectionnés au cours des années. Il quitte la radio, mais refuse d'en faire autant pour la politique. Pour lui, pas question d'assister des estrades au retour des Nordiques de Québec. Il tient à être présent, sur la glace, le jour où ce rêve ultime se réalisera. S'il est plein d'espoir, le conseiller Simoneau demeure réaliste. « Moi, je pense que je ne le verrai pas, le retour, compte tenu de ma santé. »

La santé démocratique

C'est probablement sur le plan démocratique que le bilan Labeaume dérange le plus. La question est si importante qu'elle est abordée avec grand sérieux par l'ensemble des intervenants interrogés pour ce livre. Au point où, par exemple, le journaliste de TVA Carl Langelier a demandé d'arrêter l'enregistrement afin de pouvoir parler librement de l'effet Labeaume sur la démocratie. Il n'est pas le seul à l'avoir exigé.

Combien diront qu'il serait encore possible de tolérer les écarts de langage ou les sautes d'humeur si, en contrepartie, le personnage s'accommodait du processus démocratique ? Or, plusieurs émettent de nombreuses réserves à ce chapitre.

À ce sujet, Pierre Boucher répond :

« Je suis inquiet. On n'est pas un régime totalitaire, bien sûr, mais, si on compare les parties visibles de notre démocratie municipale à ce qu'elle était jusqu'à la fin de l'ère L'Allier, et jusqu'à l'arrivée de monsieur Labeaume, il y a un déclin de l'indice démocratique. Je crois que l'un des plus grands héritages de L'Allier, c'est d'avoir instauré de nouveaux mécanismes de démocratie municipale pour permettre aux citoyens d'exprimer leur opinion à l'égard des projets qui sont mis de l'avant par la Ville. Ça a fait bouger la Ville. Un autre élément visible de la baisse de démocratie, c'est le traitement que le maire réserve au conseil municipal en entier, particulièrement aux membres de l'opposition. L'autoritarisme général du maire lui donne à penser que la Ville, c'est lui. Or, le maire L'Allier, avec qui j'ai étroitement collaboré, répétait que l'autorité, dans une ville, c'est le conseil municipal. Le maire ne décide rien. C'est le conseil municipal qui décide, sur le plan formel. Et ça, il le vivait bien. La majorité des 16 années de L'Allier au conseil municipal se passait dans un conseil qui ne lui était pas majoritairement favorable, et il a réussi à composer avec ça. Et ça a très bien marché. Actuellement, le maire Labeaume n'est pas capable de tolérer d'avoir deux ou trois opposants et son intolérance l'amène à les traiter comme du poisson pourri. Ça, c'est pas un signe de santé démocratique. »

Claude Cossette, professeur à l'Université Laval, constate :

« Son dynamisme écrase. Ce n'est pas un démocrate. Il ne permet pas à l'adversaire de discuter. C'est un homme comme ça, mais la population aime ça. Le peuple ne se soucie pas de la démocratie. Dis-lui qu'il va avoir du *fun* et que ça va rien coûter... Et ça a toujours été comme ça. Aujourd'hui, on est un peu plus critiques. Mais le monde, la masse, ce n'est pas leur métier d'analyser les messages. Ils sont pris dans leurs problèmes quotidiens. C'est facile de se faire embarquer. »

La politologue Louise Quesnel se montre également inquiète.

« Si on compare la Ville de Québec à d'autres villes du Québec, du Canada et de l'Amérique du Nord, comme je l'ai fait dans mes recherches, on voit qu'à Québec, il y a eu, au cours des dernières décennies, des acquis du point de vue de la démocratie, du rapport entre les citoyens et la ville, qui se sont désagrégés. On a des façons de faire qui ne sont pas parfaites, mais il faut essayer d'entretenir des rapports qui sont le moins conflictuels possible avec les résidants, les gens d'affaires, les milieux culturels, etc. Gérer une ville de la taille de Québec, avoir des rapports politiques dans une ville complexe, ce n'est jamais simple. Or, la langue de bois [instrument du populisme de Labeaume] n'est jamais une façon souhaitable de procéder. Et, pour la démocratie, on devrait toujours viser l'échange d'information, la présentation complète des enjeux, et surtout la possibilité que ces enjeux fassent l'objet de discussions. Ce qu'on voit, dans des pays comme la Norvège, les pays scandinaves, c'est une tradition d'implication des citoyens. Il y a un très grand nombre de comités de toutes sortes : des comités de quartiers, de loisirs... il y en a beaucoup, les gens se réunissent souvent. Ça ne veut pas dire qu'il y a un éclatement du système décisionnel, parce que les élus prennent toujours les décisions. Mais il y a une implication des citoyens. Et, quand ils votent, ils ne votent pas à 45 % comme chez nous. Ils votent à 75 %. Il y a une tradition comme ça chez eux. Il faut essayer d'avoir le même objectif. On ne l'atteindra pas en un seul mandat. Mais, comme type idéal de la démocratie, ce serait celui-là. Ce n'est pas la démocratie en vase clos. Mais ce n'est pas non plus la débandade où tout le monde décide, ce qui veut dire que personne décide. Il y a un équilibre à trouver. Et il faut sans cesse travailler à le maintenir. »

L'animateur Denis Gravel, de Radio X, croit par contre que la population, à cet égard, doit assumer ses choix.

« C'est sûr que, quand tu te sens tout-puissant dans un conseil municipal, où tu trouves deux ou trois opposants, tu peux te permettre d'être arrogant, tu peux te permettre d'être baveux. Est-ce que c'est une belle façon de faire de la démocratie ? Moi, je ne pense pas. En même temps, une population doit assumer ses choix. On le connaissait, Labeaume, rendu là. On l'avait vu aller un peu. C'en était une bravade, de dire que c'est une campagne pour le Colisée. Il a dit : "Si vous voulez un

Colisée, votez pour moi, votez pour mon équipe. Sinon, vous n'en aurez pas." Et les gens ont décidé de le suivre et de répondre au chantage. »

Denis de Belleval, ex-directeur général de la Ville et opposant connu au maire Labeaume, observe, lui aussi, à son avis, une lente détérioration de la démocratie à Québec.

« La "berlusconisation", c'est ça, répond-il. Il n'y a plus de démocratie à Québec. C'est l'unanimisme. Ce n'est pas nouveau dans l'histoire du monde. Jean Drapeau a régné comme ça à Montréal, pendant des années, avec la complicité des journalistes. C'est un vieux système de gouvernement qui s'appelle le populisme. Et puis ça marche. Mais ça marche un bout de temps. Mais allez voir à Montréal aujourd'hui : les égouts, les aqueducs, il n'y a rien qui marche. La ville est un véritable désastre. C'est l'héritage de Drapeau, comme le Stade olympique. C'est le résultat d'un long processus de dégradation. On n'a pas de fonction publique qui a de l'allure. Il y a plein de problèmes à la direction générale. Tout le monde rit de la fonction publique, mais tue ta fonction publique et regarde bien le gouvernement aller. »

Quant à savoir s'il voudrait lui-même démarrer une nouvelle formation politique pour barrer la route au maire Labeaume, Denis de Belleval répond :

« Je suis rendu trop vieux pour ça. Je ne suis pas intéressé. J'aimerais bien cependant qu'un parti politique se mette sur pied, qu'il se trouve de bons candidats et qu'il contribue à rétablir le discours démocratique à Québec. Il faut espérer qu'il batte le maire ou à tout le moins qu'il lui fournisse une opposition musclée. Là, les gens trouvent ça drôle, mais, tantôt, ils ne trouveront pas ça drôle. Moi, je ne veux qu'apporter une voix modeste dans un concert de louanges généralisées. Tout le monde mange la barbe à papa. Mais ils vont se rendre malades avec ça. Ce n'est pas de la nourriture saine. »

La conseillère Anne Guérette affirme :

« On est en train de détruire la démocratie, on est en train de régresser. On n'est pas encore rendus à l'hôpital... mais, des fois, quand on est rendus là, il est trop tard. Les citoyens se font manipuler et ils ne s'en rendent pas compte. On manipule l'opinion publique avec les experts en images, les gens embarquent parce qu'ils n'ont pas le temps d'aller en profondeur. Mais un jour, j'espère, ils vont s'en rendre compte. Personne n'agit pour le bien commun, ce sont des stratégies politiques. J'aimerais que la population se mobilise quand elle va s'apercevoir qu'elle se fait manipuler. »

L'ancien maire suppléant, Claude Cantin, fait un dur constat en ce qui a trait à la santé démocratique actuelle de la Ville de Québec.

« On est en train de la perdre, la démocratie, à tous les niveaux. Au fédéral et au provincial, ce n'est guère mieux. Le leadership actuel n'est pas pro-démocratie, c'est un leadership d'affaires. En affaires, la démocratie, c'est nuisible. C'est plutôt l'idée du chef fort qui décide tout. Mais je trouve qu'à long terme, c'est mauvais. Alors, on revient aux années de Jean Pelletier et de Gilles Lamontagne où on voulait faire de Québec une grande ville américaine où les gens d'affaires mènent tout. Maintenant, le maire mène, ne consulte pas, et il prend des décisions mais pas avec les citoyens ordinaires. Bien qu'il dise qu'il leur parle souvent. Il leur parle, mais il ne les écoute pas. »

Pour sa part, le journaliste Régys Caron considère que le dossier de l'amphithéâtre, qui a permis au maire de Québec de mettre au pied du mur un Parlement tout entier, est peut-être l'exemple phare de l'« effet Labeaume » sur la démocratie.

« Ça contribue à dévaloriser l'institution qu'est le Parlement. C'est dangereux, ça. C'est l'institution par excellence de la démocratie, ce sont nos élus qui adoptent nos lois que l'on doit observer, alors qu'on se retrouve dans une situation où il ne faut pas observer la loi. Je trouve ça dangereux. C'est peut-être légitime de dire que la loi ne convient pas au type d'entente que l'on veut avoir. Alors, changeons-la ! Mais agissons dans l'ordre des choses de façon à ne pas brimer les institutions. Les gens ne sont peut-être pas conscients de ça, mais nos institutions, c'est précieux ! Il y a des gens qui se battent pour avoir un Parlement. Nous, on est dans la rue pour avoir un Colisée. Si on le fait, c'est parce qu'on a déjà la démocratie. »

« Jean-Paul L'Allier disait : "La politique, c'est convaincre, pas imposer" », rappelle Régys Caron. Mais le maire Labeaume n'apprécie pas l'opposition, quelle qu'elle soit, se permettant même d'imposer sa vision aux élus de l'Assemblée nationale. « Labeaume marche en dehors des sentiers battus, en termes de politique municipale. C'est légitime, il a le droit de faire ça. Mais c'est à ses risques et périls », estime le journaliste.

Le Labeaume nouveau

Le 3 février 2011, *Le Devoir* publie un article intitulé « Le maire Labeaume se serait-il assagi ? ». C'est qu'il se répète, de temps à autre à Québec, que le maire fait des efforts pour changer. Il se fait moins présent dans les médias. La journaliste Isabelle Porter le souligne : « Hier encore, il a dû justifier son silence devant les journalistes. "Vous n'êtes pas habitués à ma discrétion, hein ? a-t-il lancé en marge d'une conférence internationale sur la culture à Québec. Moins j'en dirai, mieux ce sera.[185]" »

Les observateurs l'auront remarqué : le maire essaie de changer. Il devient tranquillement plus prudent, il réfléchit moins à voix haute, mais il le fait encore et a toujours des réactions spontanées.

Marc Simoneau, conseiller municipal de l'Équipe Labeaume, perçoit les mêmes efforts.

« Il est franc, direct, ce qu'il fait, il le fait avec sincérité, avec cœur. Des fois, ce n'est pas facile, mais il s'est beaucoup amélioré, je dirais, au cours des cinq ou six derniers mois, en évitant les commentaires instantanés. Il a changé beaucoup de choses. Il est plus calme, il écoute plus son entourage. Il est d'ailleurs très bien

185. « Le maire Labeaume se serait-il assagi ? », Isabelle Porter, *Le Devoir*, 3 février 2011.

entouré. Évidemment, il n'est pas allé à la pêche, mais il a des idées et il les disait. Il veut que Québec soit une ville dont tout le monde parle, autant sur le plan culturel que sportif. Il a ça dans le sang. Des fois, ça sort. Quand il est arrivé avec le Forum des cultures, je ne dirais pas qu'il était cowboy, mais il a décidé de le dire et de foncer. Il a découvert en chemin que ce n'était pas la meilleure décision de sa vie, comme le dossier Rapaille, mais je considère qu'il n'a pas fait beaucoup d'erreurs.»

Le conseiller indépendant Yvon Bussières observe aussi un changement de ton chez le maire de Québec. «Depuis Bordeaux, il essaie de changer son image. Parce que, à Bordeaux, c'était ridicule. Il était comme un enfant dans une boutique de jouets. Je le veux, mon miroir d'eau, mon carrousel, je le veux, je le veux! Alors, il faut qu'il change ça. Mais il est bien entouré. On est en train de lui changer ça.»

Pour sa part, l'ancien président-directeur général de la Commission de la capitale nationale, Pierre Boucher, ne croit pas que le personnage puisse se transformer complètement.

«Non. On change, avec les années, avec l'âge et l'expérience. On finit par arrondir les coins, vernir ce qui ne l'est pas, mais, en ce qui concerne ses points fondamentaux, c'est un improvisateur, il va le rester. C'est un autoritaire, il va le rester. Il n'a pas beaucoup de classe et un chef de protocole ne règle pas le problème. Il pourrait apprendre à parler un peu moins, à attacher un peu mieux ses projets avant de les rendre publics. S'il est là 8 ou 12 ans, il va forcément après 12 ans être différent de ce qu'il était après la première année. Mais on ne changera pas le personnage, le personnage est ce qu'il est.»

Le «maire-à-boire»

Est-ce que Régis Labeaume se laissera tenter par la politique provinciale? Fédérale? Rêve-t-il d'être premier ministre du

Québec ? L'ancien péquiste rêve-t-il de diriger le Parti québécois ? Le chroniqueur Bourque n'est pas convaincu.

« Labeaume, il dit non. Comme d'autres politiciens ont dit non. Mais, dans le cas de Labeaume, je ne sais pas. Certains de ses gestes permettent à ceux qui l'imaginent ailleurs d'accréditer cette idée. Lorsqu'il travaille à réunir le réseau des maires de l'Est du Québec, ce n'est pas nécessaire à la gestion de la Ville de Québec, mais ça contribue à élargir son réseau et son influence. En même temps, Labeaume a eu quelques signaux d'alarme, physiques, et je pense qu'il s'aperçoit qu'il y a des limites physiques à ce qu'il est capable de faire. J'ai l'impression que ça va peser dans sa réflexion, s'il va ailleurs ou pas. Être premier ministre, si c'est ce à quoi il pense, je ne pense pas que ce soit moins exigeant qu'être maire de Québec. Étant donné le rythme qu'il s'impose, sa façon intense de faire de la politique, je suis certain que lui et son entourage vont se poser la question à savoir si c'est une bonne idée. Et il ne semble pas lassé de ce qu'il fait présentement. On n'est pas en présence d'une administration essoufflée ou à court d'idées. »

Pierre Boucher, un proche du Parti québécois, doute que Régis Labeaume puisse être accueilli à bras ouverts au sein du PQ. Il doute surtout de la compatibilité des caractères. « Je ne crois pas. Non pas parce qu'il n'en aurait pas le goût. Mais parce que ce n'est pas un homme de parti. À la mairie, tu peux être seul. Mais, particulièrement au PQ, c'est une joute d'équipe où tout le monde se voudrait égal au chef. Labeaume est un souverainiste et il connaît trop bien le Parti québécois pour se fourrer là-dedans. Au Parti québécois, je sais qu'on ne l'apprécie pas beaucoup. Pas plus qu'au Parti libéral, du reste. »

Le journaliste Régys Caron, du *Journal de Québec*, n'y croit pas davantage.

« Peu probable. Monsieur Labeaume a beaucoup de pouvoir présentement, beaucoup plus qu'un ministre. Parce qu'il est maire d'une ville de 500 000 habitants, la deuxième ville en importance au Québec, la capitale, la 9e en importance au

Canada. Il fait partie d'un réseau de maires de villes comme Toronto, Montréal, Edmonton, Calgary, Vancouver. Ces gens-là ont beaucoup de pouvoir. Et là, les astres sont alignés pour Québec. Monsieur Labeaume a hérité d'une ville fusionnée, dont l'économie est en surchauffe. Il avait le 400e qui arrivait... et il a pris le train en marche et il a su faire en sorte que le train ne perde pas de vitesse. Pour le moment du moins. C'est rare qu'on voit un maire d'une ville comme Québec ou Montréal passer au provincial, à moins de devenir premier ministre. Ce n'est pas impossible, mais peu probable. Et monsieur Labeaume est totalement absorbé par la mairie de Québec, par la Ville et son avenir. Il y croit. Et, dans l'état où se trouve le Parti québécois présentement, ça m'étonnerait que Régis Labeaume embarque là-dedans. Le PQ a cette propension à dévorer ses chefs, et je ne suis pas certain que monsieur Labeaume se laisserait dévorer. »

Anne Guérette, quant à elle, croit possible de voir, un jour, Régis Labeaume à la tête du Parti québécois.

« Je pense que oui. Il serait peut-être meilleur au provincial, parce que, pour se chamailler avec le fédéral, ses forces seraient davantage mises à contribution, selon moi, au provincial. L'avenir nous le dira. Aujourd'hui, il dit que non, mais il n'a pas le choix ! Il ne dira pas publiquement : "Jean Charest, son affaire va pas trop bien ; Pauline Marois, personne veut rien savoir d'elle. Le *timing* serait pas pire !" Mais c'est un gars de *timing*. Il ne peut pas dire ça. Ce serait suicidaire. Mais, comme c'est un homme de pouvoir, qu'il voit grand, avec les Olympiques, le TGV, le tramway... je le vois là. On dirait qu'il prépare le terrain inconsciemment. Au Parti québécois, c'est beaucoup plus près de ses racines. C'est un indépendantiste. Et je pense qu'il serait bon ! Lui, il brasserait le Canada. Ce serait correct ! »

Il serait tout de même très étonnant que Régis Labeaume se retrouve à la tête du PQ dans un avenir rapproché. Des sources au Parti québécois, qui ont requis l'anonymat, considèrent que le maire de Québec n'est pas la solution aux difficultés présentes ou à venir de leur formation politique. Par contre, on admet d'emblée que l'hypothèse a été soulevée.

« On en a déjà parlé. C'était davantage de l'ordre du questionnement. On sait qu'il a déjà été au PQ, mais on s'est surtout demandé s'il est encore souverainiste. Depuis un bon moment, il entretient un flou à propos de la souveraineté, on l'a vu à l'œuvre, et c'est, à notre avis, davantage dans le registre de l'électoralisme. Il semble cacher ses convictions. Il fait des calculs, il va d'ailleurs jouer dans la cour de tous les partis, à l'ADQ, au PQ et au PLQ. Il essaie visiblement de garder toutes les portes ouvertes. »

Puisque le maire Labeaume est extrêmement populaire à Québec, en toute logique c'est dans la région de la Capitale-Nationale que certains auraient manifesté de l'intérêt pour sa candidature. « Il y a des gens dans la région de Québec qui espéraient le voir revenir au PQ, à titre de chef. C'est surtout dans la région de Québec que la chose a été évoquée. Mais, à présent, ce n'est plus dans les plans », affirme la source péquiste.

Le leadership de la chef Pauline Marois a été mis à rude épreuve. Pendant plusieurs semaines, les crises se sont succédé à un rythme d'enfer. Démissions, remises en question, déclarations des uns et des autres, il est donc tout à fait permis de croire que, dans les hautes sphères du Parti québécois, on réfléchit sérieusement à l'avenir. Au lieu de contribuer à faire de Régis Labeaume un choix de premier plan, une source au PQ explique que la crise actuelle aurait plutôt l'effet contraire auprès des instances du parti.

« Puisque le leadership de madame Marois a été abordé, ça crée un contexte où on avance des hypothèses. Par contre, c'est beaucoup à cause de Labeaume qu'on en est là. C'est le projet de loi 204 qui fait qu'on se retrouve dans cette situation. Il est populaire, certes, et il l'est encore, il a la réputation d'un maire qui bouge... le contraste avec le maire de Montréal est frappant. Par contre, beaucoup ont l'impression qu'on s'est fait "baiser" par

Labeaume parce que ce qu'on dit, c'est qu'il serait allé voir les libéraux pour leur demander de présenter le projet de loi à l'Assemblée nationale, mais qu'ils auraient refusé. Puisque le gouvernement s'était engagé pour 200 millions de dollars, on lui aurait dit non.»

Voilà pourquoi le maire Labeaume ne serait plus le bienvenu au PQ: on le tient responsable des malheurs actuels.

Autre élément, non négligeable, qui expliquerait la tiédeur des péquistes à voir Régis Labeaume débarquer chez eux est le style de leadership préconisé par le maire de Québec. L'autoritarisme ne serait pas très populaire par les temps qui courent au PQ. «C'est évident que le style, trop autoritaire, serait mal reçu, répond une source. Déjà que la question a été évoquée avec les départs de quelques députés du PQ... Imaginez: certains ne veulent pas voir Gilles Duceppe atterrir à la direction du parti, parce qu'il est connu comme étant autoritaire... Ce n'est rien à côté de Labeaume! Au PQ, je suis certain que ça ne passerait pas.»

Si Régis Labeaume démontre d'indéniables qualités de leader, cette source péquiste estime qu'il manque quelque chose d'essentiel au maire de Québec. «Son style fait un peu provincialiste. Il ne donne pas l'impression de pouvoir nous mener vers un pays. Au PQ, on veut des chefs qui sont une coche au-dessus de la moyenne à cet égard. Et Régis Labeaume manque peut-être de ce quelque chose qui effacerait ce côté provincialiste.»

Boule de cristal

Qui pourra arrêter le «train Labeaume», si tant est qu'il doive être arrêté? Qui osera? «Je souhaite bonne chance à ceux et celles qui veulent se présenter contre lui en 2013, lance Marc Simoneau. Bonne chance! On passera peut-être avec 70 %, mais baisser de 10 points, ce n'est pas une défaite. Et surtout, si le dossier de l'amphithéâtre passe, il n'y a plus rien qui va nous arrêter.»

«Je ne pense pas qu'on a fait des gains en termes de démocratie à Québec», résume le conseiller indépendant Yvon Bussières.

Celui-ci estime, malgré ce constat, qu'il sera impossible, sinon utopique, d'espérer ralentir le maire de Québec. « Comment arrêter le train Labeaume ? La force de Labeaume, c'est qu'il est comme l'engin qui a tiré les 25 wagons [ses conseillers]. Même si l'engin s'arrête, la masse de l'équipe derrière va le pousser. La force de Labeaume, c'est son équipe maintenant. Elle est en train de prendre de l'expérience. Même s'il devient essoufflé, qu'il coupe le gaz et qu'il se met au neutre, le train va avancer. »

« Je travaille fort depuis huit ans, réplique la conseillère Anne Guérette. En 2013, ça va faire 11 ans. Si, en 2013, c'est encore Régis Labeaume à 80 %, moi, je débarque. Je serai capable de dire que j'ai fait ce que j'avais à faire, maintenant je passe à autre chose. »

Faut-il être suicidaire, politiquement, pour décider de se présenter à la mairie de Québec dans un avenir rapproché ? L'ancien maire suppléant, Claude Cantin, admet qu'il ne sera pas facile à ceux qui souhaitent battre Régis Labeaume aux élections de parvenir à leurs fins.

« Les politiciens populistes, lorsqu'ils sont au faîte de leur gloire, on ne peut pas faire grand-chose [pour les déloger], si ce n'est préparer la table en disant la réalité des choses [aux éventuels successeurs]. Ce n'est pas simple. Mais je pense que ces régimes-là, à moins qu'ils soient très forts et qu'ils puissent être soutenus par les autres ordres de gouvernement, ils vont s'épuiser facilement. Parce qu'ils ne carburent qu'aux grands projets, et c'est ce que fait le maire. Les trottoirs et bouts de rue, ça ne l'intéresse pas, les règlements de zonage, il ne les lit pas, l'administratif ne l'intéresse pas. Mais les grands projets, il ne peut pas les faire seul. Or, il s'est mis les fédéraux à dos, les conservateurs et le NPD ; chez les provinciaux, la crise qui a été provoquée au PQ par une folie que je ne comprends pas de madame Maltais, ça va les refroidir un peu. Et le gouvernement libéral ne peut pas toujours payer. Donc, des grands projets, il va y en avoir moins. Et, comme le maire n'a pas fait de priorités, les gouvernements peuvent dire oui, ils peuvent dire non. Certains de ces grands projets sont à la fin de leur vie utile, le Moulin à images, le Cirque du Soleil... Il va avoir de la misère à renouveler au bout de cinq ans. À l'aube des prochaines élections, il va y avoir un peu d'usure et il devra passer le test de la réalité et je fais confiance aux gens qui vont réfléchir et se demander où est-ce qu'on va avec tout ça. Mais sa popularité actuelle est due au fait qu'il n'y en a pas, d'opposition. S'il y avait quelqu'un qui se disait intéressé à se présenter, ce n'est pas facile à trouver, je pense qu'il n'aurait plus 80% de taux de satisfaction. Ça redeviendrait normal. Et là, le maire Labeaume serait obligé de défendre ses dossiers par des vrais raisonnements plutôt que par des pirouettes, et on en verrait les faiblesses. Mais il y a un espoir. Les sondages disent que les gens souhaitent malgré tout plus d'opposition. Ça veut donc dire qu'il pourrait y avoir l'élection de candidats qui ne sont pas de l'Équipe Labeaume, dans des districts. Sans que le maire Labeaume soit minoritaire, non. Mais avec une équipe mieux organisée en face. »

Claude Cantin a même déjà dressé une sorte de « portrait robot » du candidat potentiel. Il faut, bien entendu, un candidat sérieux et crédible, explique l'ancien conseiller municipal, ne provenant pas, idéalement, du monde des affaires.

« Ça prend quelqu'un qui est décidé, résolu. Il peut se présenter pour cette fois-ci, pour la prochaine fois. Pour ça, ça prend un militant. Pas un homme d'affaires. Le problème des hommes d'affaires au public, c'est que ce n'est pas la même chose, gérer du public et gérer du privé. En affaires, le conflit d'intérêts est la règle générale : tu donnes des contrats à tes chums. C'est comme ça. En public, c'est banni. Et ils ne sont pas capables de faire ça. Et puis, au public, tu ne prends pas une décision sur un coup de tête. Il faut d'abord que la décision soit vérifiée par les fonctionnaires pour savoir si elle est conforme à la loi, conforme au budget, il faut qu'elle soit présentée au comité exécutif puis au conseil municipal pour être présentée au public. Péladeau, il n'aime pas ça, faire ça. Lui, il prend une décision dans son bureau et il n'y a personne qui va lui dire non. Et Labeaume fait la même chose. Mais ça ne marche pas au public. En fait, ça marche un certain temps. »

Notre source proche du monde politique et économique de Québec croit, au contraire, que les gens d'affaires pourraient jouer un rôle important.

« Qui pourra l'affronter ? Ça prendrait une sorte de Claude Rousseau, qui a l'appui du milieu des affaires. Comme à l'époque du ministre Gérald Tremblay, lorsque Ghislain Dufour, du Conseil du patronat, lui avait dit que ses grappes industrielles, ça valait rien... ç'a été fini après. Alors, le jour où le milieu d'affaires — je ne pense pas que ça va arriver — dira qu'avec le maire Labeaume on s'en va dans le mur, ça va frapper. Est-ce que la population va comprendre le message ? Ça, c'est une autre histoire. »

Le professeur de l'Université Laval Claude Cossette considère, pour sa part, que le temps fera peut-être son œuvre. Il y voit une sorte de phénomène à la *Star Académie* où le plus facile n'est pas d'atteindre le sommet, mais d'y rester.

« Oui, le maire Labeaume, c'est un pugiliste. Il aime se battre sur la place publique, parler gros, fort, dire le contraire de ce qu'il a dit la semaine précédente..., mais les gens ont déjà oublié parce qu'il parle avec éclat. Les gens aiment ça. C'est un aréna, la place publique et, si Labeaume donne une claque sur la gueule de quelqu'un, les gens aiment ça. Je l'écoutais dire : "Les administrations précédentes ont pas fait grand-chose." C'est gros ! Moi, j'étais scandalisé. Mais le monde aime ça. Sauf qu'il faut garder à l'esprit qu'attirer l'attention, la notoriété, c'est relativement facile, avec des coups d'éclat. Mais est-ce que ça contribue à atteindre les objectifs ? Parce que Labeaume, il faudra qu'il livre la marchandise. On a beau avoir 25 projets, faudra livrer. Et là, ça va commencer à critiquer. En publicité, quand tu lis les petits caractères au bas de l'écran, la personne instruite, à la culture générale plus poussée, elle lit les caractères et elle comprend ce qui se passe. Avec Labeaume, c'est pareil. La personne comprend que, lorsque le maire dit qu'on va être aussi écolo que Stockholm, avec des édifices aussi gros qu'à Chicago, avec un Cirque du Soleil comme à Dubaï et que ça coûtera rien... cette personne sait bien que ça ne se peut pas. Mais 80 % des gens lisent juste le titre de la publicité. C'est porteur, pour monsieur et madame Tout-le-Monde, pendant un grand bout de temps. Mais ils finissent par être influencés par les leaders d'opinion. Et les leaders d'opinion, ils sont capables de regarder derrière l'écran de fumée. Les journalistes, les leaders sociaux, les universitaires..., eux, ils regardent ça avec un œil critique. Et, petit à petit, ils finissent par être écoutés sur la place publique. Tant qu'il fait rêver, ça va. Mais ça va finir par lui coûter. Ce qui est normal. Les politiciens, ça leur arrive. Mais lui, il fait les choses avec plus d'intensité, plus de passion, ce jeu de faire rêver les gens. Je pense qu'il va s'effondrer plus durement.»

L'ex-attaché politique du RMQ, Marc Roland, ose également prédire le déclin du personnage.

« C'est un maire téflon, à venir jusqu'à présent, note Marc Roland. Rapaille, les Pacifistes, la mairesse de Lévis, Josée Verner, les *grands talents*, l'expulsion d'Yvon Bussières, les *fourreurs de système...*, ces crises ne l'ont pas encore touché. Mais, avec Rapaille, l'état de grâce a commencé à s'amoindrir. Pas tant dans l'opinion publique qu'auprès des journalistes, qui sont devenus plus critiques, parce que Labeaume s'est attaqué à eux. La radio-poubelle, notamment, mettait de l'avant la pensée unique. Cette pensée était imposée par la radio. Et, dans les journaux, il y a encore de nombreuses pages, presque chaque jour. C'est ça, la pensée unique. Mais je pense que la fin approche parce que je crois que les Québécois n'acceptent plus les dogmes ni l'arrogance et l'intolérance. Les gens vont se tanner de ça et ça va virer de bord, parce que les valeurs dominantes, ce sont la participation, le respect, le dialogue. Et, là-dessus, c'est un homme du passé et on va s'en fatiguer très rapidement. Pour moi, Labeaume, c'est l'arrogance et l'intolérance. Ça se résume à ça. Le personnage va tomber. Tu ne peux pas traiter les gens ainsi, impunément, indéfiniment. »

Claude Cantin résume de façon intéressante sa perception du personnage Labeaume.

« En fait, il pourrait être autrement, plus respectueux et démocrate, et être aussi bon. Mais je pense qu'on est à un tournant où il est en train de se mettre les autres ordres de gouvernement à dos, et ça, c'est pas bon. Tu ne peux pas vivre tout seul. Par exemple, il est sorti de l'UMQ, et là, on a vu que l'UMQ a remis en question l'équité du projet de loi 204. Il va donc payer le prix, à tous les niveaux : l'UMQ, le provincial, le fédéral. Il va se ramasser tout seul. Et le capital de sympathie, il va le gruger à cause de son manque de respect. »

L'animateur Denis Gravel, de Radio X, est fasciné par cette espèce de renversement de situation. Ce ne sont plus les radios parlées qui tiennent les propos les plus fracassants. C'est désormais le maire de Québec.

« À la radio, on n'a plus la liberté d'expression qu'on avait à une certaine époque. On dirait maintenant que c'est un politicien qui transgresse les limites, qui va plus loin que nous. Nous, on ne peut plus insulter quelqu'un, comme lui le fait. Je trouve ça intéressant, parce qu'il a bâti son personnage de maire en s'inspirant de la radio parlée de Québec. À l'image des animateurs de radio qui ont utilisé ce style-là ; combien de temps un maire qui utilise ce style peut durer ? C'est très kamikaze. À un moment donné, il l'aura, le mot de trop. Tout ça passe pour l'instant, mais, un jour, il va dire quelque chose qui va lui revenir au visage. »

Denis Gravel dresse un parallèle entre ce que vit présentement le maire de Québec et ce qui s'est passé à la radio CHOI FM. À parler fort, à prendre des risques, on en vient à se créer des adversaires, parfois puissants.

« Pour l'avoir vécu dans le "siège VIP", ici à CHOI, je les vois. Je sais comment ça marche. Si Régis Labeaume ne fait pas attention aux pelures de banane, il va l'avoir, le mot de trop. Il les traite de dinosaures... il les cherche! Il ne s'est pas fait beaucoup d'amis sur le plan politique, sur le plan médiatique, et il y a beaucoup de gens qui attendent qu'il se pète la gueule. On l'a vécu à la radio. À partir du moment où tout le monde nous écoutait, où il y avait du monde qui voulait qu'on débarrasse, là tu ne pouvais plus te permettre une virgule de trop. Des choses qui nous paraissaient moins graves que ce qu'on avait déjà dit dans le passé revenaient nous hanter. Je pense que c'est ce qui se passe avec De Belleval et les autres, qui commencent à encercler Régis Labeaume.»

Pierre Boucher, adversaire politique du maire, ajoute, à propos de Régis Labeaume:

«La politique l'intéresse depuis longtemps. Il a compris que, si on voulait changer les choses, il fallait prendre le pouvoir. Il a trouvé le créneau où il pouvait gagner: le municipal. Et son succès médiatique gonfle son sentiment qu'il jouit d'un immense pouvoir. Je pense que c'est un homme bien intentionné, c'est un homme honnête, je pense qu'il a une certaine éthique politique, mais ça ne suffit pas. Il y a tellement de politiciens corrompus. Lui, il n'est pas corrompu par des financiers, il est corrompu par le pouvoir. Le pouvoir corrompt, et le pouvoir absolu corrompt absolument.»

Le chroniqueur Jean-Simon Gagné a tenté, à sa manière, dans un billet particulièrement savoureux, de résumer son appréciation du maire de Québec. Le 4 mars 2009, sa chronique portait le titre «Lettre ouverte au maire Régis Labeaume».

«Il n'y a pas si longtemps, votre franc-parler et vos manières de petit taureau faisaient sourire. Au début, même vos écarts de langage semblaient plutôt sympathiques.

Puis-je vous faire une confidence? Comme bien d'autres, je me réjouissais de voir arriver un maire un peu moins coincé à l'hôtel de ville. Un peu d'air frais, après la fossilisation provoquée par la mairesse Boucher. Et puis, avec le temps, j'ai dû me rendre à l'évidence.

Votre personnage grossièrement équarri, ce n'est pas un simple détail. C'est aussi un programme. Votre gros bon sens, c'est une excuse pour vous retrouver toujours du côté du plus fort. Une autre manière de justifier le conformisme.

[...]

La semaine dernière, quand vous avez harangué des militaires en partance pour l'Afghanistan, on aurait pu vous confondre avec un croisé aux portes de Jérusalem. "Vous allez combattre des barbares", avez-vous éructé.

Des paroles qui auraient été rigolotes chez un garçonnet jouant le cowboy guerroyant contre les Peaux-Rouges. Mais dans la bouche du maire d'une grande ville, c'est un tantinet inquiétant.

[...]

Cher M. Labeaume. J'espère que vous ne m'en voudrez pas trop. Mais depuis quelque temps, même quand je suis d'accord avec vous, votre attitude me paraît souvent déplacée.

Prenez par exemple le Red Bull Crashed Ice, qui voit chaque année des casse-cou dévaler une piste glacée dans le Vieux-Québec.

Comme vous, j'espère que la compétition reviendra. Mais je sais aussi que le Vieux-Québec, ce n'est pas Disneyland. Et que les gens qui habitent le secteur ont droit à un minimum de considération.

Alors quand vous vociférez contre les opposants et que vous léchez les bottes de la compagnie Red Bull, je me demande si vous ne confondez pas votre fonction avec celle d'un animateur de *party* de hot-dogs, lors d'un quelconque Noël du campeur.

[...]

À la fin, je vous concède qu'il ne s'agit pas d'une question d'intelligence, mais bien de dignité.

Jean Lesage a présidé la Révolution tranquille. Mike Harris a fait déferler la révolution du "bon sens". Et voici venue votre heure de gloire. Celle de la révolution rustre[186]. »

---

186. « Lettre ouverte au maire Régis Labeaume », Jean-Simon Gagné, *Le Soleil*, 4 mars 2009.

Conclusion

Quelle impression reste-t-il de tout ça ? Le présent exercice avait comme intention d'offrir une sorte de portrait d'ensemble afin d'avoir une meilleure appréciation du personnage. Il est, effectivement, probablement moins facile de suivre le « tourbillon Labeaume » au quotidien, au travers des aléas et des obligations de la vie. Les choses vont tellement vite qu'on peut avoir l'impression de ne jamais disposer de temps pour une pause salutaire, celle qui permet un peu de recul. Les historiens adorent ce recul qui donne une perspective différente et une vision d'ensemble qui rend possible, en théorie, une meilleure compréhension des phénomènes.

Ici, le recul n'est peut-être pas suffisant. Ces mêmes historiens diront qu'ils attendent des années avant de se positionner, car cette distance est nécessaire à une évaluation déchargée d'émotivité ou de préjugés qui pourraient troubler le jugement. Pourtant, il m'est apparu important de s'arrêter, maintenant, malgré l'aspect hâtif de la chose. Le sort d'une ville est trop important pour que l'on se croise les bras, en attendant.

Bien entendu, ce qui a été appelé ici le « style Labeaume » décrypte, dans une certaine mesure, le personnage sans pour autant prétendre présenter un produit nouveau genre. Comme il a été rappelé à maintes reprises dans ce livre, ce type de politicien se retrouve, abondamment, à toutes les époques. À Montréal avec le maire Drapeau, à Québec avec le maire Jean Pelletier, au fédéral avec Pierre Elliott Trudeau... les personnages flamboyants, au fort caractère, ont jalonné notre histoire politique. La recette du culte de la personnalité a été goûtée à de nombreuses occasions. Ce qui compte, à présent, est d'en évaluer la portée.

Régis Labeaume est-il une menace à la démocratie ? Impossible de trancher au couteau. Mais de multiples signaux d'alarme ont été déclenchés, des constats, des craintes et des questions ont été soulevés au cours des dernières années. Il faut avoir le droit d'en parler et, surtout, d'en débattre. Voilà un peu le message central véhiculé par plusieurs des intervenants interrogés pour ce livre. L'envie de faire bouger les choses ne peut, à terme, signifier la mort de la liberté d'expression. C'est pourtant l'impression qui se dégage, bien souvent, des articles de journaux, des bulletins d'information, ou des déclarations faites par nombre d'acteurs de la région et du Québec tout entier.

Par contre, les variables qui définissent la liberté d'expression sont un peu floues. Le terrain de l'interprétation est vaste. Si être libre ne signifie pas avoir le droit de dire n'importe quoi, la règle doit pouvoir s'appliquer aux autorités publiques. Le mépris et l'intimidation ne doivent jamais devenir méthode de gouvernance. Or, avec Régis Labeaume, la question se pose : En sommes-nous là ?

La Ville de Québec mérite de grandir, de s'améliorer, de rayonner. Cette capitale, magnifique, n'a pas à rougir de ce qu'elle est et, surtout, n'a pas à douter de son potentiel. En ce sens, le « style Labeaume » a fait des miracles. La fierté, même jusqu'à l'orgueil, s'est enfin révélée. L'appréciation générale de la chose est manifeste. Il faut maintenant se demander si l'euphorie du moment n'engourdit pas les sens, en quelque sorte, jusqu'à conduire une population à baisser la garde concernant l'état de sa démocratie.

Or, la démocratie a un coût. Les sociétés occidentales, modernes, ont choisi délibérément de se l'offrir, car elle est le seul gage d'un avenir meilleur, érigé sur des bases faites de respect et d'ouverture. Mais il est difficile, peut-être, de concevoir ce qui n'a ni saveur, ni couleur ou odeur. La démocratie est intangible et complexe à mesurer. Et nous sommes, pourrions-nous croire, tombés dedans quand nous étions petits. Nous avons donc l'impression que les effets sont permanents chez nous. Ce sentiment